涨停聚金

短线操作利器

— 江海 著 —

四川人民出版社

图书在版编目（CIP）数据

涨停聚金：短线操作利器 / 江海著. —成都：四川人民出版社，2016.8（2021.3重印）
（江氏操盘实战金典）
ISBN 978-7-220-09861-1

Ⅰ.①涨… Ⅱ.①江… Ⅲ.①股票投资－基本知识 Ⅳ.①F830.91

中国版本图书馆CIP数据核字（2016）第162202号

ZHANGTING JUJIN DUANXIAN CAOZUO LIQI
涨停聚金：短线操作利器
江 海 著

出 品 人	黄立新
策划组稿	王定宇
责任编辑	王定宇
封面设计	李其飞
版式设计	戴雨虹
责任校对	何佳佳
责任印制	王 俊
出版发行	四川人民出版社（成都槐树街2号）
网　　址	http://www.scpph.com
E-mail	scrmcbs@sina.com
新浪微博	@四川人民出版社
微信公众号	四川人民出版社
发行部业务电话	（028）86259624　86259453
防盗版举报电话	（028）86259624
照　　排	四川胜翔数码印务设计有限公司
印　　刷	成都蜀通印务有限责任公司
成品尺寸	185mm×260mm
印　　张	15.5
字　　数	250千
版　　次	2016年8月第1版
印　　次	2021年3月第5次印刷
印　　数	17001—22000 册
书　　号	ISBN 978-7-220-09861-1
定　　价	48.00元

■版权所有·侵权必究

本书若出现印装质量问题，请与我社发行部联系调换
电话：（028）86259453

证券投资的新篇章

北京大学中国金融研究中心证券研究所所长　吕随启

我与江海老师相识已经7年，他在股市中已有16年多的投资经验，拜访过十几位中国股市中的前辈，跟随其在股票投资上的授业恩师8年，加上自己的自律、勤奋，因此在证券投资上取得了非凡的成绩。从2011年到现在一路走来，2011年7月20日、2011年10月17日、2014年7月24日、2015年6月12日……对大盘每次的变盘点都能够提前做出精准预判。

我们早在几年前就有约定，如果江海老师出版股票投资的书，我一定会为他作序。因为我见证了中国股市一次又一次的涨跌起落，见证了中国股民在这条道路上所走的弯路，甚至有的人走向了万劫不复的深渊，伤害了自己、伤害了家庭、伤害了周围的朋友。江海老师愿意将他所学、所知、所悟向中国股民公开，对于整个证券市场都是值得庆幸的好事。更让我欣慰的是，江海老师会将其所学的证券投资知识通过"江氏操盘实战金典"丛书毫无保留地向读者传授。

曾经和江海老师开玩笑时问道：你的这套交易体系已经足够让你轻松地在这个市场中如鱼得水甚至平步青云，为什么还整天不辞辛苦地奔波于全国各地讲课，每天工作时间都超过14小时？他回答：我个人以及我的家庭在这个市场中都不会为财富发愁，我也可以通过我的财富去帮助更多的人，但是授人以鱼不如授人以渔，凭一己之力又能帮助多少人呢？我愿意通过讲课的方式将我们交易体系的知识传授给有缘人，愿意帮助他们在这个市场中成长，一方面是将我们交易体系的知识进行传承，成就更多的人一起把爱传递开来，另一方面"法布施得智慧"，生命不息、学习不止，这是我的人生信条，也是我愿意站在讲台上为证券投资传经布道的原因，启迪他人，修炼自己。

中国证券市场还在不断发展和完善的过程中，上市公司的数量会不断增多，交易规则会不断完善，投资的难度越来越大，如果不通过有效的学习把自己变得更加专业，就很可能让自己变成任人宰割的羔羊。"江氏操盘实战金典"丛书在经典技术分析的基础上，充分结合了A股市场的特性，从多方位对股票价格的运行进行分析，而且充分考虑到不同水平投资者的需求，由浅入深，充分结合案例进行深度解读。证券投资不是凭一招一式就能做到稳定盈利的，更不是按照自己的思维方式去预测股价，一定是在对技术有了全方位的研究之上，熟悉了股价运行的结构和逻辑后，才能够"悟"到的。在丛书中，作者会经常提到主力思维的重要性，培养散户要养成这种思维方式，建立自己的交易模型，并且需要严格执行，不妄测市场，而要跟随趋势。

K线是证券投资的基础，是进入证券市场的第一堂课，《买在起涨——K线组合利器》对各种K线形态进行了量化的定义，对每个形态背后多空资金是如何博弈的、散户的思维方式和主力的思维方式有何不同、同一个形态在股价运行的不同位置出现时的不同含义等问题，都进行了深度解读。在传统的技术分析中，从K线图中只能解读到走高走低等有限的信息，《买在起涨——K线组合利器》颠覆了这种红买绿卖表象的分析方式，而是从多空博弈的角度解读了股价运行的逻辑。

涨停板是最吸引投资者的一种股价快速上涨的技术形态，因为它可以带来最丰厚的投资利润。从统计学和概率论的角度来说，风险和收益是对称的，获得更大的收益就要面临更大的风险，但是对于理解股价运行逻辑的人来说，好的投资机会一定是在承受小的风险的同时能够带来更大的收益。《涨停聚金——短线操作利器》是针对不同位置的涨停板进行透彻分析，深度剖析什么位置的涨停板是最具有小风险大收益的投资机会。

趋势是打开证券投资的一把钥匙。这把钥匙在这个市场中已经传递了近百年，但是能够正确使用这把钥匙打开证券投资这把锁的人却屈指可数。每一位能够正确使用这把钥匙的人都付出了无数的努力，所以都不会轻易讲出它的核心在哪里，更不愿意将其公之于众。《趋势为王——波段操作利器》是我读过的证券投资类书籍中关于趋势、波段讲解比较透彻的一本，它将道氏理论、波浪理论、时间周期理论等多种定性的理论进行定量分析，一层一层地揭开了股价运行的内部结构，是能够帮助投资者实现同市场对话的一本难得的好书。

我对国际金融研究得比较多，中国的金融市场和证券市场正在蓬勃发展，严格监管更是为它的健康发展提供了新的机遇，在这个过程中会有无数优秀的投资个体、投资机构快速发展。"江氏操盘实战金典"丛书一定会为在中国证券市场快速发展的进程中取得优异成绩的您插上双翼，助您快速起航，搏击证券投资的苍穹。

2016年5月28日于北京大学

前　言

"上善若水，水善利万物而不争，处众人之所恶，故几于道。"语出老子《道德经》的第八章。在道家学说里，水为至善至柔；水性绵绵密密，微则无声，巨则汹涌；与人无争却又容纳万物。水有滋养万物的德行，使万物得到它的利益，而不与万物发生矛盾、冲突，人生之道，莫过于此。

笔者在刚接触"水性"哲学时，就被水的品性深深吸引：避高趋下的谦逊，奔流到海的追求，刚柔相济的能力，海纳百川的大度，滴水穿石的毅力，洗涤污淖的奉献……

做人如水，您高，我便退去，　决不淹没您的优点；
做人如水，您低，我便涌来，　决不暴露您的缺陷；
做人如水，您动，我便随行，　决不撇下您的孤单；
做人如水，您静，我便长守，　决不打扰您的安宁；
做人如水，您冷，我便凝固，　决不漠视您的寒冷；
做人如水，您热，我便沸腾，　决不妨碍您的热情。
上善若水，从善如流，　如水人生，随缘而安。

此时您如果不以为然地笑笑："这和操盘、和做涨停板有什么关系？"那么说明您在这个市场上的历练和修行还远远不够，前方的路任重道远，您还需要更多经验的积累和岁月的沉淀才能够洞悉这个市场。如果"水性"哲学引起了您的共鸣，那么说明您在这个市场上看到的已经不只是红绿K线和涨涨跌跌，而是多空博弈、庄散抗争过程的刚柔相济。

证券市场上的修炼分为三个层次：术、法、道。红绿K线、指标、形态，以及市场上无数的千奇百怪、五花八门的各种绝招、技巧，无疑是在术的层面上深度展开，专注这些方面研究的投资者会发现它们在某一时间、特定的情况下是适用的，但是没有办法进行拓展。在被术的层面上的绝招和技巧折磨过后，投资者开始总结、提炼，将什么情况下用什么招数进行整合，进而搭建了一套属于自己的、可以适应市场变化的交易系统，此时基本可以避免当初执着于招数时的巨大亏损。当自己的交易系统在实战中经过了无数次锤炼后，逐渐走向成熟，收益曲线开始平稳，此时不再担心和惧怕市场的变化无常，因为思维方式已经和市场的波动同步，市场动我就动，市场静止我就静止，逐渐走入了交易市场中"道"的境界。

什么是证券市场上的"道"？人性的贪婪与恐惧，事物的发生、发展和衰亡，多方和空方的抗争，主力和散户的博弈……无形但是存在着，它们是投资者内在的心魔，如果不能战胜自己的心魔，就不会在这个市场上长久地立足。短线涨停板是投资策略中回报率偏高、获利周期最短，对投资者诱惑最大的一种投资策略，当然其面临的风险也是最高的。对于不能克服心魔给自己带来的恐惧和诱惑的投资者来说，应该更专注在修心上，培养自己的主力思维，力求做到同市场共舞。

本书以介绍短线T+1的追涨停板的交易方法为主，针对盘中不同时段的波形、量峰进行深度解析，综合当前价格所在的位置预判操作的风险水平。最重要的是针对涨停时K线的形态、均线的特征、量能、指标等要素进行分类，并且更深入地分析不同类型的涨停板的操作价值，以及后市出现不同走势时的卖出策略、仓位管理策略等。除了技术层面上的深度解析，全书还着重从主力思维的角度分析市场的变化，帮助读者跳出K线图，看到K线背后庄散博弈层面的东西，引导投资者增强在"道"层次上的修行。

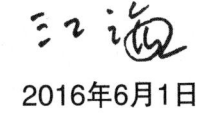

2016年6月1日

小 序
散户的守望者

我是曲君洁，从2014年12月开始跟随江海老师学习证券投资。2011年我大学毕业，和大部分毕业生一样找了一份工作，领着固定的薪水，每个月过着月光但是却很潇洒自在的生活。三年眨眼过去，我开始迷茫，稳定的工作、安逸的生活像一块磨刀石磨光了我的棱角和激情，完全不知道自己的人生将何去何从。后来我选择了裸辞，让自己停下来去思考——想要的是什么。

经过三个月辗转反侧，我最终找回了冰封了七年、深深地埋在心底的大学入学时候的一颗种子——成为一名专业金融投资人。由于自己的能力和资源有限，我开始寻找老师、寻找志同道合的人。真的非常幸运，结识的第一位恩师就是江海老师。在听了他的公开课当天，我很明确这就是自己想要的，所以毫不犹豫地报了课程，尽管这会花光我的全部积蓄。

随着所学专业知识不断深入，我不得不面临更高昂的学费，当时每天都会有"不值得"的声音在我耳边晃荡，可是这些都丝毫没有动摇我在这条路上走下去的决心。以往，我是别人眼中标准的"乖乖女"，读书、上大学、工作，一路按部就班地走，每个阶段都会让周围的人非常满意，没有经历过什么大风浪，当面对学费这么大的难题的时候根本想不到解决的方法。而现在回过头来看这件事情，我想用"当你全力以赴地去做一件事情的时候，全宇宙都会帮你"这句话来形容当时的状况。

就在我面临学费困难的时候，两位在江海老师的课堂上结识的同学——姜师兄和金师兄告诉我，他们愿意支持我在这条路上走下去，学费差多少和他们说。我当时的感觉无法用语言表达出来，有惊喜、有激动、有感动、有感恩、有责任、有自信……后来江海老师了解了我的情况，竟然愿意无条件地将他所有课程的大门朝我敞开！

读万卷书不如行万里路，行万里路不如阅人无数，阅人无数不如名师指路，名师指路不如踏着成功者的脚步。这是第一次听江海老师课程时给我留下印象最深的一句话。摘取成功的果实没有捷径，或者说能够不走弯路就是捷径。感恩老师在人生的十字路口给予我方向，感恩老师在人生的低谷给了我继续前行的动力，感恩老师在陌生的城市中给了我无微不至的关怀和爱，感恩走进我生命中的每一个人，是你们用双手给了我前行的动力！

跟随江海老师学习金融投资已经一年有余，我从一个投资小白到对各种金融知识的熟练运用，再到可以指导别人做出投资决策，也更坚定了自己将金融投资作为奋斗的方向的决心。最重要的是，同江氏团队成员们的朝夕相处，让我逐渐意识到将个人财富的积累作为人生目标是一件多么肤浅的事情，只有让更多的人因为我的存在而变得更好才是生命真正的意义。值得欣慰的是，我们江氏团队正在不断壮大，有越来越多的投资者愿意和我们一起学习，愿意将我们所学到的知识传递给更多需要帮助的人。

90%的A股股民缺乏具有实战意义的金融投资知识，甚至拥有多年交易经验的老股民可能都还处于股盲状态，一批又一批散户多年累积的积蓄在股市中被吞噬。我们团队的所有成员都在做着一件同样的事情——"法布施"。我们将"守望和保护中国亿万名股民"作为我们的责任和使命，出版书籍，现场授课，每天发布市场的动态和解读……归根结底只有一个目的，就是让在市场中浴血奋战的散户们可以少亏钱，在市场走稳、万事俱备、东风吹来之时可以赚点外快。

在"江氏操盘实战金典"丛书的三本图书《买在起涨》《涨停聚金》和《趋势为王》即将上市之际，我代表团队，预祝更多有缘人因为这三本书而结识，更希望它们可以帮助股市中更多的人！

2016年6月1日

目 录

第一章 "追涨停"操作模式的起源 001

  1. "做涨停"与"追涨停"的区别 001

  2. "做涨停"的运作方式 003

  3. "追涨停"操作模式的利润空间 009

  4. 宁波涨停板敢死队介绍 012

  思考题 015

第二章 "追涨停"操作模式的八大秘诀 016

  1. 强者恒强 016

  2. 次日离场 018

  3. 速战速决 021

  4. 善借东风 024

  5. 物极必反 025

  6. 双足鼎立 026

  7. 树大招风 029

  8. 逆势可悲 031

  思考题 036

第三章　盘中涨停时段的划分 037
1. 早盘60分钟的涨停 037
2. 尾盘30分钟的涨停 050
3. 其他时间的涨停 061
思考题 074

第四章　追涨停后的卖出策略 075
1. 高开高走卖出法 075
2. 高开低走卖出法 084
3. 低开高走卖出法 091
4. 低开低走卖出法 098
思考题 104

第五章　不同位置涨停板的划分 105
1. 位置和主力操盘的关系 105
2. 下跌末期 108
3. 上涨初期 112
4. 上涨中期 115
5. 上涨末期 118
6. 下跌初期 122
7. 下跌中期 127
思考题 134

第六章　早晨之星模型的涨停 135
1. 主力行为分析 135
2. 模型要素 136
3. 实战综合分析 137
思考题 144

第七章　平台突破的涨停 145
1. 主力行为分析 145
2. 模型要素 146
3. 实战综合分析 147
思考题 155

第八章　上涨趋势中的涨停 156
1. 主力行为分析 156
2. 模型要素 157
3. 实战综合分析 158
思考题 165

第九章　风险系数极高的涨停板 166
1. 主力出货涨停板 166
2. 下跌途中反抽的涨停板 172
思考题 179

第十章　仓位安排和止盈止损策略 180
1. 仓位管理 180
2. 静态风险控制策略 183
3. 动态风险控制策略 185
思考题 192

第十一章　经典实战案例 193
1. 假突破速战速决——维科精华 193
2. 完美一跃——明泰铝业 196
3. 两板也无惧——航天科技 199
4. 享得起成功受得起失败——滨海能源 203

5. 最后的晚餐——漳州发展 207
6. 诱惑难耐——富春环保 211
7. 短线就是这么玩的——江苏国泰 214
8. 吃定平台——珠江控股 217
思考题 221

思考题的答案 222
后　记 223

第一章

"追涨停"操作模式的起源

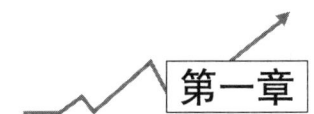

在证券市场上,任何一项制度的实施,既会给投资者带来限制,也会给投资者带来机遇,当然涨跌停板制度也不例外。我国早期的证券市场是没有涨跌停板限制的,后来为了防止股价的暴涨暴跌,以及抑制过度投机行为,从1996年12月26日开始实施涨跌停板制度。

1."做涨停"与"追涨停"的区别

在涨停板操作模式中,"做涨停"和"追涨停"有着本质的区别,但是普通投资者对此没有足够的重视,尤其是对于资金量较大的投资者来说,一旦在操作上将两者混为一谈,不加区分,打乱背后真正庄家的操作计划时,会使自己变成背后主庄的"清理"对象。

"做涨停"在行内也叫作"打板",顾名思义,是主力刻意操作的涨停板,而且绝大部分的涨停板都是由主力来操控的,因为只有资金足够集中时才能够将股价推到涨停板并封住涨停。市场中因人气活跃、跟风盘过剩造成的涨停板也有,但因其资金较分散不会形成波形流畅、干净利落的涨停板,这种涨停板也被称为因自然交易形成的涨停板,不算在"打板"之中,也不是本书讨论的重点。一个涨停板是刻意而为还是自然形成,通过盘口的波形和量峰是可以进行区分的,在后文会详细介绍。

"打板"的主力分为两种，一种是长期运作该股股价的中长期主力，基本是市场中的机构投资者，在股价走势的特定时期做的涨停板，通常和基本面的重大利好、主力运作股价的步骤有着密切的关系；另一种是短线游资操作的涨停板，短线游资发现某只股票的技术形态良好，具备启动一波上涨行情的机会，或者是由于热点等其他因素造成盘中的跟风十分火热，那么就会迅速投入资金，把股价直接拉到涨停，次日出现高点就走人，不用考虑股价的长期走势。所以涨停板出现时，可以通过当前股价所在的位置和形态判断是何种主力操作的，进而决定持仓时间和卖出策略。

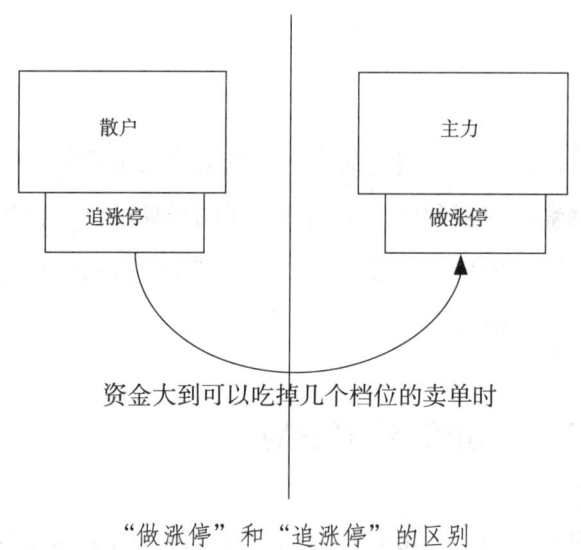

"做涨停"和"追涨停"的区别

"追涨停"无疑是对普通投资者而言的，通过研究K线、指标等技术分析要素，或者基本面消息，在涨停当日甚至是涨停的瞬间抢着买入，手上的筹码不会对股价有着特别重要的影响。但是对于一些资金量比较大的投资者，没有充分关注流通盘的大小，对于一个流通盘不到1亿的小盘股来说，用几千万的资金操作涨停板，那么无疑是将自己的身份从"追涨停"变成了"做涨停"。

"做涨停"不是本书重点讨论的范围，本书只对"追涨停"的技术方法和思维方式进行深度解析。

2. "做涨停"的运作方式

笔者经过长期的跟踪和研究发现，庄家做涨停所选取的个股中，大部分都是从盘中低位开始就往上推高，并非是传统的在盘中去寻找已经有明显上升表现的强势股之后快速出击拉高封涨停。这种涨停板的操作模式所选择的标的一定是在对众多股票做了深度的调查和研究、对其基本面和技术面都做了透彻的分析后确定的，所以其操作的标的股票十分值得普通投资者进行深度研究。

在交易所公开发布的市场数据中可以发现，出现涨停板当日，尤其是在震荡环境或者下跌趋势中出现的涨停板，往往会出现某个券商的交易席位当日的买入成交额占当日总成交额的比率超过10%甚至20%的情况，很明显是有大的资金推动所形成的涨停板。

实战案例1

凤形股份（002760）2015年10月8日

10月8日凤形股份的价格跳空高开，回踩到5、10日均线之后拉升到涨停，当日成交总额1.74个亿，换手率为22.04%。在资金净流入的机构席位排名中，信达证券股份有限公司绍兴柯桥山阴路证券营业部以8439.53万元占总成交额的48.46%而遥遥领先。凤形股份的流通股只有2200万元，当时市值只有7个多亿，可见信达证券股份有限公司绍兴柯桥山阴路证券营业部当日流入的资金对当天的涨停板起到了决定性的作用。

此前，大盘在经历了两波快速杀跌和短期的横盘调整之后，在10月8日展开了一个月的反弹，指数的上升空间有20%。机构投资者充分展现了自己对大盘趋势预测的能力，在这波行情启动的第一天大资金进入凤形股份，很明显是对后面一波涨势势在必得。鉴于主力机构是在"做涨停"，而普通投资者却是在"追涨停"，所以一旦发现有大资金蠢蠢欲动的股票时，当天又是在起涨的初期，面临的风险很小，这是普通投资者需要狙击的重要模型之一。

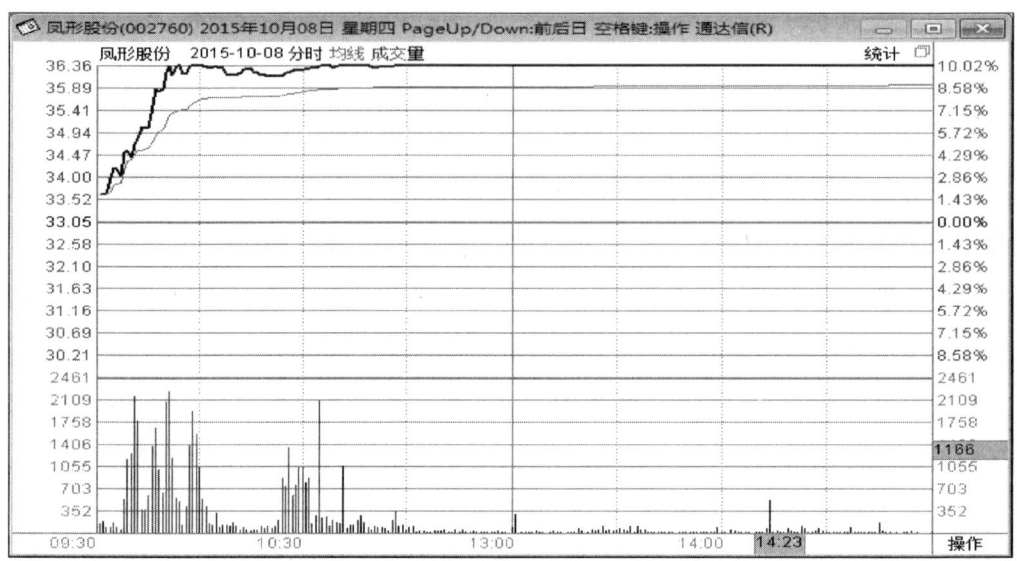

凤形股份（002760）2015年10月8日涨停板分时图

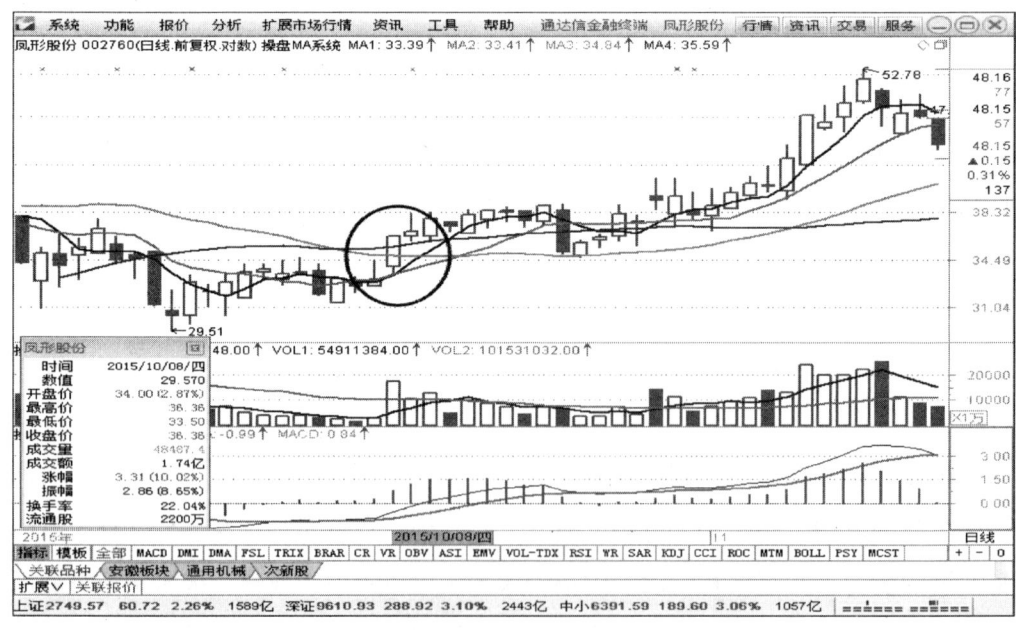

凤形股份（002760）2015年10月8日涨停板K线图

凤形股份（002760）2015年10月8日买入金额最大前5名

序号	交易营业部名称	买入金额（万元）	占总成交比例
1	信达证券股份有限公司绍兴柯桥山阴路证券营业部	8439.53	48.46%
2	华泰证券有限责任公司竹子林四路证券营业部	508.94	2.92%
3	国泰君安证券股份有限公司成都顺城大街证券营业部	334.15	1.92%
4	中原证券股份有限公司郑州桐柏路证券营业部	264.33	1.52%
5	华泰证券股份有限公司沈阳大西路证券营业部	218.10	1.25%

实战案例2

中金岭南（000060）2015年10月9日

10月8日大盘跳空高开后横盘震荡，但是已经有足够的做多动能证明大盘已经脱离了底部平台，即将开始上行，很多股票已经开始顺势上扬。中金岭南跳空高开后和大盘走势趋于一致，收了一个阴十字星，主力并没有急着拉高股价。10月9日，大盘多头趋势明朗，全天震荡上升，中金岭南顺势缓慢爬升，最终在午市休市之前封在涨停。

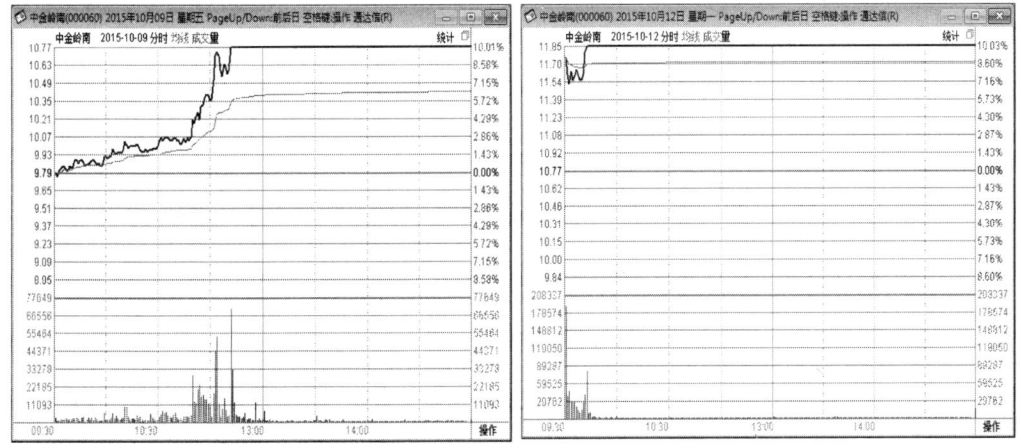

中金岭南（000060）2015年10月9、12日涨停板分时图

中金岭南10月9日全天成交额8.03亿元，换手只有3.74%，高度控盘，光大证券股份有限公司宁波解放南路证券营业部主动买入的资金达到了19482.02万元，占总成交额的24.25%，对当天的涨停起到了决定性的作用。

次日巨幅高开后，虽然向下打压过，但是最后还是收在了涨停的位置。可见，在大盘环境好的情况下，主力会很巧妙地借大盘的东风操作涨停板，而作为普通投资者则是需要通过研究这些主力机构操作涨停板时大盘和个股的形态特征，进而总结出主力会操作涨停的模型。

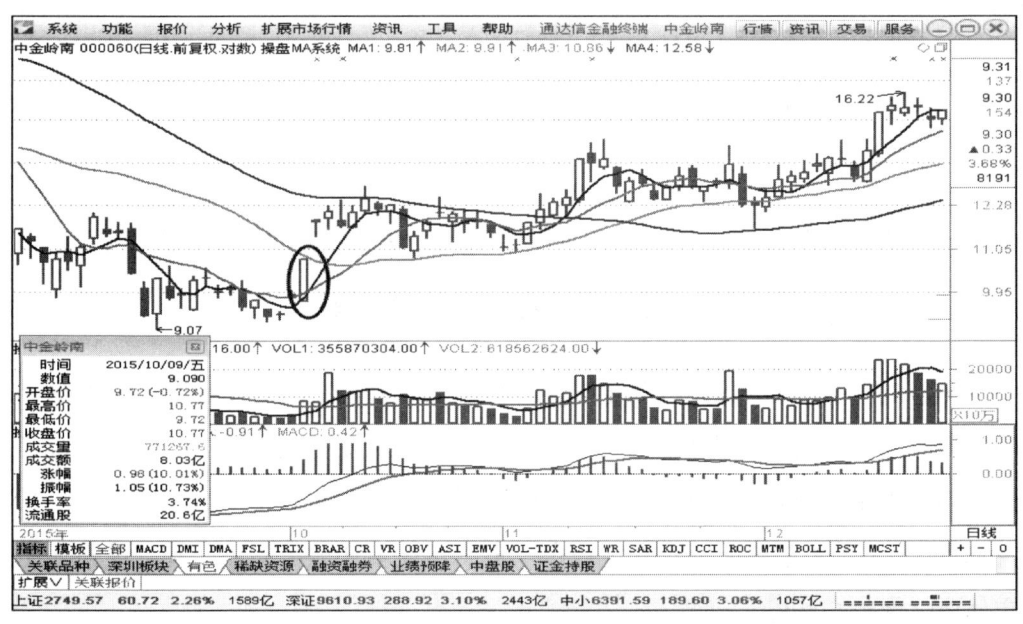

中金岭南（000060）2015年10月9日涨停板K线图

中金岭南（000060）2015年10月9日买入金额最大前5名

序号	交易营业部名称	买入金额（万元）	占总成交比例
1	光大证券股份有限公司宁波解放南路证券营业部	19482.02	24.25%
2	东方证券股份有限公司上海浦东新区银城中路证券营业部	5279.77	6.57%
3	华泰证券股份有限公司上海威宁路证券营业部	5013.08	6.24%
4	国泰君安证券股份有限公司上海银城中路证券营业部	2685.10	3.34%
5	东方证券股份有限公司上海徐汇区肇嘉浜路证券营业部	1688.40	2.10%

实战案例 3

兴业矿业（000426）2015年10月12日

兴业矿业从2015年7月7日停牌后，直到2015年10月8日复牌，躲避掉了大盘的第二波杀跌。复牌后刚好赶上了大盘气候回暖，启动了超跌后的报复性反弹。在10月8日和10月9日大盘环境良好的氛围中，走出了两个涨停板，10月12日继续高开，短时间小幅震荡后一波快速拉涨停。当天海通证券股份有限公司上海青浦区青湖路证券营业部买入金额为8652.74万元，占总交易金额的15.27%，大幅领先于其他机构席位的资金流入金额，可见兴业矿业当天的涨停板是由该席位的资金推动的。

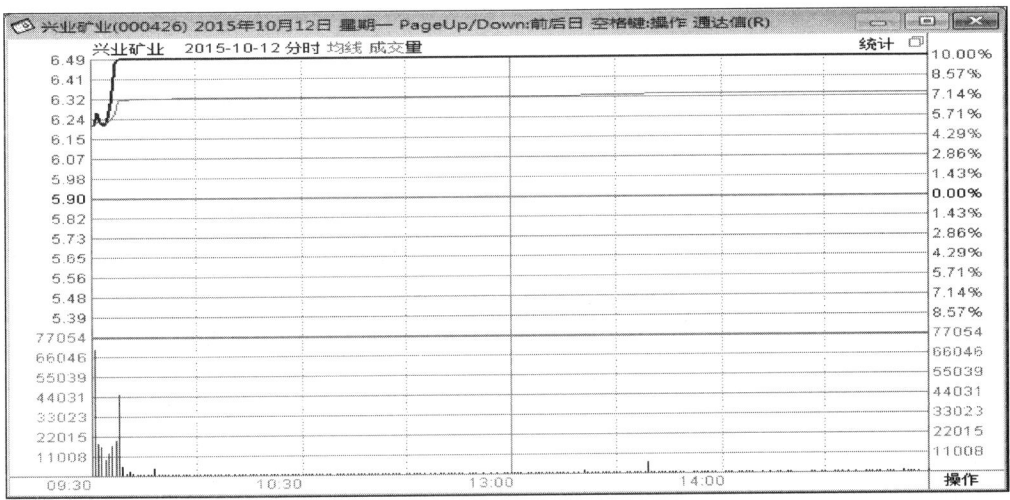

兴业矿业（000426）2015年10月12日涨停板分时图

兴业矿业（000426）2015年10月12日买入金额最大前5名

序号	交易营业部名称	买入金额（万元）	占总成交比例
1	海通证券股份有限公司上海青浦区青湖路证券营业部	8652.74	15.27%
2	华鑫证券有限责任公司上海宛平南路证券营业部	1071.79	1.89%
3	国元证券股份有限公司淮南朝阳西路证券营业部	744.23	1.31%
4	东兴证券股份有限公司福州五四路证券营业部	731.08	1.29%
5	中国银河证券股份有限公司北京广渠门大街营业部	697.03	1.23%

10月12日涨停当天，已经是这波反弹行情的第三个涨停板，此时波段上涨幅度达到了33%，属于波段的高位，也到达了超跌反弹的第一目标区间。股票交易中，量能起着不可忽视的作用，量能的变动一定会传递出主力运作股价不同阶段的真实意图。从兴业矿业6月份快速杀跌的过程中不难看出，该股背后的大庄家也有部分筹码没有回避掉大盘5178点后的快速杀跌，前两个涨停板没有放出量能，而12日当天开始放量，但不是倍量，由此后市很有可能走出快速反弹出货的行情。

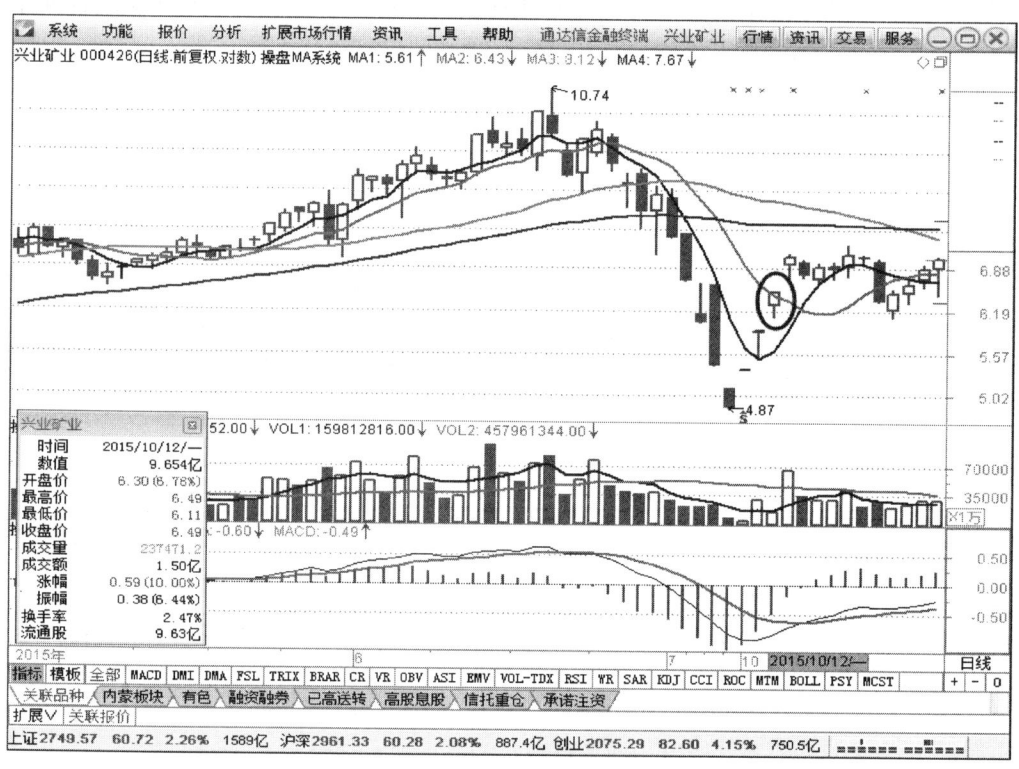

兴业矿业（000426）2015年10月12日涨停板K线图

对兴业矿业在10月12日的成交量进行进一步分析。下表中提供了当天卖出金额最大的前5名，排在第一位的是海通证券股份有限公司上海黄浦区福州路证券营业部，卖出金额为8649.19万，占总成交额比例的15.26%。也就是说12日涨停当天，买方和卖方的成交额最大的两个席位都是海通证券在上海的营业部，金额都在8000多万，相差只有3万左右，这是一个多么奇怪的现象！请投资者从主力思维的角度分析这一现象，思考主力如此操作的真实动机。

兴业矿业（000426）2015年10月12日卖出金额最大前5名

序号	交易营业部名称	卖出金额（万元）	占总成交比例
1	海通证券股份有限公司上海黄浦区福州路证券营业部	8649.19	15.26%
2	安信证券股份有限公司阳江安宁路证券营业部	1178.61	2.08%
3	华鑫证券有限责任公司上海宛平南路证券营业部	1177.76	2.08%
4	东北证券股份有限公司上海迎春路证券营业部	897.21	1.58%
5	日信证券有限责任公司赤峰玉龙大街证券营业部	675.04	1.19%

!] 特别提示

上文中提供的所有关于个股每天交易的各营业部的数据均来自官方网站上的龙虎榜数据，该数据是由交易所直接披露。投资者可以自行查找这些数据，对于有明显机构资金介入的股票涨停板的形态、要素进行分析和总结，从而建立自己的操作模型。

3."追涨停"操作模式的利润空间

笔者通过对2008年至2015年近8年的数据进行搜集和统计，并对市场上有迹可循、具有一定操作规律的涨停板进行跟踪和分析后发现，在1298个涨停板中，采用次日不封停坚决离场的策略，成功率可以达到81.47%，同时配合严格、合理的止损策略，可以极大减少账户资金的回撤。在这8年的时间中，A股整体的走势可以分为4个阶段：大熊市后的反弹阶段、震荡下跌阶段、筑底阶段和新的牛市阶段。虽然市场环境骤变，但是短线涨停操作模式具有非常广泛的适用性，是一种在任何环境下都可以获得相对稳定盈利的交易模式。

第一阶段：2008年11月到2009年8月，大熊市后的反弹阶段，历时10个月。短线涨停板操作172次，盈利153次，止损19次。

第二阶段：2009年9月到2013年6月，震荡下跌阶段，历时45个月。短线涨停板操作627次，盈利483次，止损144次。

第三阶段：2013年6月到2014年7月，筑底阶段，历时14个月。短线涨停板操作218次，盈利183次，止损35次。

第四阶段：2014年7月到2015年6月，新的牛市阶段，历时12个月。短线涨停板操作247次，盈利229次，止损18次。

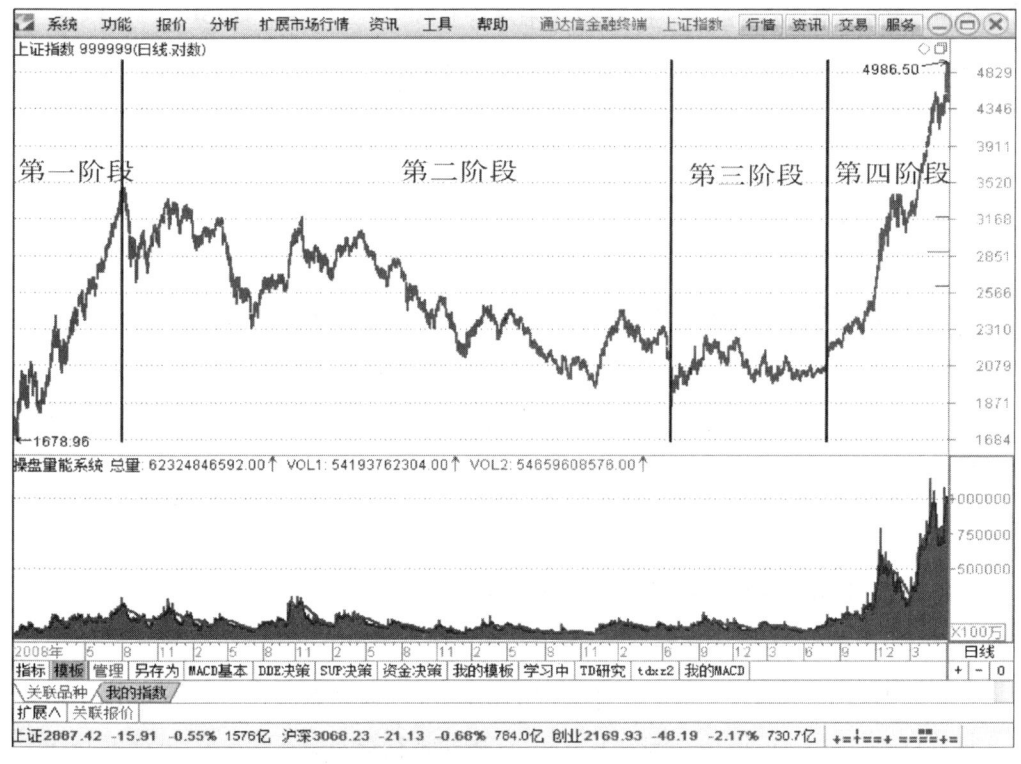

上证指数2008年至2015年的4个阶段走势图

对其中1264次操作涨停的实例进行统计，次日最高涨幅超过7%的有304次，占总统计次数的24.05%；次日最高涨幅在5%~7%的有148次，占总统计次数的11.71%；次日最高涨幅在3%~5%的有156次，占总统计次数的12.34%；次日最高涨幅在1%~3%的有455次，占总统计次数的35.99%；次日最高涨幅在0~1%的有162次，占总统计次数的12.82%；次日最高涨幅小于0的有39次，占总统计次数的3.09%（最高涨幅小于0说明涨停次日的走势都在昨天涨停价之下，如果以涨停板价格追进没有任何盈利机会）。

涨停次日最高涨幅统计表

涨停次日最高涨幅	次 数	占总统计次数的比率
7%以及上	304	24.05%
5%~7%	148	11.71%
3%~5%	156	12.34%
1%~3%	455	35.99%
0~1%	162	12.82%
0及以下	39	3.09%
总 数	1264	100%

由上表可以看出，涨停当日买进，次日走势的最高涨幅超过7%的概率有24.05%，说明次日有足够的时间将股票抛在相对高位，获得较大的利润空间。次日走势的最高涨幅超过5%的概率有24.05%+11.71%=35.76%，次日走势的最高涨幅大于3%的概率有35.76%+12.34%=48.10%，次日走势的最高涨幅大于1%的概率有48.10%+35.99%=84.09%。这说明涨停次日有84.09%的概率能够保证获得盈利，操作短线切记莫要贪婪，有盈利空间后就考虑离场，而且一定要快速、坚决！

对于次日最高涨幅小于1%的情况，对投资者来说获得盈利的难度会很大，所以一定要设置合适的止损位（后文会详细介绍在这样的走势情况下该如何操作，保证卖出点在头天的收盘价附近，极限的止损点位为-3%）。只要选股时严格遵守本书介绍的条件要求，次日出现亏损3%以上的概率微乎其微。

! **特别提示**

在证券市场中，股价的运行不是毫无章法，而是有规律可循的。历史是会重演的，但是不会简单地重复！

4. 宁波涨停板敢死队介绍

提到涨停板不得不提到宁波涨停板敢死队。涨停的股票具有较大的上涨动能，次日持续走高的概率特别大，所以如果在涨停当日买进股票，次日走高后快速离场，可以获得持续、稳定的收益。市场上专注于操作涨停板的投资者不计其数，有资金量庞大的机构投资者，也有在这个市场上越挫越勇的散户，然而将涨停板套利模式运用到极致的一定是被投资者熟悉的"宁波涨停板敢死队"。

2003年2月15日，《中国证券报》在头版刊发《涨停板敢死队》一文，首次披露了银河证券宁波解放南路营业部"涨停板敢死队"的情况，宁波涨停板敢死队自此进入公众视野。据了解，2003年银河证券解放南路营业部4楼贵宾室，有专门做超短线的"三大高手"，手中有三四千万的资金，当时正是熊市，营业部绝大部分成交量都来自他们，1号人物叫徐×（人称"小徐"），2号人物姓吴，3号人物也姓徐（人称"大徐"），此外还有天一证券（现已改组为光大证券）解放南路营业部也出现"敢死队"，并构成了宁波涨停板敢死队"三驾马车"阵势，涨停板敢死队的名号一直延续至今。

经过2003年媒体的广泛报道，宁波涨停板敢死队被大部分股民所熟悉。其操作手法亦被越来越多的机构效仿，而且成功者与日俱增。虽然时局变幻莫测，甚至是物是人非，但是曾经的英雄人物给这个市场带来的投资模式像雨后春笋一样，在广大投资者中间不断地发芽、成长。

追涨停板的模式是不是宁波涨停板敢死队的成员独创的已无从考证，但是近年来利用"涨停次日就离场"的套利模式获利的投资者却是很常见，如果说宁波涨停板敢死队拉开了涨停板套利模式的序幕，那么无数后起之秀则是把涨停板套利技术发扬光大，甚至是将其运用得炉火纯青。

学员互动

2015年7月14日，上海的王女士（我们的高级学员）拨打股市120的电话进行了咨询。

王女士：

今天的福晶科技（002222）的龙虎榜数据中5家营业部都有千万资金流入，总资金有8000多万，是不是一个很好的短线涨停的机会？

股市120：

首先对于王女士能够快速学以致用的精神给予表扬。王女士在我们学员中的年纪偏长，却是十分用功的一位。在本书即将付梓之际，王女士的操作技术愈加纯熟，在11月、12月的震荡期间获益颇丰，且轻松规避了1月份的杀跌，真心为她感到高兴！

营业部资金买入、卖出的数据都是在收盘之后才能看到的，作为寻找大资金操作过的股票的一种方式，可以对这些股票的位置、K线形态、盘口波形、量峰等深入研究，然后总结自己的交易模型，但是切记该数据不能作为操作时的选股方式。

7月14日龙虎榜中，福晶科技买入金额前5的营业部均有千万级的资金流入，但是每家占总成交额的比例十分分散，都没有超过3%，属于正常的市场交易行为，不是庄家刻意操作。只有在某个营业部的买入金额占当天成交总额的比例在10%甚至20%以上时，该股价才有可能是该营业部推动的。

福晶科技（002222）2015年7月14日买入金额最大前5名

序号	交易营业部名称	买入金额（万元）	占总成交比例
1	中信证券股份有限公司深圳深南大道证券营业部	2155.11	2.98%
2	湘财证券股份有限公司上海陆家嘴环路证券营业部	1666.95	2.31%
3	广发证券股份有限公司深圳南园路证券营业部	1529.98	2.12%
4	华龙证券有限责任公司庆阳西大街证券营业部	1164.96	1.61%
5	长江证券股份有限公司佛山普澜二路证券营业部	1120.77	1.55%

【位置分析】超跌后反弹的第四个涨停板，波段上涨幅度已经达到了46%，一个上涨波段的幅度已经达到，即将面临洗盘或者调整的概率比较大。前3个涨停板量能都是萎缩状态，在7月14日的涨停板出现了放量，说明前期的套牢盘和获利盘都有逃跑的迹象，抛压较重，虽然当日尾盘封住涨停，次日走势不容乐观。

无论是属于上涨初期的涨停板，还是上涨中继的涨停板，连续4个涨停板出现后，都属于高位区，风险极大，是绝对禁忌的操作行为之一。本书后文会对不同位置的涨停板对应的主力意图和所具有的特点进行深入讨论，在此只是想针对该案例引入本书阐述涨停板操作模式的思维方式，希望读者带着主力思维方式，从量、价、时空综合的角度来阅读和深入研究。

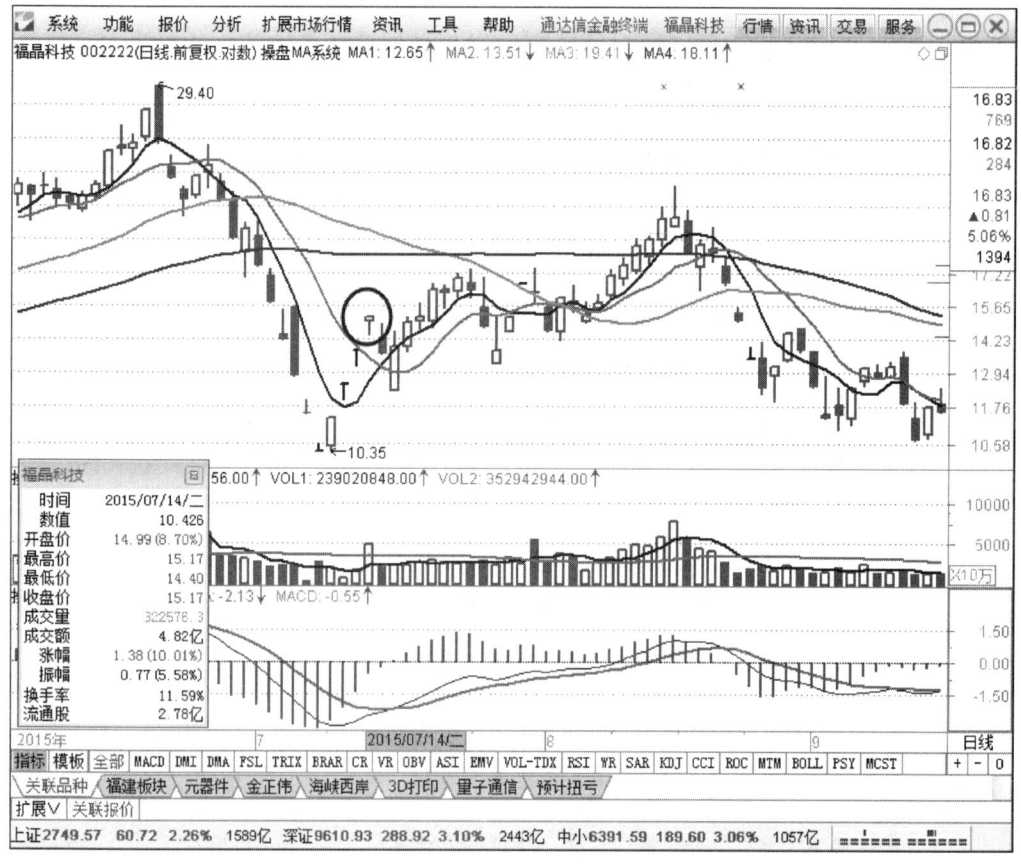

福晶科技（002222）2015年7月14日涨停板K线图

【盘口分析】早盘高开后震荡，没有再创新低，10：20封住涨停，11：15以后涨停打开，向下打压的幅度超过了5%，涨停打开期间温和放量，尾盘还是拉高封住了涨停。从盘口上可以看出，早盘放量后，每次向上拉升并没有量能配合，而且上涨的幅度十分有限。最重要的是，高位涨停板出现打开后向下打压超过3%就面临风险，而且打开的时间超过了2个小时，可见做涨停的意愿是多么的勉强。

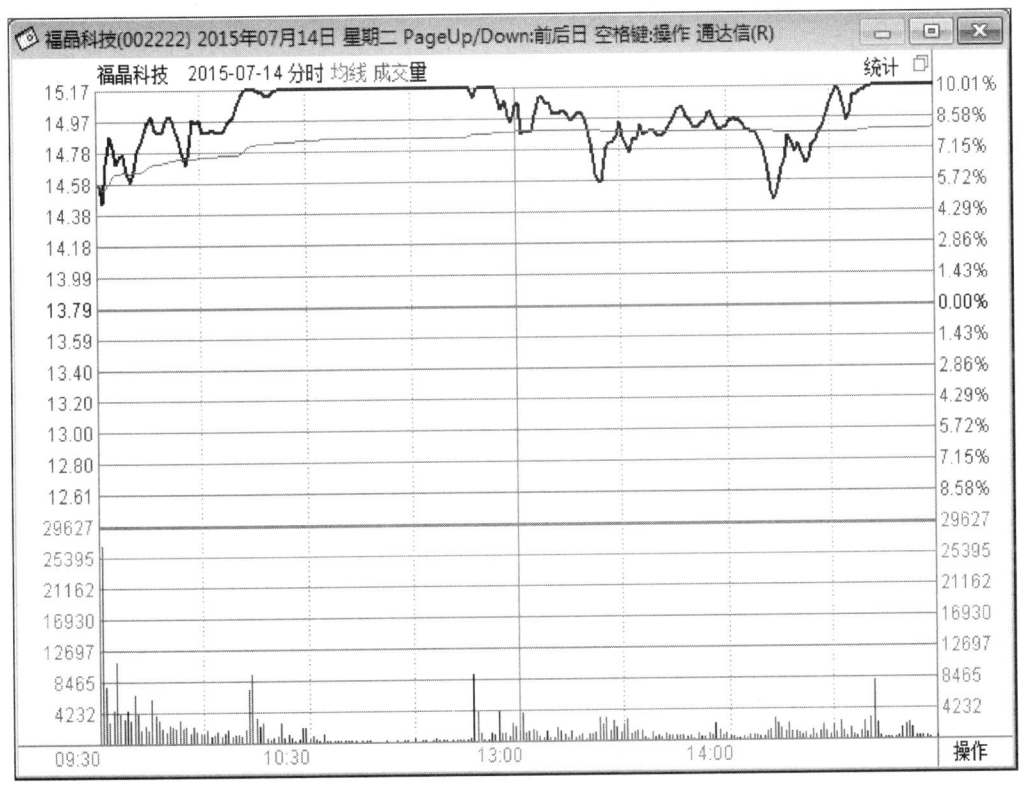

福晶科技（002222）2015年7月14日涨停板分时图

思考题

1. 任何资金量都适合做涨停板吗？怎么进行配置？
2. 对于资金量特别大的投资者，选股时的流通盘、换手率的标准是什么？
3. 官方网站上的龙虎榜数据对实战中操作涨停板有什么帮助？
4. 涨停当天，除了要分析资金的推动作用外还需要分析哪些因素？
5. 追涨停板的成本很高，追高岂不是要面临很大的风险吗？

第二章

"追涨停"操作模式的八大秘诀

如何能够做好"追涨停"？一方面要有固定的操作模型，比如形态要素、位置要求、指标的金叉或死叉等，更重要的是具备存在K线走势图背后的交易逻辑和思维方式。下面介绍"追涨停"操作模式的八大秘诀。

1. 强者恒强

人有人性，股有股性。每只股票受到其所在的板块、背后运作的主力等因素的影响会展现出不同的特征，尤其在大盘环境不好时，强者恒强，弱者恒弱。机构操作涨停板遵循的是强势原则，专挑那些短期爆发力十足的个股做短线涨停板，平均三天打一只。在熊市中操作时间超过一周就算长线，而在牛市中因赚取的是波段收益，所以持仓的时间会有所延长。

操作涨停板时的选股往往是从盘口上看到某只股票短线势头较猛，有望形成向上突破才果断介入。但是不同位置的股票所面临的风险和未来的利润空间是不同的，形态、上升趋势良好的股票才是形成强者恒强的基础。

实战案例1

万马股份（002276）2015年4月1日

万马股份在2015年4月之前的三个月中缓慢上涨，在均线呈现多头趋势发散之后，K线重心稳步上扬，洗盘最多洗在了10日均线上，丝毫没有让均线拐头的意愿。4月1日的涨停板加快了股价上扬的速度，尽管前期已经有了50%的上涨空间，但是作为一只稳健的大牛，上涨途中的横盘就是后市加速上涨的加油站，而此时的涨停板无疑是继续向上冲击的冲锋号。

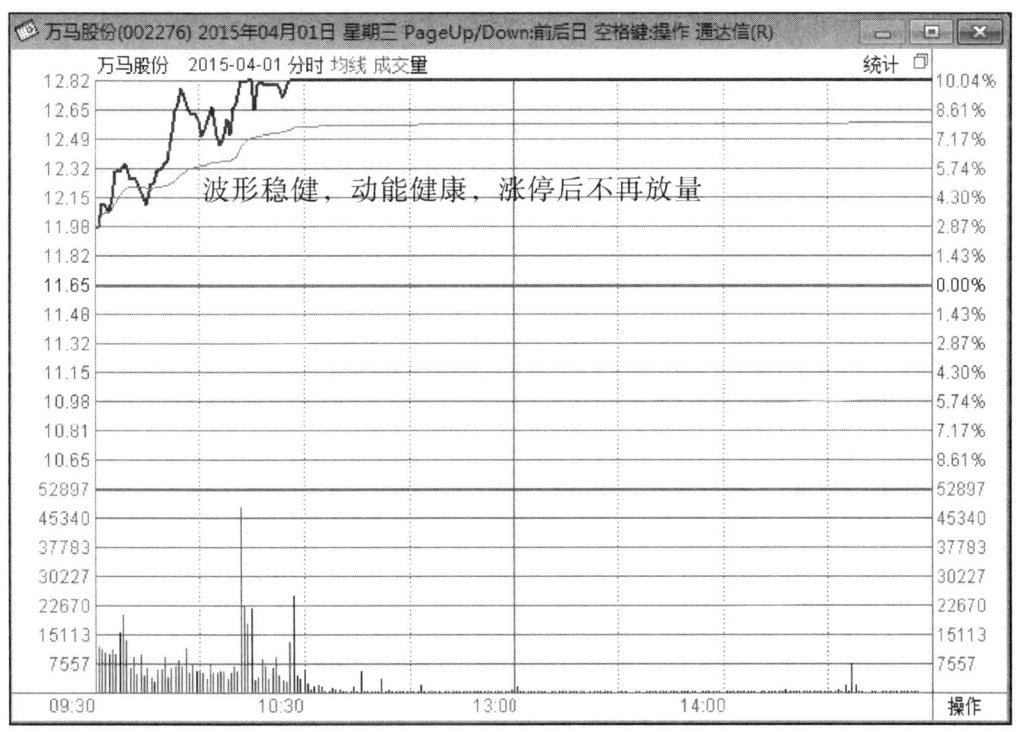

万马股份（002276）2015年4月1日涨停板分时图

涨停板前一天的小阳线已经突破了前期上涨中继的小平台，而且创了新高，成交量也创了新高，是最健康的价升量增的形态，后市会有漂亮的波段行情机会。所以4月1日的涨停板符合多个交易模型的进场条件：在上升趋势中，做多动能最强、面临风险最小、利润空间最大的一种涨停板操作模式。

万马股份（002276）2015年4月1日涨停板K线图

2. 次日离场

由于涨停板第二天势头往往不减，高开的概率很大，甚至持续震荡上扬，因此投资者出货并不难。短线追涨停是在震荡市或者熊市里的一种较好的操作策略，但是在这样的市场环境中长时间的持仓一定会增加风险，所以"次日离场"是操作短线涨停板的铁律之一。

然而在牛市中，则需要不同的操作模型，在大盘和个股的小周期走势还没有突破上升趋势线的情况下可以适当地增加持仓时间。每个人在不同的市场环境下的交易策略都不同，必须按照自己制定的操作策略执行。

实战案例2

柳钢股份（601003）2015年12月2日

柳钢股份12月2日全天低位震荡，交易清淡，人气十分低迷，没有一丝一毫做多的迹象。14：20之后开始逐渐放量，股价开始被一点一点推高，在收盘前10分钟拉升到涨停后还经过了向下震仓才封住涨停。从涨停的过程来看，主力对资金投放节奏和资金的投入量的把握都十分完美，可以称为健康的涨停，然而涨停的动作拖到了尾盘，就会让当天的走势大为失色。后文将会介绍，尾盘拉升的涨停说明主力的投机行为较重，次日上涨的惯性较差。

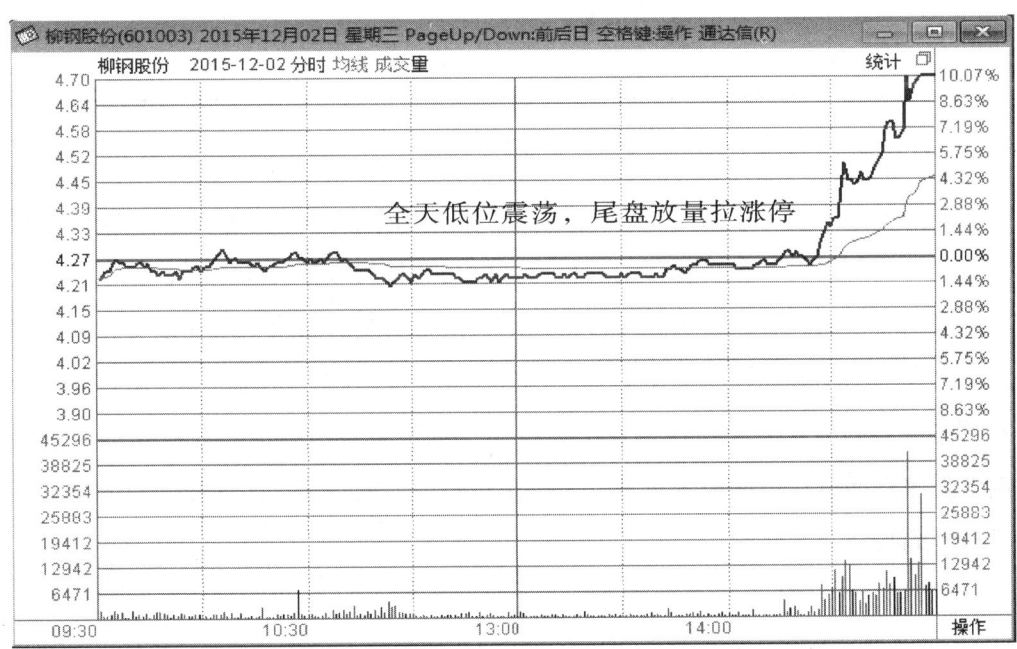

柳钢股份（601003）2015年12月2日涨停板分时图

柳钢股份次日低开低走，11：00左右有一波缓慢拉升，拉到红盘区时压力较重又向下运行，在红盘之上的时间只有5分钟，而且利润空间不足1%，很难在红盘之上卖出。尾盘震荡下跌，已经多次证明上涨动能不足，后期向下运行概率较大，如果还对后市抱有幻想进而坚持持仓，则后面一整个波段下跌的行情会让追涨停的投资者深深套牢。

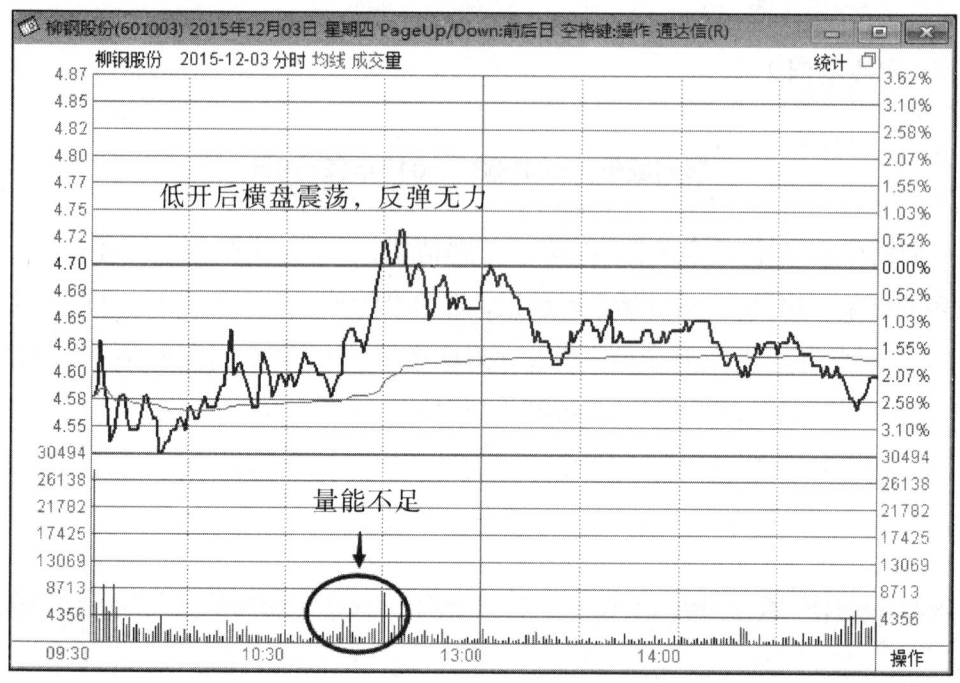

柳钢股份（601003）2015年12月3日（涨停次日）分时图

在经过了前期的暴跌之后，市场上的做空动能还较强，12月2日涨停板出现之前两日的一根长下影线有探底的行为，但是次日的做多动能太弱，根本没有办法暂时扭转空头趋势。如果涨停板是发生在长下影线后的第一个交易日，就会构成后文介绍的早晨之星的操作模型，因为是在空头动能有所减弱后，做多动能意愿强烈才会拉升涨停板，后市就会有一个小的波段行情。但是在空头动能极弱时，做多动能没有迅速控制战场，显得比较被动，隔一天拉出的涨停板的含义就截然不同啦。

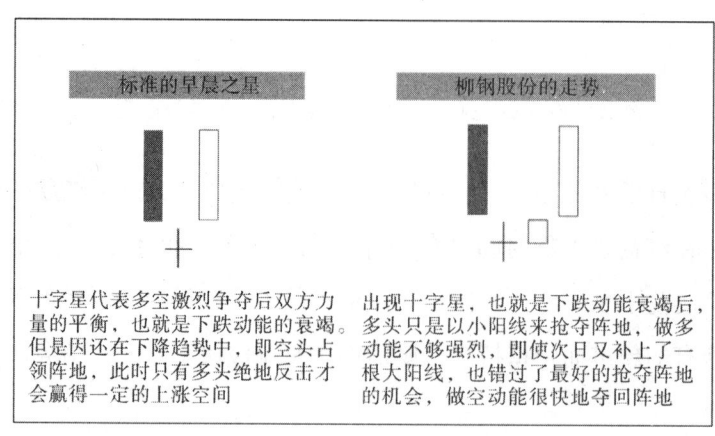

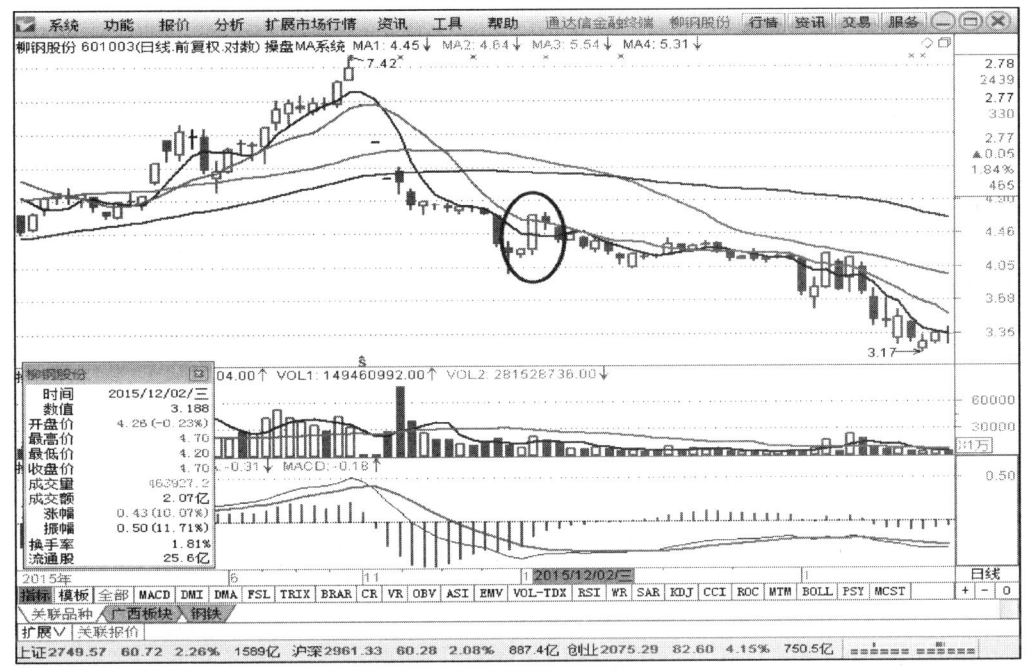

柳钢股份（601003）2015年12月2日涨停板K线图

! 特别提示

在证券市场上，一定要形成自己的交易风格，制定自己的交易模型，然后在无数次实战中进行修正，最后像机器一样反复执行交易模型，才能实现让账户交给时间去孵化无尽的利润！

3. 速战速决

某只股票操作结束之后，在该股票的形态、技术指标等要素没有再次修复好之前不能再参与，绝对不能对给自己盈利过的股票产生"情结"。这条铁律是对人性弱点上的一个要求，笔者见过很多做股票做出"感情"的，一种是深套的，坚决不割，从浅套、到深套、到成为股东，还有一种就是之前的交易产生过利润的股票，认为自己能够把握住这只股票，很容易在还没有满足操作模型之前就急着进场，后果是进场就套。

实战案例3

靖远煤电（000552）2015年8月3日

【第一个涨停板】靖远煤电8月3日的涨停板次日获利后进入了横盘整理期，在经历了9个交易日的横盘整理后选择了向下突破，随后开始了一轮下跌趋势。虽然在9月22日又走出了一个涨停板，但是还没有脱离底部区间，所以只能以观望为主，不能操作。

8月3日之前，靖远煤电股价在下跌过程中走出了阶段性底部，7月7日和7月28日两天的低点走出了双足鼎立的做底形态，箱体中调整不创新低，8月3日的涨停板算是突破30分钟走势上形成的平台后的反弹性行情。从盘口上看，虽然是尾盘拉升的涨停，但是波形健康、量能充足，在市场大环境空头氛围强烈的前提下能够如此操作，可见主力的做多意图非常强烈，次日产生较大幅度上升空间的概率比较大。

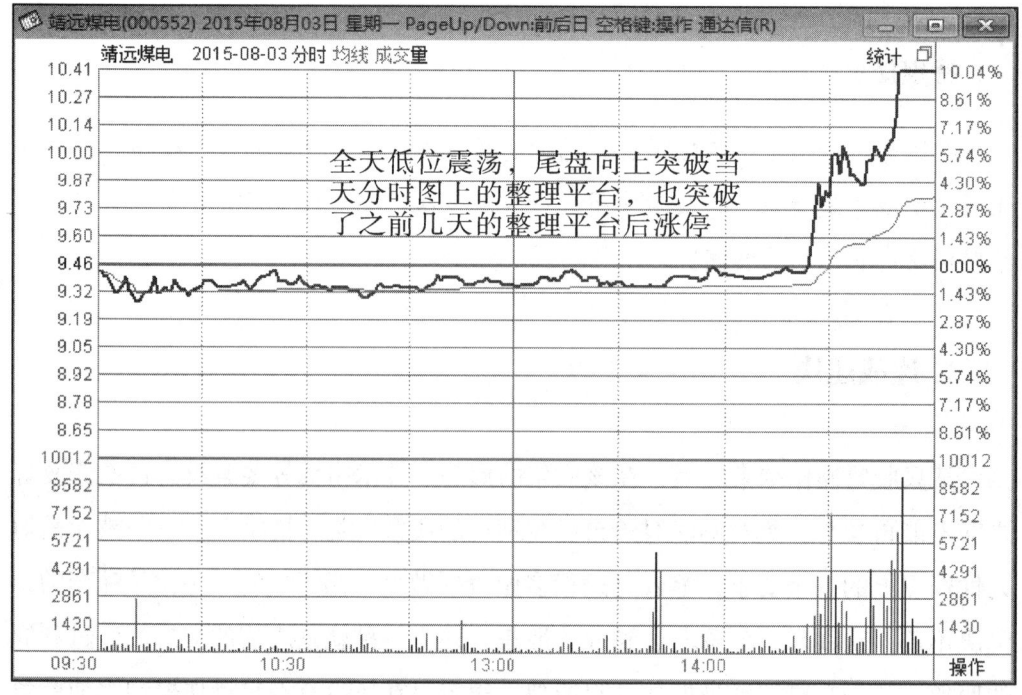

靖远煤电（000552）2015年8月3日涨停板分时图

从K线走势图中可以看出，涨停次日为一根跳空高开的大阳线，投资者此次交易一定是获利的。随后股价经过了短期的调整之后再次随大盘向下跳水，开始了一个新的下跌波段。在第二个下跌波段结束后也出现了双底结构，和之前的底部形态异曲同工。双底出现之后经过了3天的横盘，又出现了第二个涨停板。

靖远煤电（000552）2015年8月3日涨停板K线图

【第二个涨停板】首先此次的双底的第二个底部创了新低，违背了标准双底的要求，不过第二个底部的中阴线次日就被大阳线吞没，还是让多头有了表现的机会，但是在不创新低的底部出来之前一定要谨慎操作。从9月22日的涨停板的分时图看，在10:20之前股价以稳健的小波向上拉升到7%。"稳健的小波"的言外之意就是主力拉升得小心翼翼、谨小慎微，根本没有走出漂亮行情的决心，所以此时的涨停板一定要小心，不能因为两次做底形态有些相似和在上次交易中有了盈利就急于进场。

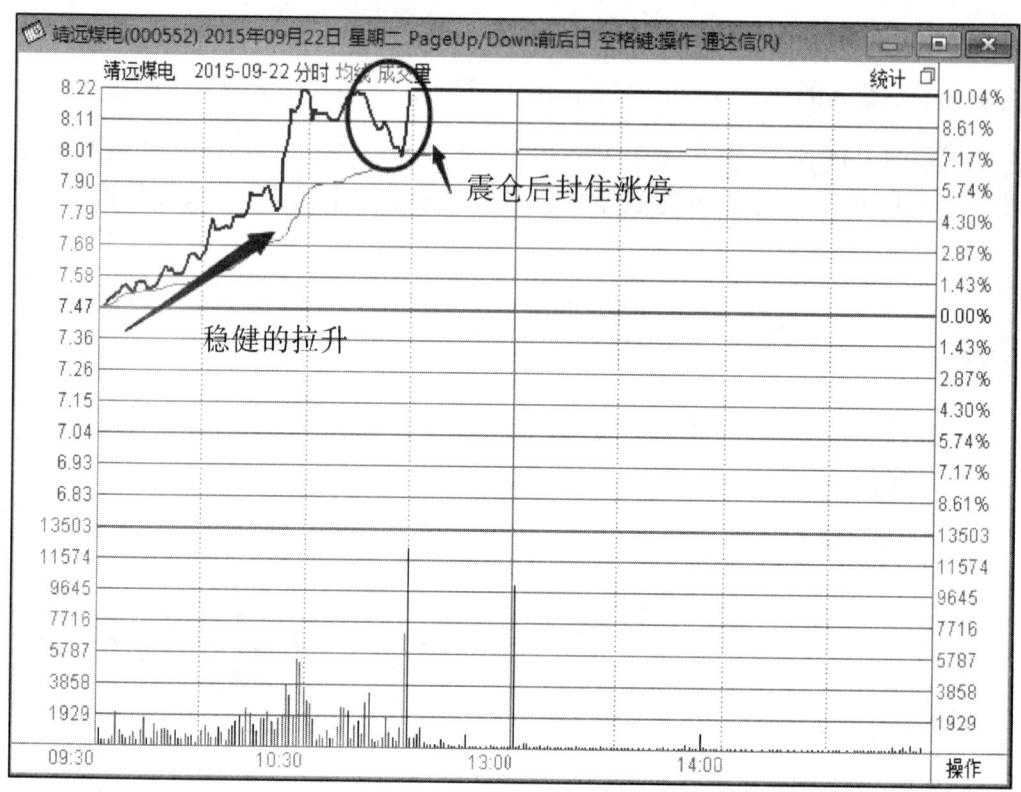

靖远煤电（000552）2015年9月22日涨停板分时图

4. 善借东风

操作短线涨停板的主力们均能够对大盘的走势做到精准把握，在大环境走稳的情况下大胆操作涨停板，胜利的概率会大大提高。在历史上几次标志性的大跌行情中，他们都能够完美躲避，在几次标志性的大涨的行情中，又能充分建仓，所以说他们是善于借大盘东风的诸葛亮。

大盘指数是由市场中全部股票的价格加权得来的，大盘指数走弱就说明市场中大部分股票的走势较弱，如果涨停板次日大盘低开，则所操作的个股低开的概率也较大。操作短线涨停板遵循的是"强者恒强"的原则，只要大盘指数不是在大阴线快速杀跌的环境中，操作的个股的表现就能强于大盘，回避风险还是比较容易的。

实战案例4

中金岭南（000060）2015年10月9日

10月8日是国庆长假后的第一个交易日，受国庆长假期间外围市场重大利好的影响，上证指数大幅高开后横盘震荡，中金岭南高开4个点后也跟随大盘横盘震荡。次日，上证指数整天呈现放量、稳健地震荡上升的走势，中金岭南借势稳健地向上攀升，在11：00左右向上攻击并向下震仓洗盘后，再次拉升封住涨停。

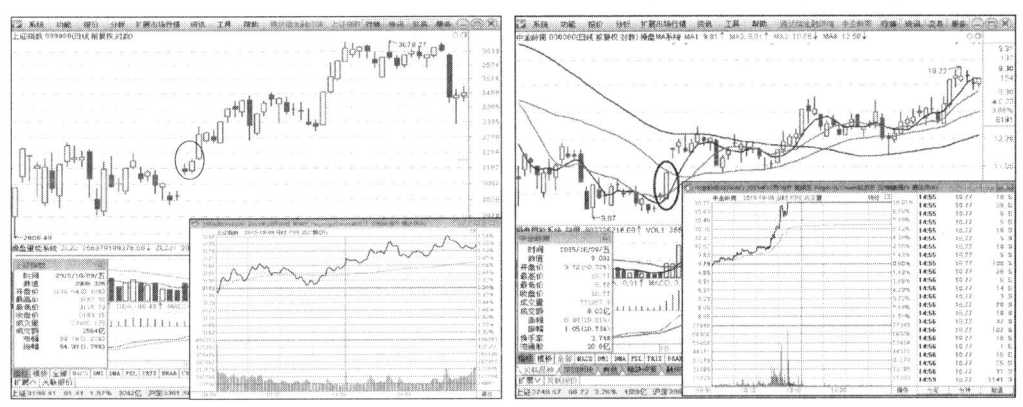

上证指数（999999）和中金岭南（000060）2015年10月9日分时图和K线图

5. 物极必反

巴菲特说："别人贪婪时我恐慌，别人恐慌时我贪婪。"这句话是对相反理论的最好诠释。股价运行的规律也是对人性的真实写照。多数人认为，应该买安全的股票，不应该追高，但是看似安全的股票越不安全，看似涨高的股票往往会涨得更高。由于涨停的个股常常会顺势上冲，第二天冲高即卖出，在大盘走弱的情况下，短线持股的方式反而降低了风险。

实战案例5

精伦电子（600355）2015年10月19日

10月19日精伦电子涨停时，已在这波快速拉升的行情中上涨了50%，连续9根阳线，8根创新高的K线。在大盘环境不是十分乐观的前提下，不能被这样"漂亮"的行情冲昏头脑，从30分钟的行情来看，已经出现了明显的量价背离，当其他人还沉浸在涨停板的喜悦中时，次日高开要快速无条件离场。

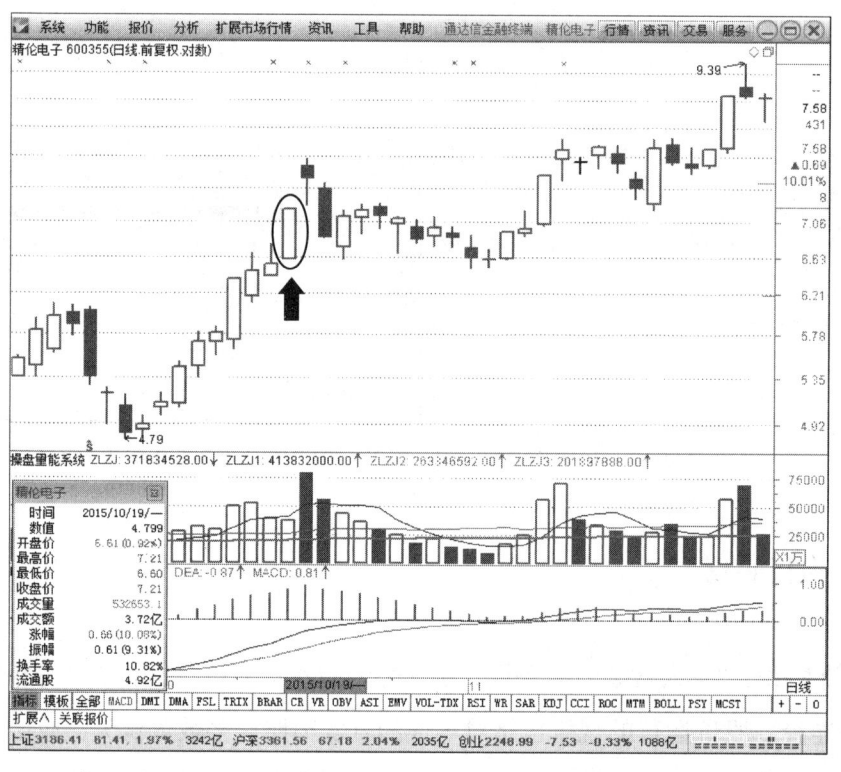

精伦电子（600355）2015年10月19日涨停板K线图

6. 双足鼎立

在证券市场中，基本面分析和技术分析作为投资的两条腿，缺一不可。只分析基本面，很难找到精准的进场点；只做技术分析，很难抓住大牛股。所以只有两条腿走路才是证券投资的王道，才能更精准地操作涨停板。

为此，应了解基本面变化和短期股价的关系，提前研判出当前的各种重大题材，在按题材可操作性排序后确定狙击对象。业绩不良、经营不善、主营不清晰等问题股，以及ST股绝对不会介入，而能够作为追涨停板、或者说是作为涨停板标的的股票，必须具备业绩尚可、有一定题材支持等基本条件。

 实战案例6

双钱股份（600623）2016年1月26日

双钱股份在经历了1月份的暴跌后短暂地做了一个小双底，在1月26日发布预计年度业绩的公告，在大盘环境还是一片恐慌的空头氛围中，当天走出了强势的涨停。而且在接下来大盘还在不断探底和调整的过程中，双钱股份甚至走出了强势的一字板的形态。可见配合基本面的重大利好消息形成涨停板的走势更加水到渠成，技术形态和基本面的利好形成了共振的双足鼎立的局面。

双钱股份（600623）2016年1月26日涨停板分时图

双钱股份（600623）2016年1月26日涨停板K线图

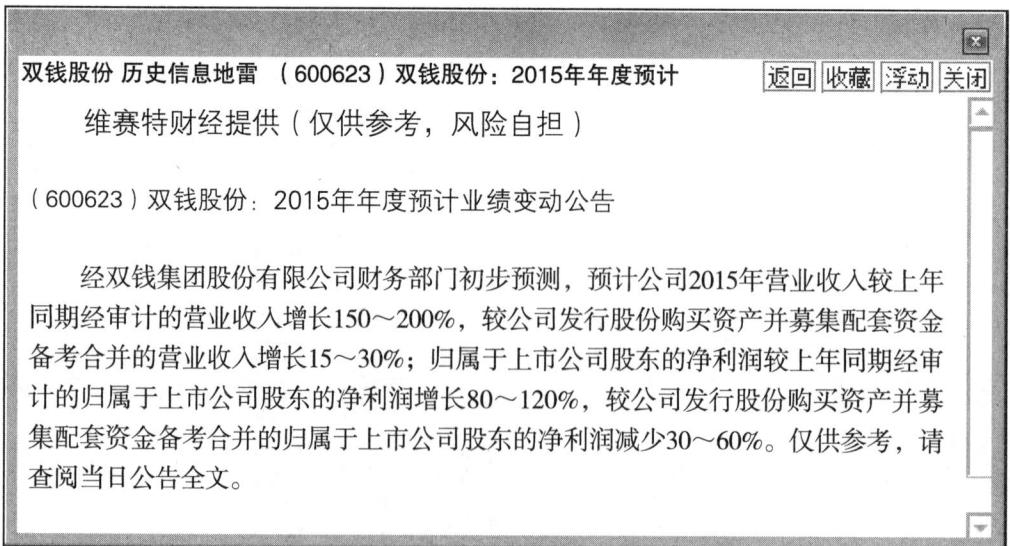

双钱股份（600623）2016年1月26日发布预计年度业绩增长公告

7. 树大招风

3个月内被热炒过的股票，要么在高位横盘，要么刚下跌到位，若是前者则风险还没有解除，股价随时大幅下跌的可能性较大；若是后者则股价刚经过了一轮下跌后需要充分的换手，才可能产生新的行情机会。鉴于以上两点，最近3个月内刚刚被热炒过的股票尽量不要碰。

特别提示

市场上不乏庄家反复炒作的中长期热点题材，此类题材股则另当别论，比如生物医药概念的达安基因（002030）。关于热门板块、基本面分析的相关知识请期待本系列丛书后续出版的基本面研判的相关书籍。

实战案例7

城市传媒（600229）2015年5月20日

从2014年底，城市传媒借着牛市的东风，展开了一波浩浩荡荡的行情，在106个交易日期间，涨幅达456%。整个上涨期间，主力以10日均价线为操盘线，维持股价沿着5日均价线持续上涨，洗盘均是洗到10日均线为止，可见背后主力资金背景的雄厚、控盘意愿的强烈。

城市传媒从2015年5月14日起出现了多个涨停板，但是从位置的角度上看股价已经处于高位，从盘中涨停的波形上看不是非常流畅，量峰也逐渐变得不健康，最重要的是高位涨停板上出现持续温和放量的状态，主力出货痕迹十分明显。

散户对于这种经过疯狂炒作后，股价已经上涨几倍的股票的关注度特别高，所以跟风买进导致股价拉升到涨停的概率也特别大。对于已经出现了主力出货迹象的城市传媒来说，从5月14日开始到5月20日的4个涨停板都具有很高的风险，次日遇到主力向下砸盘的概率也很大。实盘操作时一定要谨慎！

城市传媒（600229）2015年5月20日涨停板K线图

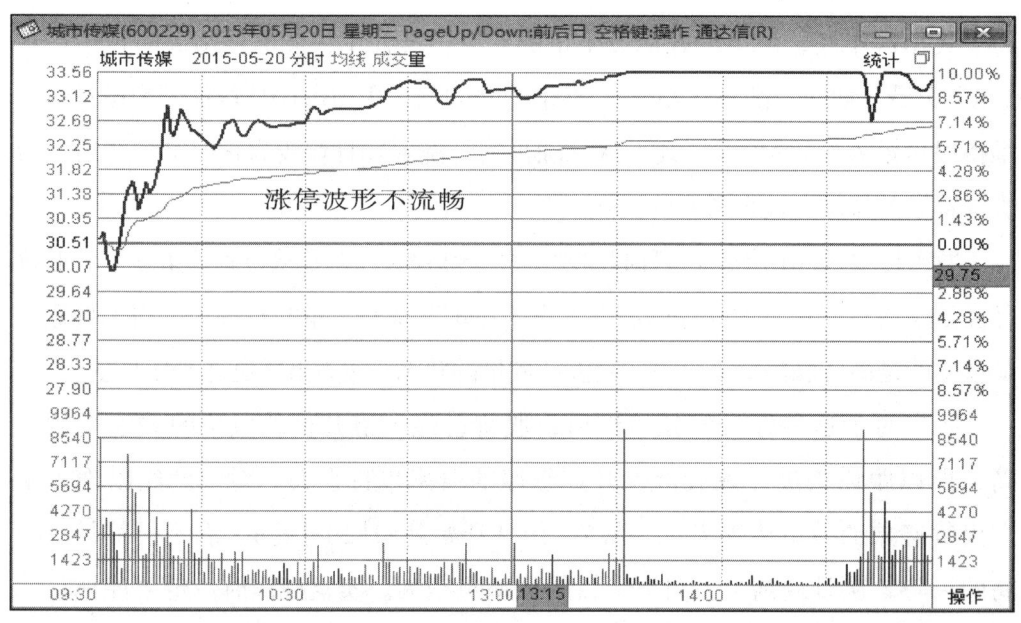

城市传媒（600229）2015年5月20日涨停波形

8. 逆势可悲

下跌趋势中的股票上行能量太弱，难以成为市场上的短线热点，即使有行情也很难持续。在下跌趋势中的反抽行情是最具有诱惑性的，面对前期的持续下跌市场急需一根大阳线甚至涨停板来缓解空方的打击，然而在场外资金没有进场的前提下，这根大阳线或者是涨停板就变成了一种诱饵，此时的阳线只是下跌过程中的一个喘息而已。

在下跌趋势中进场，经常会出现投资者当天进场后就遇到砸盘导致当天被套。下跌趋势中涨停板被打开后的下跌幅度是很难预测的，在涨停板当天的最高价进场，当天被套5%~10%很正常，最难的是还要面对次日的低开低走。

实战案例8

沧州大化（600230）2015年9月16日

沧州大化9月16日涨停当日，14：00之前在红盘区围绕均线反复震荡，全天以脉冲波形为主，量峰呈现逐渐萎缩状态。在14：00之后，逐渐放量，但是量能以冲击型量峰为主，持续性不够强，股价以小幅震荡缓慢爬升到涨停，也就是我们通常说的尾盘拉升涨停，而且涨停后反复打开放量，但是尾盘还是封住了涨停。

此时股价处于阶段性低位，出现这种形态的涨停，不排除主力当天在不断吸筹并且在尾盘拉高吸筹的可能，这样不仅能够快速拿到筹码，而且也为当天上午吸到的筹码拉大了可观的利润空间。

然而，阶段性低位的涨停板，是处于主力还没有高度控盘的状态下，市场的热情也不是十分高涨，甚至还要面临前期的重重抛压，所以涨停板后的次日能够高开的概率较小。

9月17日低开后在红盘区反复震荡，按照我们操作涨停板次日卖出的严格要求，该次操作在10：30之前就必须卖出。由此可见，对于底部启动的大阳线，除非涨停当天的动能十足，主力做多意图十分强烈，否则即使涨停，随后几天都会面临调整。

沧州大化（600230）2015年9月16日涨停板K线图

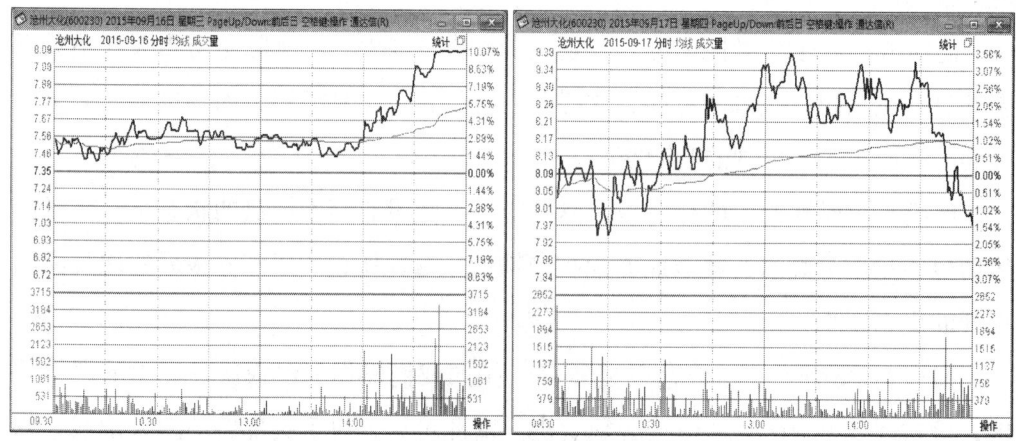

沧州大化（600230）2015年9月16、17日分时图

学员互动

2015年5月12日,成都的郭先生拨打股市120的电话进行咨询:

郭先生:

我是一个短线客,自己一直操作短线的涨停板,也有自己的操作模型,从2014年7月份到现在通过操作涨停板的盈利也有150%了,每次盈利都可以,胜率也比较高,可是操作2015年5月11日阳光电源(300274)的涨停板亏了将近5%,这是我近一年来单次操作损失最大的一次。大盘5月5日到5月7日3天的小幅阴跌,当时我操作的涨停板也能保本,但是今天大盘环境不错的前提下阳光电源竟然走得这么差,实在费解!

股市120:

A股从2014年7月份开始启动了一轮大牛行情,在这个大环境下任何一位投资者的操作风险都会大大减少,大家闲聊时通常都说"闭眼睛买票都是赚钱的",现实也是如此。对于股票知识一点都不懂的新股民来说,在2014年7月份随便买进一只票持有到2015年5月份,其间一次操作都不做,盈利一定远远超过150%。对于在牛市中不要操作短线和频繁换股的要求上文已经提到过,此处不再赘述。

5月12日,大盘已经连续上涨了10个多月,对于创业板在保持原有的上涨趋势过程中,从2015年1月份以来更是加快了上涨的速度,在月线上连续走出了5根中阳线,上涨幅度接近100%。对于创业板的个股来说,涨幅远不止这些,可是请投资者们切记,股价不会无休止地上涨,一定会有下跌的时候,所以越是高位风险越大。

到5月12日,阳光电源该波段已经上涨了180%,波段的利润空间已经达到,运用艾略特的波浪理论也可发现在30分钟走势上走出了清晰的上涨5浪,意味着该波段上涨结束。

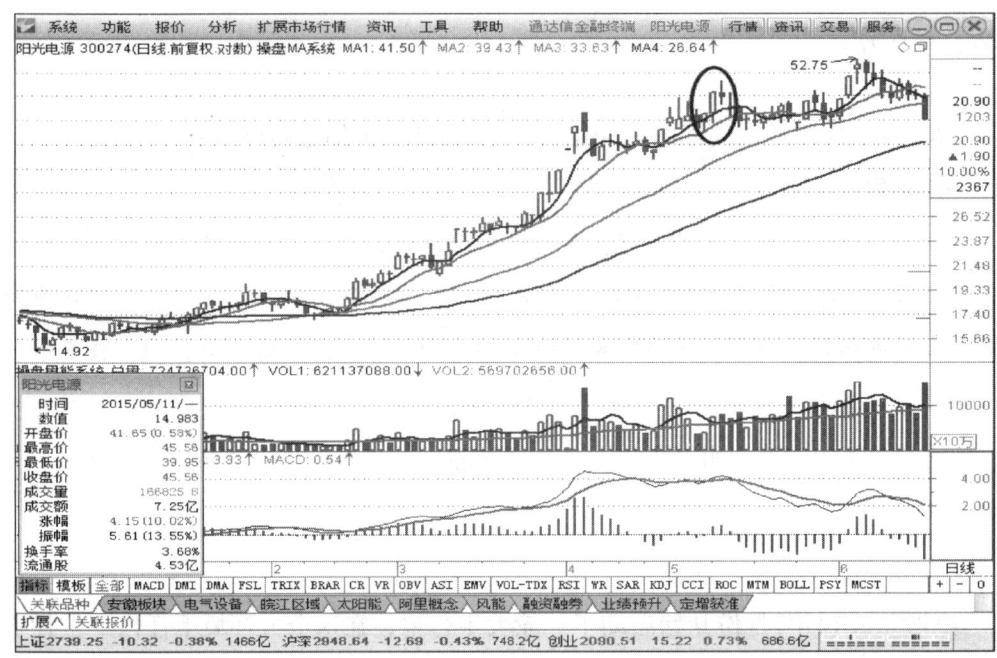

阳光电源（300274）2015年5月11日涨停板K线图

从分时走势看，全天虽震荡上升，但波形韵律感不强、不流畅，没有攻击性的量能出现，主力用了最弱的尾盘冲击波拉涨停的方式制造了这个涨停板。

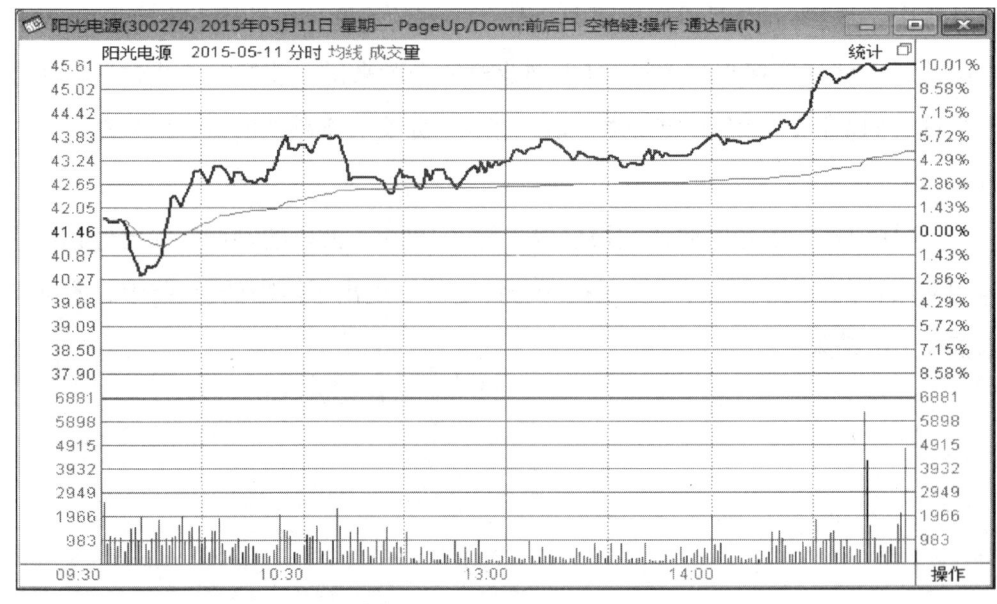

阳光电源（300274）2015年5月11日涨停板分时图

次日，在早盘有一次缩量的上涨，分时最大量3320手，全天量能不足，走势疲软，早盘拉升到涨幅5.13%后快速向下打压，形成了较为尖的顶部。反弹无量，所以任何一个反弹见高点后向下拐头时都是较好的卖出点位。

阳光电源（300274）2015年5月12日（涨停次日）分时图

创业板指数（399006）2015年5月12日分时图

创业板指数当天上涨3.41%，虽然上午有两波持续地向下打压的行为，但是到头天收盘价的位置又被缓慢拉升了起来。阳光电源在上午指数向下杀跌时顺势下跌，在下午指数反弹的时候没有做多的动能向上拉升，充分说明其已经上涨乏力。

? 思考题

1. 八大秘诀都不能掌握可以操作涨停板吗？
2. 所有下跌趋势中形成的涨停板都不可以操作吗？
3. 什么样的利好消息可以促进涨停板的形成？什么样的利好消息作用不强？
4. 涨停次日，走势很好，但没有再次封涨停，需要将股票全部清仓吗？
5. 强者恒强，是不是涨得越凶的涨停板越应该积极追进？

第三章

盘中涨停时段的划分

对于操作短线涨停板的投资者来说,在用K线判断出当时股价所在的位置后,更多的时间一定是用在研判分时的走势上,盘口波形的形态、量能的强弱是能否促成当天涨停板的决定性因素。

市场上介绍涨停盘口的书很多,有的书将涨停的时间分成4个时段,有的分成了6个时段,但是笔者只将其分为3个时段,即早盘60分钟的涨停、尾盘30分钟的涨停、其他时间的涨停。

1. 早盘60分钟的涨停

早盘60分钟涨停的股票最为强势,它分为以下三种情况:

第一种情况:早盘大幅高开后拉涨停

它分为开盘直接封停和高开5%以上一波封涨停两种情况。如果高开小于5%一波封涨停的,波形太陡峭,投机动机较强,涨停板打开震仓的概率较大、次日展开回调的概率也较大。

开盘直接封停的股票,在集合竞价时量比要达到10倍以上,但不能放巨量,否则很可能是庄家在对倒。高开5%以上一波封涨停一定要是连续性的密集大单攻击涨停,盘口量峰攻击性较强,否则诱多的可能性较大,散户追进去很可能当日就被套在高位。

【条件要素】

1. 集合竞价量比在10倍以上，跳空高开涨幅在5%以上；
2. 开盘后向下打压的深度小于3%；
3. 向下打压时缩量；
4. 拉升波形稳健、流畅，量能攻击性强；
5. 封涨停的瞬间放大量（不一定超过集合竞价的量），且有连续性大单。

特别提示

有的涨停板在封板期间没有打开，可是在不断放量，甚至一字板的涨停当日伴随有巨量，则一定是主力在出货，风险即将来临。

实战案例1

广田股份（002482）2015年12月22日

早盘放量高开9%之后，有2分钟的缩量回调，且刚好打在了均价线上，迅速一波拉升到涨停。封住涨停后，仍然不断有量能放出来，但是涨停板没有打开过，随着主力封涨停的决心逐渐彰显，市场浮筹不断减少，在10：30以后就很少再有筹码抛出。从分时走势上看这是一个非常完美的涨停板，但是从日线上看就会发现端倪。

涨停当天的量能是5个月以来的最大量，而该最大量的形成大部分是由早盘开盘的瞬间完成的，而那一瞬间股价有明显的向下打压的动作，所以股价高开是在拉高出货，而涨停是为了掩护出货。

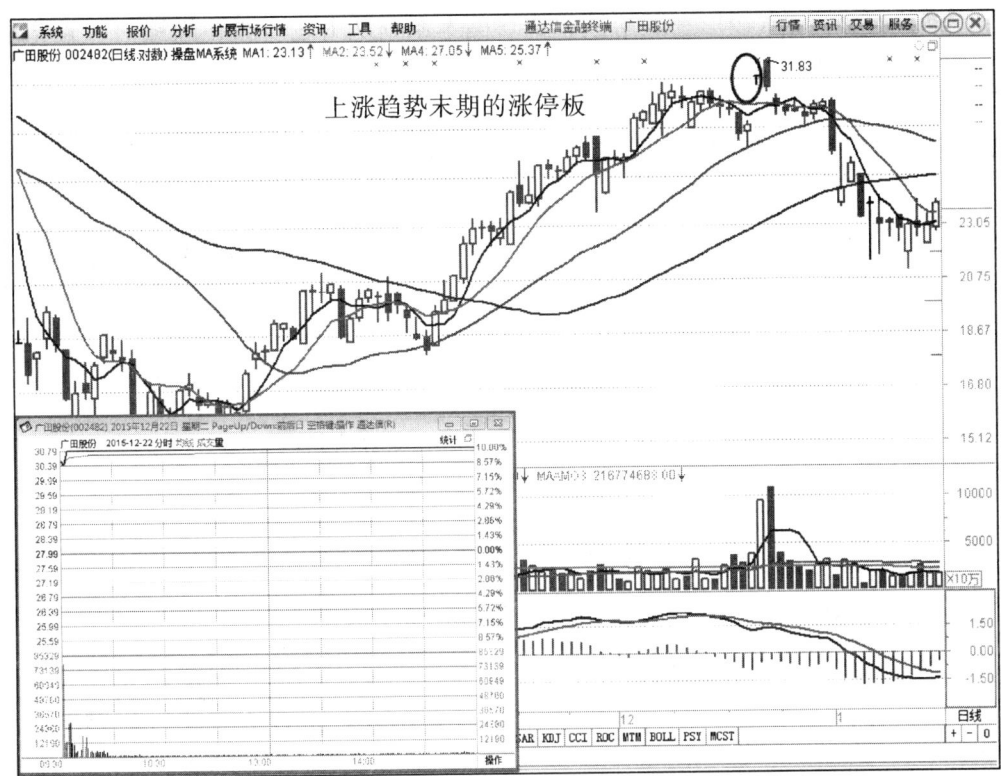

广田股份（002482）2015年12月22日涨停板分时盘口和K线图

实战案例2

鹏博士（600804）2015年3月23日

早盘高开7%后，一波快速拉升到涨停板，封停1分钟内的量能达到了17.6万手，可见封停资金的强大和背后主力做多的决心。全天涨停板没有再打开，虽然在10：50左右有大单抛出，但是丝毫没有影响到主力封涨停的意愿，在分时图中又是最漂亮、最完美的涨停板之一。

然而当结合日线上的位置进行分析后就会发现，在完美的上升趋势中，股价已经出现了明显的加速过程，且该涨停板出现之前已经有两个一字板，量能已经达到了一字板之前的水平，所以后期一旦出现危险性K线就需要快速离场。关于在不同位置出现的K线形态的解读，请参阅本系列丛书之《买在起涨——K线组合利器》。

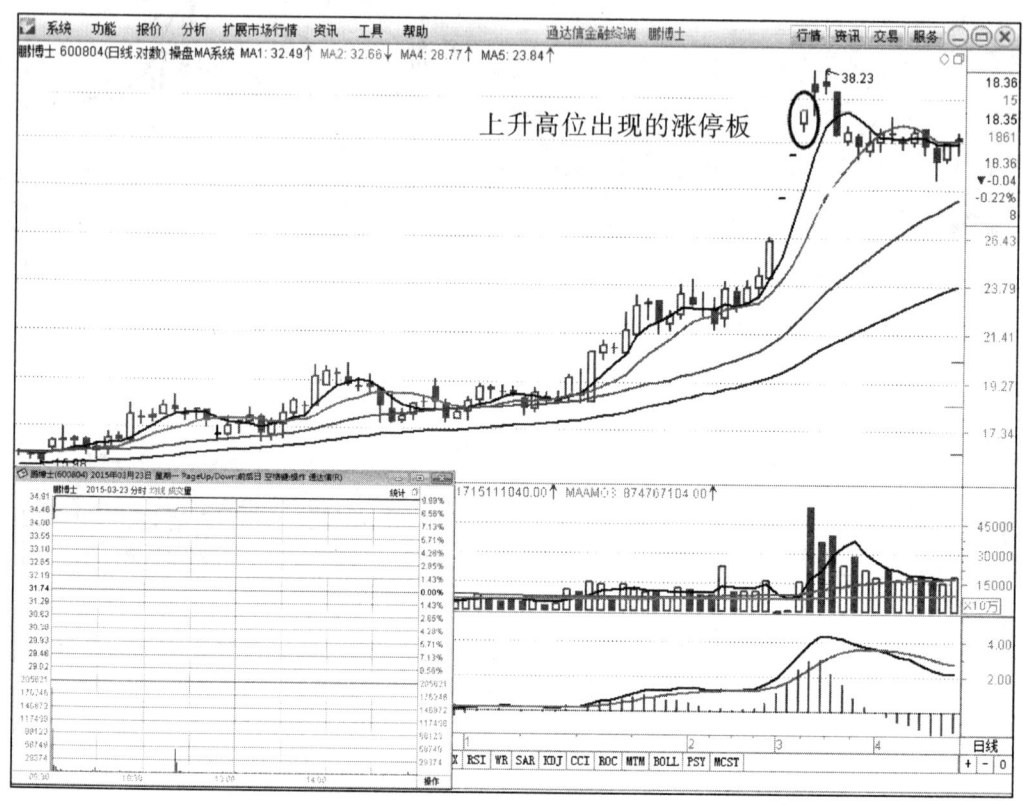

鹏博士（600804）2015年3月23日涨停板分时图和K线图

实战案例3

海联讯（300277）2015年12月16日

早盘高开7%，小幅向下打压后快速封涨停，封停的1分钟内的量能只有2440手，说明操作该股票的涨停板所需资金不大。这一方面说明市场中做多的跟风盘较多，做多意愿强烈，但是从另一个方面来看，也是市场接近疯狂的表现，很有可能波段离见顶不远。

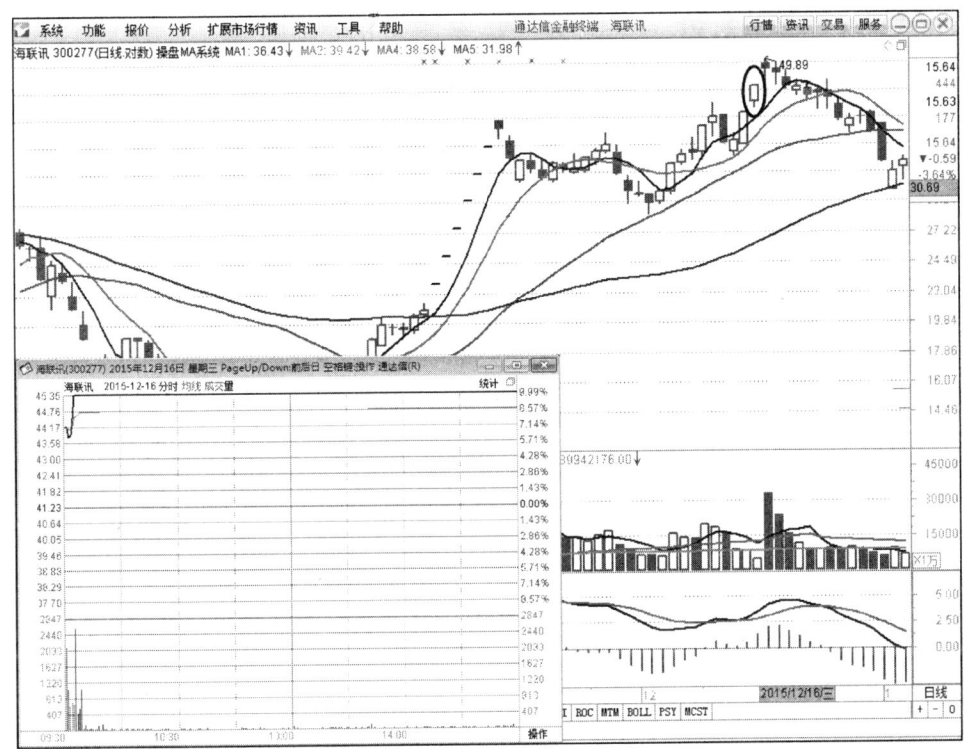

海联讯（300277）2015年12月16日涨停板分时图和K线图

第二种情况：中幅高开后拉涨停

股价早盘高开后没有一波封涨停，而是反复地快速打压、缩量调整后最终放量拉升封住涨停。对于多波涨停的股票，一定要保证波形的流畅，盘口量峰的攻击性较强，走出真正的量价合理的涨停板才是有效的，否则进场后容易陷入横盘调整甚至是深度回调。

通常情况下，多波封涨停时能够维持波形的顺畅、量峰攻击性强，基本都是主力已经高度控盘，可以掌控盘中股价运行的节奏，只要能够确认主力没有进行出货，任何一个点位进场都不会有大的风险，即使被套也是暂时的。

【条件要素】

1. 集合竞价量比大于5，跳空涨幅在3%~7%；

2. 开盘后向下打压的深度小于3%，不破均线、不破昨日收盘价，或者下破后快速收回；

3. 向下打压缩量；

4. 单波拉升不超过5%，且波形流畅，量能攻击性强；

5. 封涨停的瞬间放大量（不一定超过集合竞价的量），且有连续性大单。

实战案例4

奥拓电子（002587）2015年10月12日

早盘小幅高开后一波拉升到4%左右，展开了15分钟左右的横盘，构建了一个小的平台，然后通过攻击型量峰的方式将股价缓慢地推高了一个台阶，涨幅达到了6%左右，接着开始了半个小时左右的小幅横盘整理，且逐渐缩量。最重要的是在均线走平之后股价也变得平缓，没有任何带动均线拐头或者下穿均线的迹象。10：28主力展开了快速拉升的动作，在1分钟内通过持续性大单将股价拉升到涨停，波形顺畅。

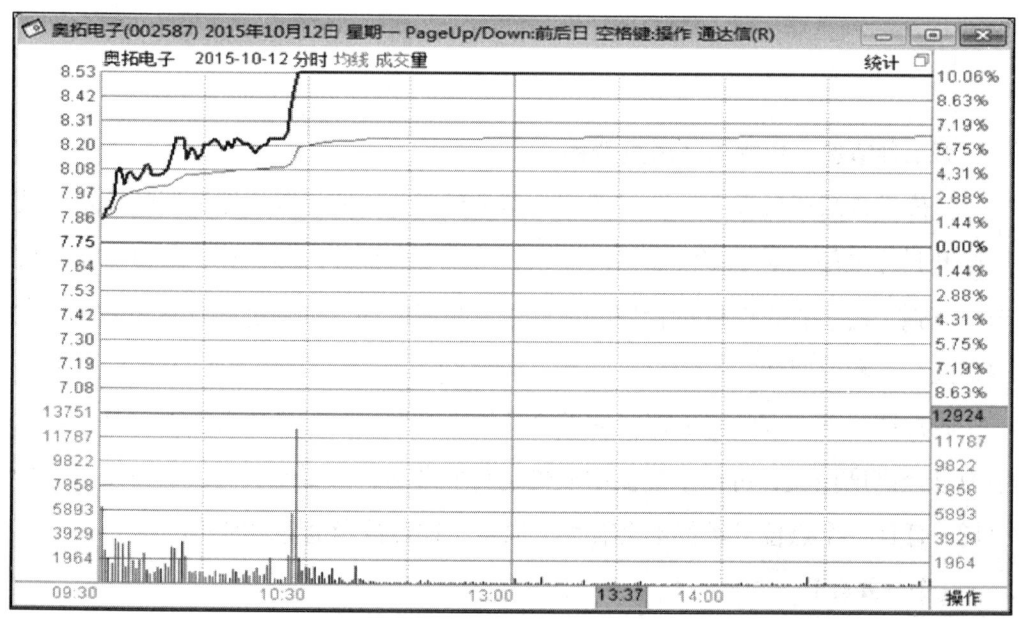

奥拓电子（002587）2015年10月12日涨停板分时图

实战案例 5

比亚迪（002594）2015年4月1日

早盘跳空高开4%后轻微下行，缩量构筑了小平台后放量拉升，随后横盘构建了调整平台，缩量且不破均价线，然后一波放量拉升至涨停。在启动的初期这类涨停堪称完美，但是一定要结合当时股价所在的位置来看。

此前3月6日的一根大阴线有着沉重的抛压盘，操作该涨停板一定要充分考虑到大阴线的压力作用，如果次日高开幅度在大阴线的高点之上，则可考虑先行离开一部分，或者全部离场。

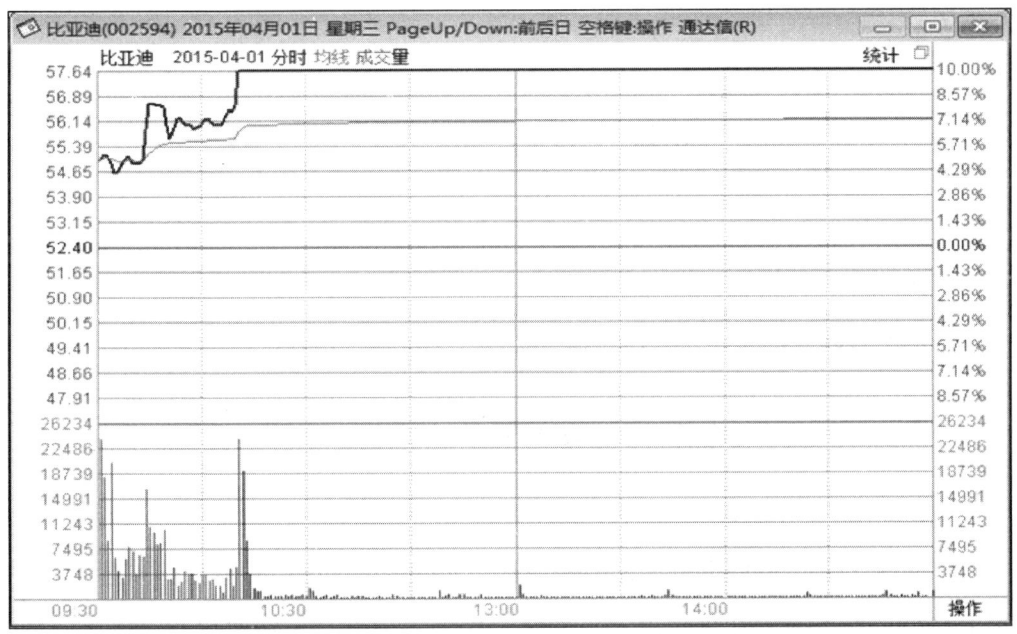

比亚迪（002594）2015年4月1日涨停板分时图

4月2日早盘高开7个点，且集合竞价放了大量，或者说是巨量也不为过。面对此前大阴线沉重的抛压，股价全天震荡下行，最后收了一根振幅8.48%的高浪线。

比亚迪（002594）2015年4月2日（涨停次日）分时图

实战案例6

比亚迪（002594）2015年5月21日

早盘高开2%之后向下打压，但是没有进入绿盘区，随后短波拉起构建了分时图上的小平台，持续时间在20分钟左右。9：55主力展开了快速拉升，以单波6%的幅度快速拉升，且量能健康。紧接着在5分钟内完成了3波缩量调整，修复了和均价线的乖离，随后一波快速拉升放大量封涨停。这个涨停可以说韵律感特别强，主力对价格控制得恰到好处，堪称完美，但是13：50涨停被短暂打开了，并且放了量，这就要引起投资者的注意。

通过分析比亚迪更长时间的历史走势，可以发现这是一只老庄操作的股票，主力长期在该股票中进行高抛低吸滚动操盘。股价上涨了一个波段后就会被打压下来，短暂地调整后会被再次拉起，每次到相对高位都会有主力出货迹象，而每次到相对低位都会有主力建仓吸筹迹象。

从涨停当日的K线形态上看，刚好是突破最近一个调整平台后新的拉升启动点，后市的行情非常值得期待，所以涨停当日一定要追，次日继续强势就持股，走弱就离场。从K线的形态和操作涨停板的技术模型上来看，该涨停板的操作价值是比较大的，但是如果发现了该股背后是老庄在进行股价控制就尽量不要参与，因为老庄通过高抛低吸后的成本已经很低很低，甚至是负数，为了拿到更低的筹码随时可能将股价向下打压30%甚至50%，这就大大增加了我们短线操作的风险。

比亚迪（002594）2015年5月21日涨停板分时图和K线图

特别提示

盘口是多空双方争夺最激烈的战场，同时也是多空双方暴露自己实力和真实意图的地方，只要技术纯熟，透过盘面图形的变化，深入洞悉到背后主力操盘的真实意图，与庄共舞，就一定能够收益满满。

第三种情况：小幅高开后拉涨停

通常是高开幅度在2%以内，经过短时间的横盘后快速拉涨停，这类涨停需要投入的资金量比较大，一定是背后资金雄厚的庄家所为。如果庄家对该股票已经处于控盘状态，在主升阶段出现的高开长波拉涨停，则次日甚至是随后的几天都会有浩浩荡荡的行情，但是对于还没有控盘的主力来说，采用长波拉涨停，一定会有很多浮筹进场，所以随后展开回调或者洗盘的概率较大。

【条件要素】

1. 集合竞价的量比大于3，跳空涨幅在2%以内；

2. 开盘后向下打压不破昨日收盘价，或者下破昨日收盘价后快速收回，向下打压时一定缩量；

3. 单波拉升不超过5%，且波形流畅，量能攻击性强；

4. 拉升过程中的回调幅度不超过3%，不破均价线，或者下破均价线后快速收回，回调时一定缩量；

5. 封涨停的瞬间放大量（不一定超过集合竞价的量），且有连续性大单。

实战案例7

海默科技（300084）2015年12月22日

早盘高开1%之后小幅横盘，股价和均价线都处于走平的状态，股价围绕均价线窄幅波动，在9:50之后快速放量拉起，每次拉升会有一个短时间的喘息，股价调整到均价线后就会再次向上拉起，以接近90度的长波拉升到涨停板并封住涨停。

对应日K线上的走势发现，股价在一波反弹后弱势横盘，股价的重心不断下移,在均线黏合之后走出涨停板。虽然此时股价已经向上突破了长期的下跌趋势线,但是做底的时间比较短,走出日线行情的基本条件不够,最多走出30分钟行情上的5个波段的上涨,而此时30分钟走势上的5个波段的上涨已经完成,横盘的时间也超过了前期的上涨时间,后期走势不看好。关于不同行情级别的划分,请参阅本系列丛书之《趋势为王——波段操作利器》。

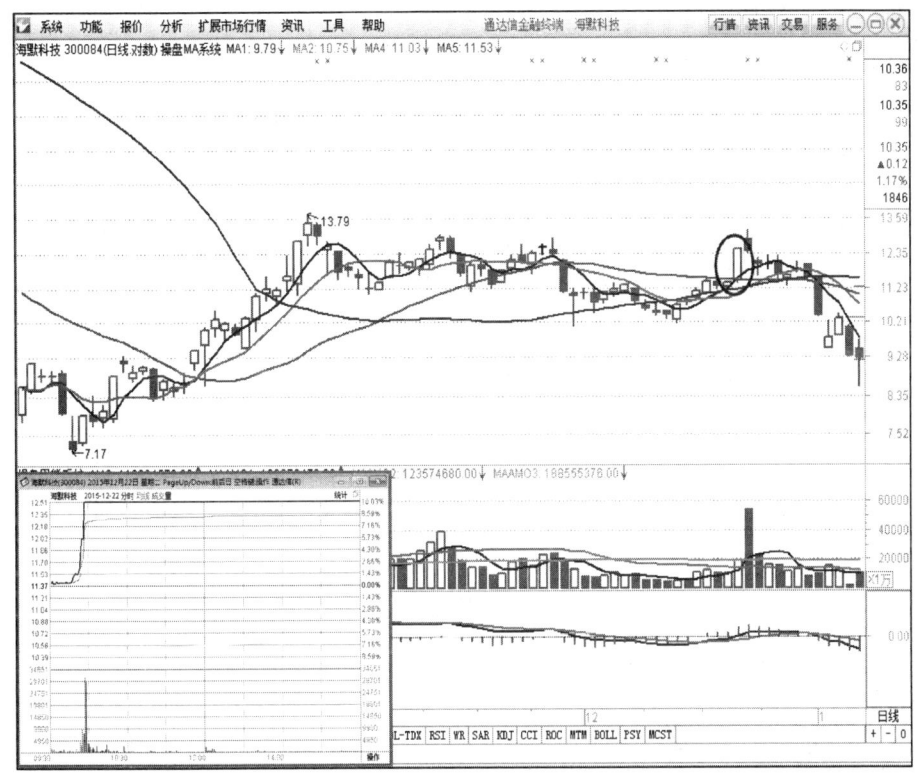

海默科技(300084)2015年12月22日涨停板分时图和K线图

实战案例8

杭锅股份(002534)2015年12月22日

杭锅股份12月22日早盘高开1.5%之后向上运行,回调无量,且回调到均价线的位置有明显的下跌动能减弱的迹象,然后再次快速向上拉升。在第三波拉升时快速放量,用连续性大单将股价推升到涨停,且不再打开。唯一的不足就是在封停的初期还不断有量能放出。

从杭锅股份这段时间的30分钟走势上可以清晰看出这是上升的第五浪,也就是主力最后的出货、冲顶的一波。从日线上看涨停板当天的形态非常漂亮:调整的第四浪走出了清楚的ABC3个波段,随后短期均线束在30日均线处黏合,60日均线仍然处于上升趋势,30日均线逐渐走平。股价向下打压到60日均线后快速拉起,用连续的小阳线带动了短期均线向上拐头,并在30分钟走势上构成了清晰的小双底结构,且在涨停大阳线出现的前一天通过一根小阳线的方式突破了前期的一个小的整理平台,短期的抛压已经得到释放。

虽然这个涨停板非常漂亮,如果操作,次日的利润空间也非常可观,但其是发生在上涨趋势末期的第五浪上的涨停板,对于还不能非常有效控制风险的投资者不建议操作,还是以操作第三浪上的涨停板为主。关于波浪、波段、不同周期行情的转换关系的知识,请参阅本系列丛书之《趋势为王——波段操作利器》。

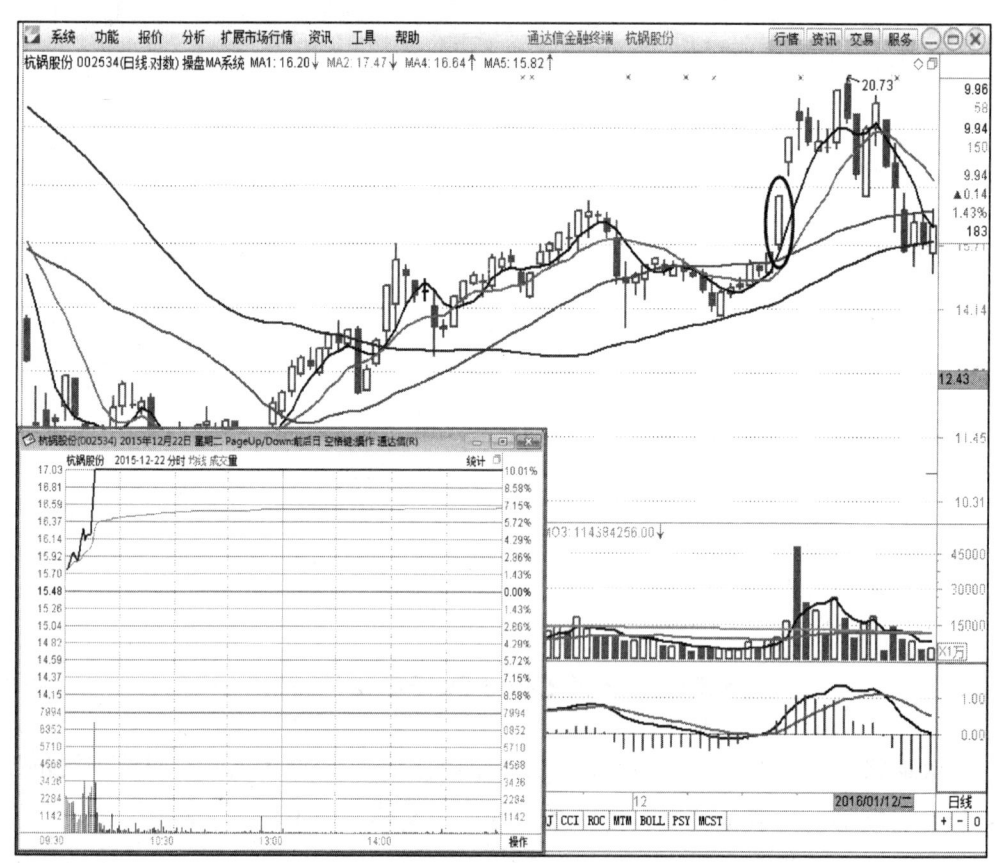

杭锅股份（002534）2015年12月22日涨停板分时图和K线图

实战案例 9

红宇新材（300345）2015年12月22日

红宇新材在12月22日的早盘高开后先小幅上涨，略微回调触碰到均线后一波快速封涨停，波形流畅、量能健康，如果当天能够抢入该涨停板一定非常开心。

但是在分析盘口健康与否之前需要充分关注股价当前所处的位置。此时红宇新材在周线上处于高位横盘震荡状态，在日线上就会呈现宽幅震荡，处于无趋势区间。在日线上的每个波段在60分钟或者30分钟走势上只能按照3个波段进行分析和操作，而不是5个波段。12月22日之前已经走出了向上的ABC3个波段，此时正处于下降波段的反弹的B浪，B浪最多会走一波15分钟的行情，所以上涨空间非常有限。此时的涨停板越漂亮，诱惑性越大，风险也越高。

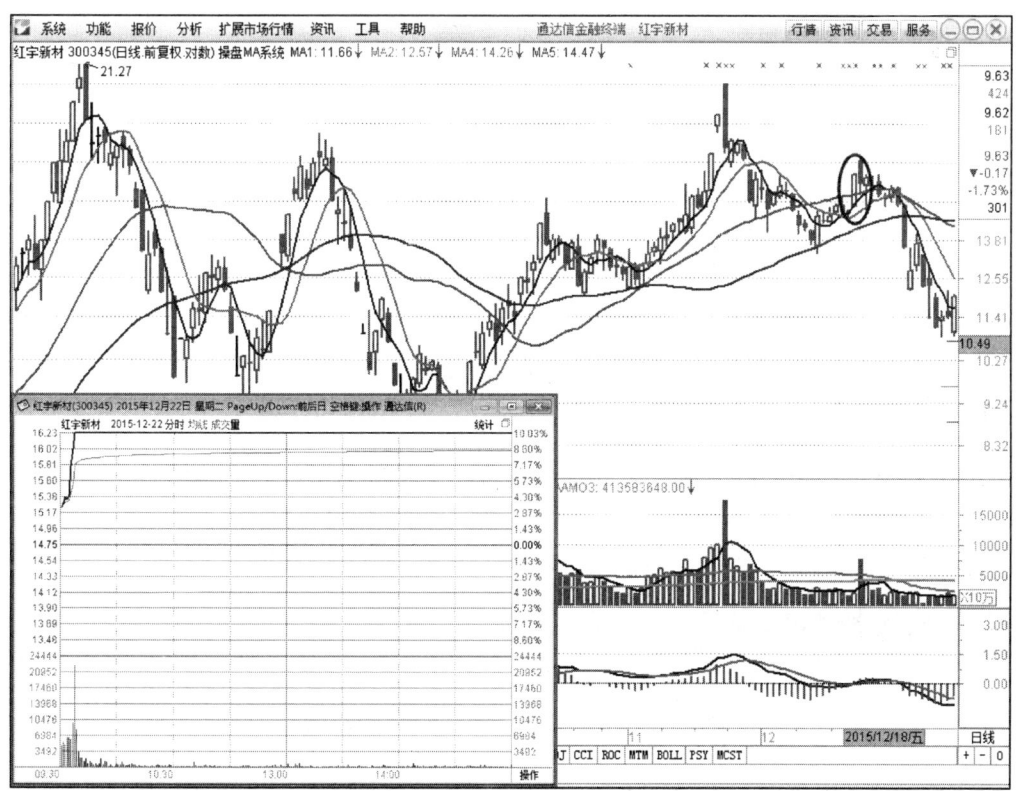

红宇新材（300345）2015年12月22日涨停板分时图和K线图

> **特别提示**
>
> 从上文的案例中可见，单波拉升的幅度越大，次日低开的风险越高，尤其是在上升趋势高位，上涨波段的结构完整后再操作涨停板，被套的概率会大大增加。

2. 尾盘30分钟的涨停

尾盘30分钟涨停的股票最为弱势，分为以下三种情况：

第一种情况：全天窄幅震荡上升尾盘拉涨停

这种涨停板大部分会发生在建仓期，主力在盘中慢慢地收集筹码，股价以小于45度的角度缓慢上扬，盘口以间断的冲击型量峰为主，每次冲击型量峰发生的时间间隔节奏感、规律性特别强，股价会缩量向下微调，但很快又被小幅拉起。主力这样在盘中慢慢收集筹码，到尾盘时为了让当天的筹码产生利润，会快速拉升涨停产生利润空间。

【条件要素】

1. 14:00之前没有触碰过涨停板，最好是14:00之前的最大涨幅不超过9%；

2. 全天呈现尖角式上升，单波回调不超过2%；

3. 全天在绿盘区和在均线下方的时间不超过半小时；

4. 向下打压缩量；

5. 单波拉升不超过5%，且波形流畅，冲击型量峰为主，涨停时的波形为冲击型攻击波；

6. 封涨停的瞬间放大量（不一定超过集合竞价的量），且有连续性大单。

实战案例10

鹏博士（600804）2015年1月20日

全天股价呈现30度角缓慢爬升状态，股价爬升的节奏感非常强，都是在小幅拉升，缩量横盘调整，回调到均价线后再来一次温和放量缓慢拉升，再构建一个小的平台，然后再温和放量拉升。尾盘用全天最大的量拉升封涨停，全天吸筹痕迹明显。

从日K线走势上可以看出，1月20日涨停板发生时，股价还没有完全脱离底部形态，均线束黏合后刚刚开始向上发散，主力在此时还会不断吸筹。这种形态是有中长期主力在运作，后期的行情不容小觑，但是涨停后次日的走势很难预测，因为此时主力很可能还没有完全控盘，会不会发生打压到低位后继续收集筹码的情况很难说。

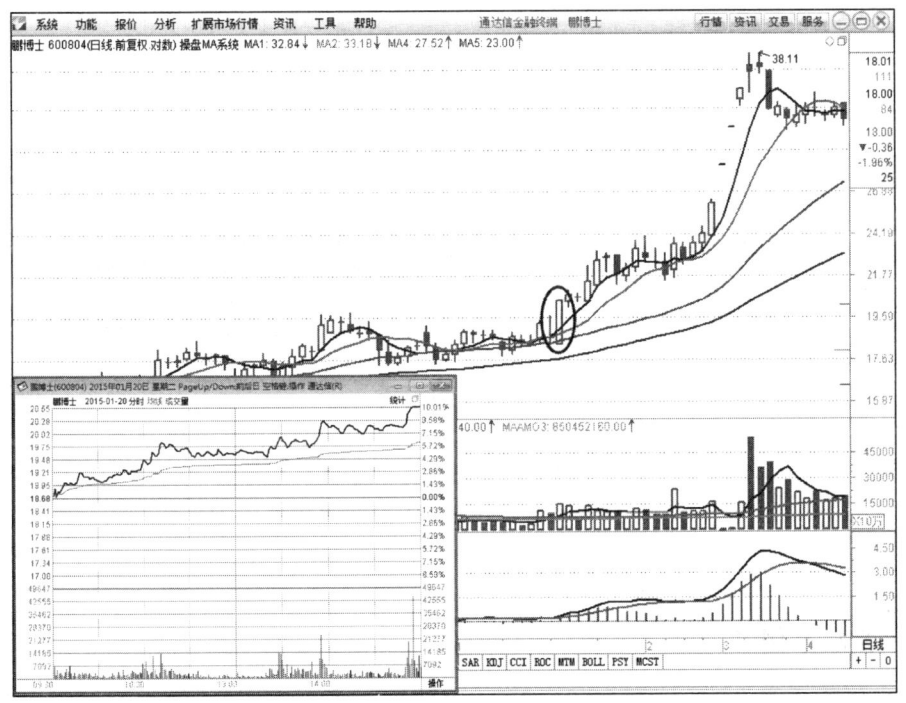

鹏博士（600804）2015年1月20日涨停板分时图和K线图

实战案例11

未名医药（002581）2015年9月21日

与上例鹏博士当天的走势基本相同，未名医药全天构筑平台式缓慢爬升，尾盘放量封涨停，主力拉高吸筹意图明显。从日K线上看，前期下跌后构建了一个小双底，股价将启动反弹行情，而突破底部小平台的缓慢推高的涨停板无疑是最好的吸筹建仓的方式。

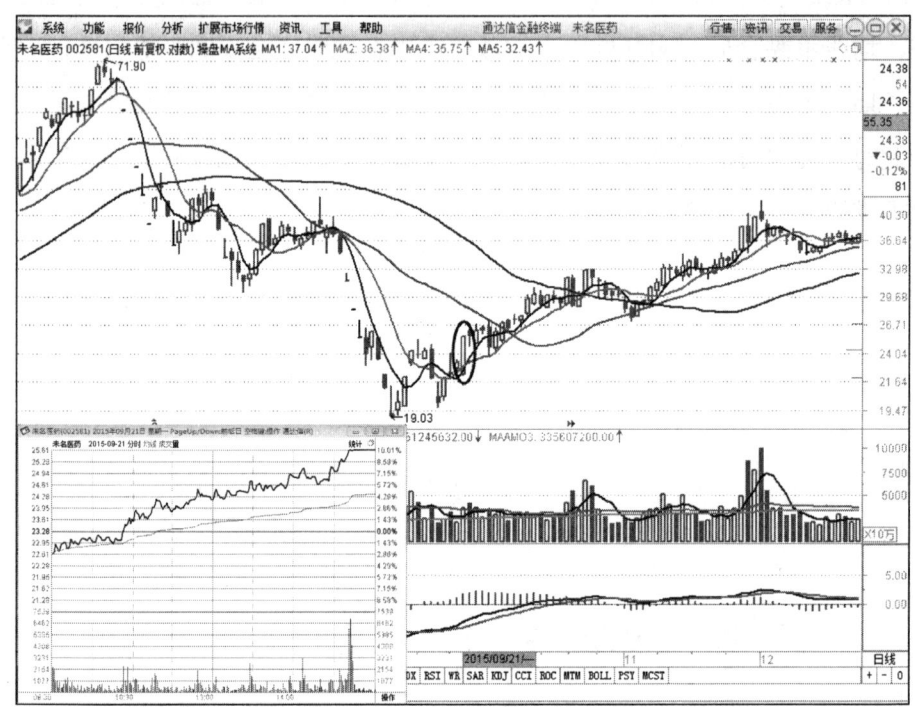

未名医药（002581）2015年9月21日涨停板分时图和K线图

实战案例12

日上集团（002593）2015年11月16日

同前两个案例有所不同，日上集团当日在早盘以60度角放量拉升股价后，开始以小于30度角的速度向上缓慢爬升，股价的重心不再下降，下午涨停不封停，在反复震仓洗盘之后才在尾盘封上了涨停。

从日K线的走势图看，股价正处于上升通道之中，是前期下跌结束没有经过做底快速拉升的反弹行情，此时波段上涨幅度已经超过100%，反弹行情的空间已经到位。从通道中的K线形态不难发现，这是一种老庄操作的高抛低吸滚动操盘的形态，通道的上轨是操作的利润空间。

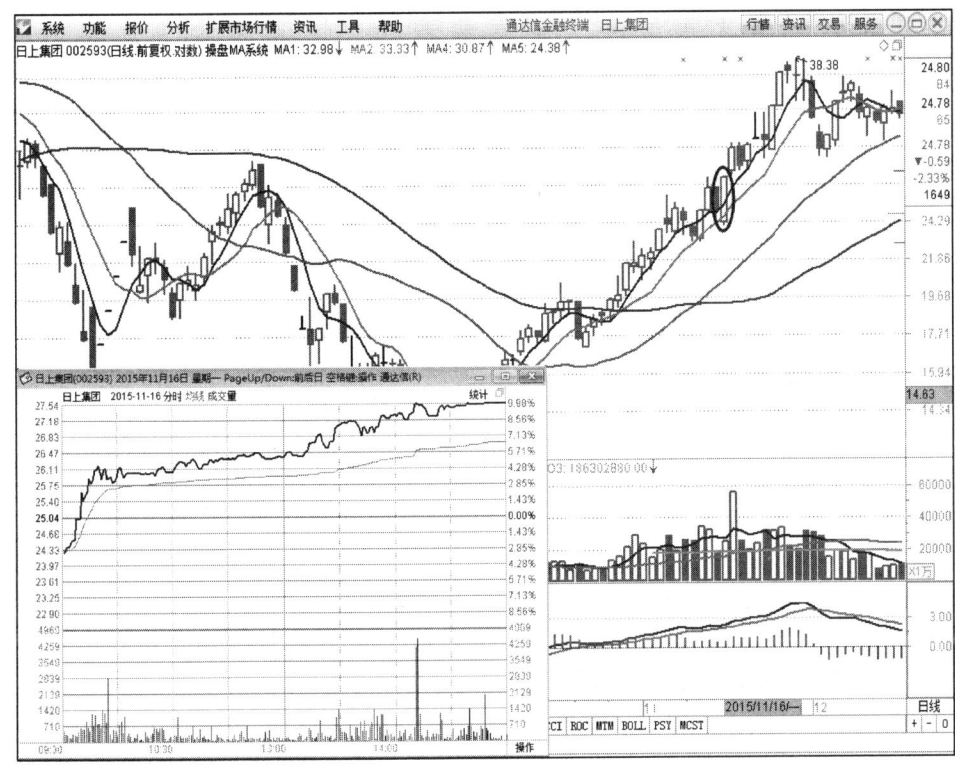

日上集团（002593）2015年11月16日涨停板分时图和K线图

第二种情况：全天宽幅震荡上升尾盘拉涨停

这类涨停也可称为多波拉升尾盘封涨停。部分原因是大盘的环境不好，主力为了配合大盘的走势，不会让个股的走势和大盘的走势偏离太多，因为在大盘偏弱的情况下走势很强的个股很容易被散户跟风，对于资金量不足、控盘度不高的主力来说，和大盘走势偏离很可能导致自己没有办法控制股价，所以全天顺势宽幅震荡。但是一旦大盘企稳或者回升的时候，个股就会表现得特别强势。下午收盘之前，大盘的走势基本确定，主力可以毫不掩饰地快速拉升，不给散户进场和主力抢筹的机会。

【条件要素】

1.14：00之前没有触碰过涨停板，最好是14：00之前的最大涨幅不超过9%；

2.全天呈现尖角式上升，单波回调不超过4%；

3.全天在绿盘区和在均线下方的时间不超过1.5小时；

4.向下打压缩量；

5. 单波拉升不超过5%，且波形流畅，拉升时量能攻击性强；

6. 封涨停的瞬间放大量（不一定超过集合竞价的量），且有连续性大单。

实战案例13

光大证券（601788）2014年11月21日

光大证券当天在红盘上方宽幅震荡上升，虽然跌破了均价线和开盘价，但是昨日的收盘价起到了较强的支撑作用，上午在经过了超过4%的深度回调之后，开始逐渐放量缓慢拉升。从11：00开始，盘中量能逐渐放大，回调缩量，每次上涨都会有充足的量能配合。

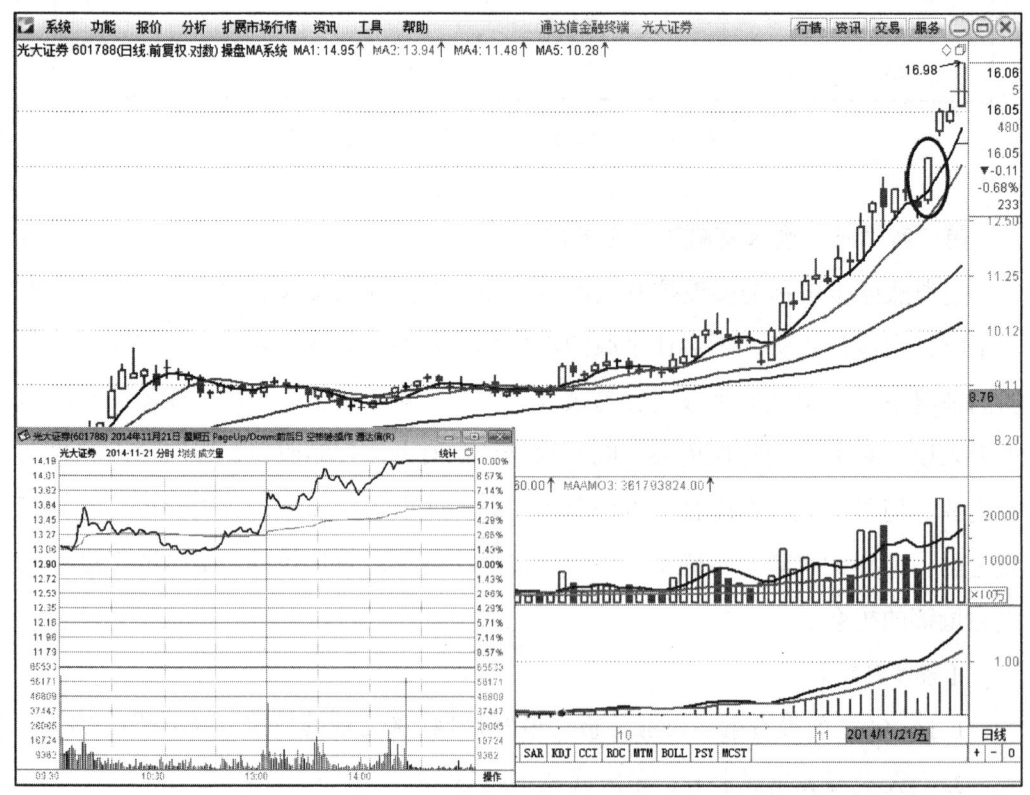

光大证券（601788）2014年11月21日涨停板分时图和K线图

实战案例14

新海宜（002089）2015年9月16日

早盘高开后轻微向下打压，随后围绕均价线展开了横盘调整，直到市场人气极其清淡、量能萎缩到极限后，主力才开始放量拉升直至涨停。

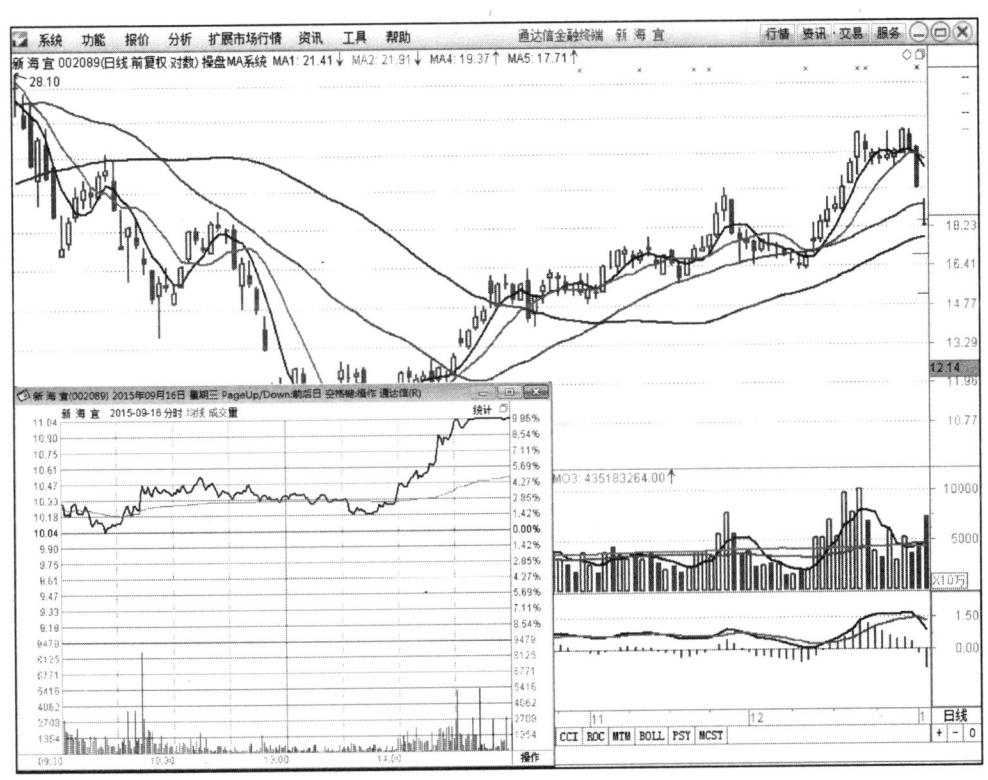

新海宜（002089）2015年9月16日涨停板分时图和K线图

实战案例15

未名医药（002581）2015年11月30日

全天宽幅震荡，震荡的幅度达到了7%。早盘一波拉升之后全天的量能都处于下跌状态，直到尾盘一波拉升至涨停，有冲击型量能放出。涨停当日盘口的波形连贯性、做多的欲望都不够强烈，所以更多地要结合股价所在的位置来研究。

从前期的下跌趋势和做底时间上分析，可以看出未名医药当时正在走一波反弹行情，而该反弹行情在60分钟走势上已经在走第二个上涨波段，且大周期上的第二个上涨波段的内部结构在小周期上也在走第二个上涨波段。对于反弹行情来说，为谨慎起见，每一波的上涨波段在更小的周期上只看两个同向的推动波段，所以未名医药当时上涨结构已经完整，在更小的周期上股价一旦向下跌破趋势线就会展开深度调整。

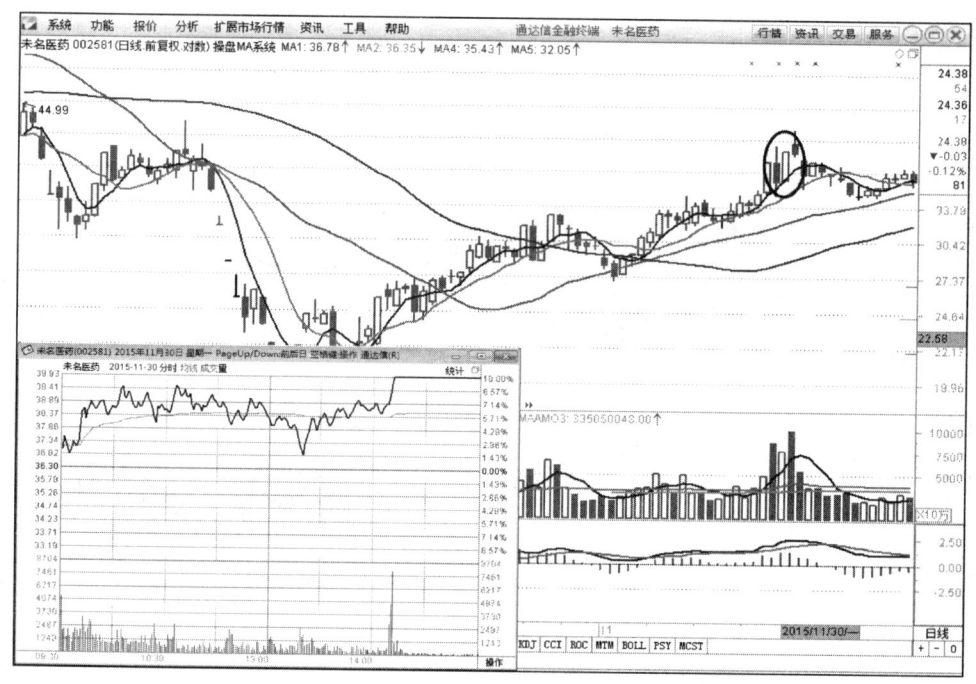

未名医药（002581）2015年11月30日涨停板分时图和K线图

实战案例16

奥拓电子（002587）2015年11月24日

全天宽幅震荡爬升，尾盘封涨停。全天的量能温和，每一波上涨都伴有轻微的放量，此时股价已经处于阶段性高位，量能不足，主力出货痕迹明显。

从日K线走势图上不难看出，奥拓电子的这波上升行情还只是前期下跌之后的反弹行情，在60分钟或30分钟走势上走出两个完整的上升波段后就很可能结束，继续前期的下跌趋势。该反弹波段在空间上已经达到了反弹行情对波段的要求，后期即将见顶的概率较大。

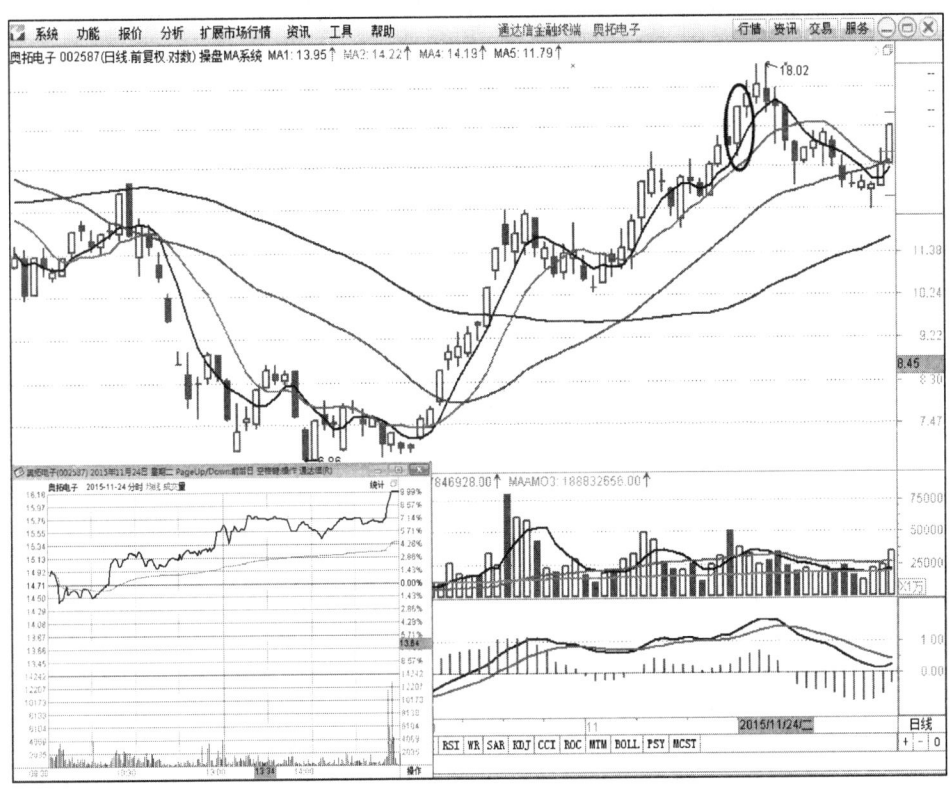

奥拓电子（002587）2015年11月24日涨停板分时图和K线图

第三种情况：全天低位震荡尾盘拉涨停

这是投机性最强、风险度最高，也是最不建议大家进行操作的一种涨停板。这种涨停板基本都是在尾盘一波快速拉涨停，看起来气势恢宏，对散户的诱惑力是最强的，但其实是主力资金力量不强、投机性较强的表现。所谓的"低位"是指涨幅2%以下的位置，全天股价不够活跃、人气不足。这类涨停次日低开的概率较大，因为尾盘的拉升无疑是诱多的表现，庄家拉高出货的可能性非常大。

【条件要素】

1. 14:00之前在-1%~5%的某个区间横盘震荡，横盘期间的振幅最好不要超过3%；

2. 下午开始放量向上拉升，单波不超过5%，波形流畅、量能健康；

3. 全天呈现尖角式上升，单波回调不超过2%；

4. 向下打压缩量；

5. 封涨停的瞬间放大量（不一定超过集合竞价的量），且有连续性大单；

6. 股价在14:30之后一波快拉升到涨停板，收盘时收在涨停板。

实战案例17

清新环境（002573）2015年9月16日

14:00之前在红盘、绿盘重要争夺区展开调整，昨日收盘价、均价、股价三个价位纠结在一起，振幅在2%以内，市场交易清淡。14:00开始逐渐温和放量，波形流畅、节奏感十足，尾盘放量封停。

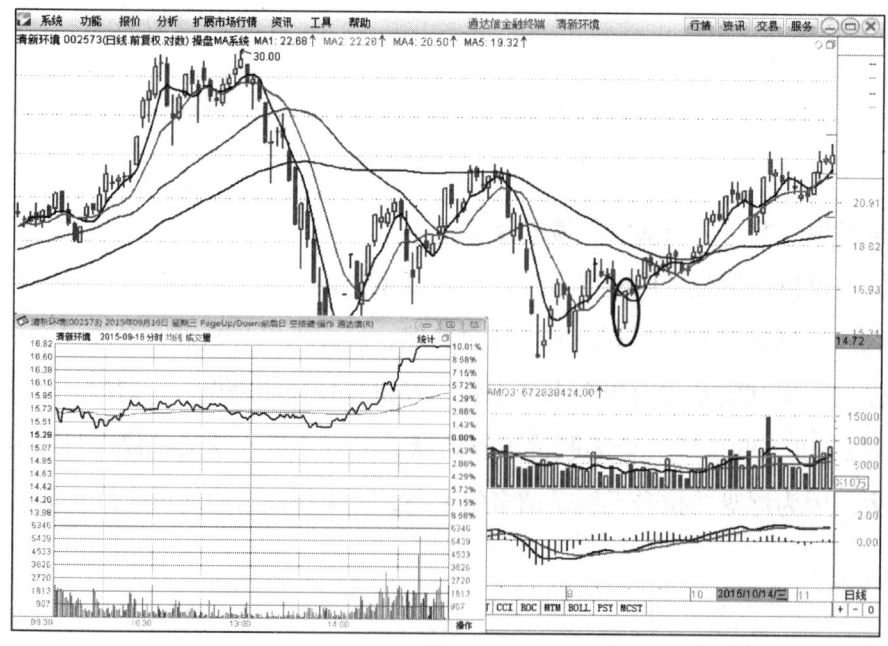

清新环境（002573）2015年9月16日涨停板分时图和K线图

从日线上看,清新环境在2015年9月已经开始了新的做底阶段,但是因为做底时间非常短,最多会产生60分钟或30分钟走势上的反弹行情。小周期上的双底确认后,股价回调不再创新低,并以涨停大阳线的方式进行修复,可见后期波段行情较明显。虽然价格处于阶段性低位,但是预测次日是否高开的难度较大。

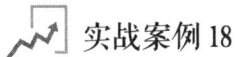 实战案例18

清新环境(002573)2015年10月23日

清新环境在2015年9月16日和10月23日两个不同的交易日涨停的手法大相径庭,前面的涨停板发生在阶段性底部,后面的涨停板发生在反弹的高位,投资者要根据自己的投资风格来判断何时操作何时放弃。

从60分钟或者30分钟的走势上可以清楚看出,10月23日的涨停板处于小周期上涨的第五浪,所以面临着更大的风险。

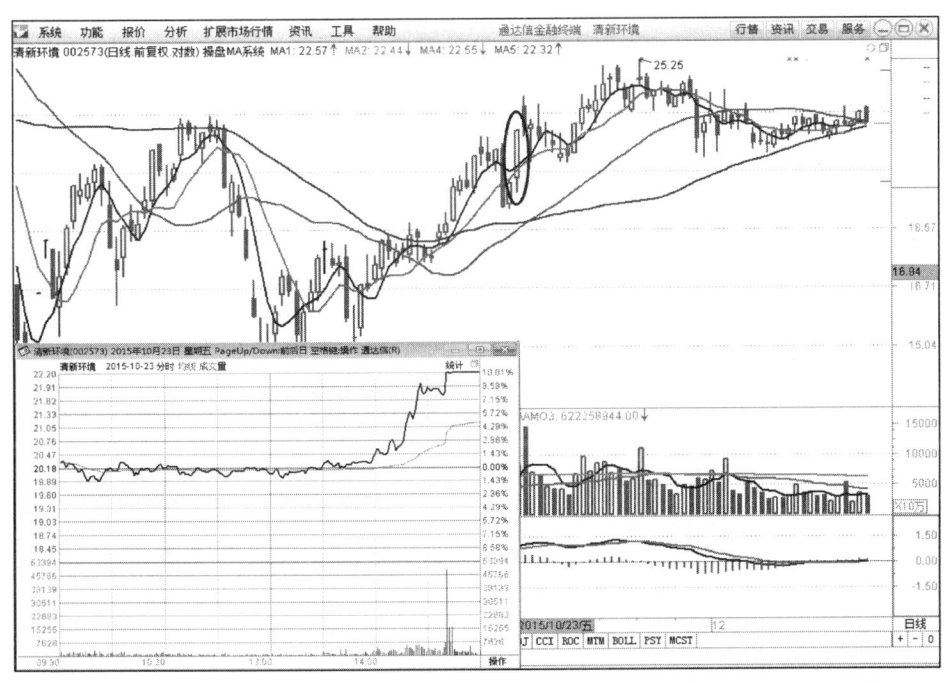

清新环境(002573)2015年10月23日涨停板分时图和K线图

实战案例19

日上集团（002593）2015年12月4日

日上集团12月4日早盘向下打压到绿盘区后快速拉回，全天在均价线之上展开横盘震荡，14：00前的涨幅没有超过3%，但是从14：00开始放量拉升，流畅的几次放量后封住涨停。

从日线图上可以看出，股价已经处于上升的高位，且在小周期上已经明显走出了上涨的5波，此次的涨停板出现时股价在小分时上正在走反弹的B浪。通常上涨的第五浪主力就开始出货，如果后期还会走出一个强势的反弹的B浪则一定是前期出货不干净，主力再次拉高出货的表现。

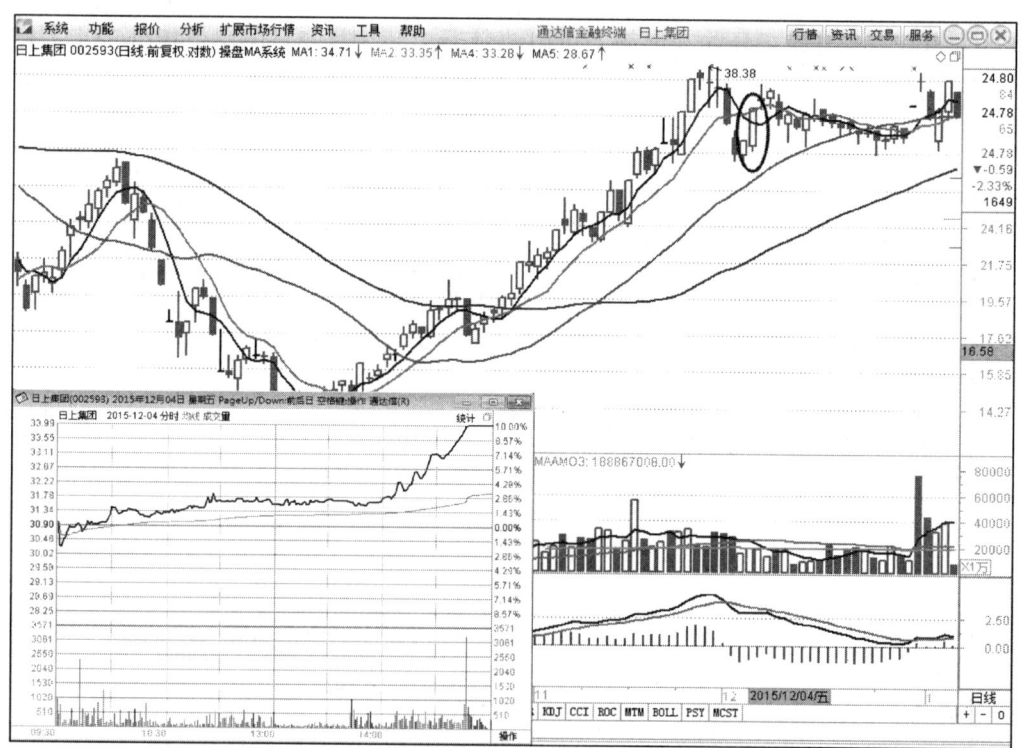

日上集团（002593）2015年12月4日涨停板分时图和K线图

3. 其他时间的涨停

通常情况下，涨停的时间越早、封板的单子越大、涨停板打开的次数越少，股票就越强势。早盘之后，封涨停的时间越晚，说明主力做多决心越不坚定，往往怀着"等等看"的心态，确定了大盘风险解除或者是有板块利好消息、热门概念出来之后再拉涨停。

此类涨停没有早盘涨停和尾盘涨停那么具有代表性。涨停时量价健康与否、后期的走势如何，都需要更多地结合股价所处的位置和分时盘口进行研判。也分为以下三种情况：

第一种情况：横盘震荡后拉涨停

当日会涨停的股票都有个非常重要的特征，就是一波拉升之后不能放量下跌，更不能创前一个上涨波段的新低，保证分时图上低点不断抬高、高点也不断抬高，最好回调都是横盘的强势回调，才能够为后面的涨停奠定基础。

拉升到涨停的时间可能是10：30，可能是14：00，所以盘中走出的震荡小平台的个数也会不一样。如果是10：30封涨停的，可能拉升一次后形成一个小平台，再次放量拉升就到涨停板，但是对于14：00封涨停的，可能前面已经拉升过多个小的平台，每个平台的重心不断抬高，且后量超前量，拉升到涨停的瞬间放出全天最大量。

【条件要素】

1. 涨停时间在10：30~14：00，封涨停的时间越早越好，涨停打开的时间越短越好；
2. 早盘小幅高开最好，如果是低开，最大的跌幅不能超过3%；
3. 早盘拉高后开始横盘震荡，没有拉高动作也可以，震荡最好是在昨日收盘价2%以上的区间进行，震荡的幅度不超过4%；
4. 向下打压缩量；
5. 突破震荡平台上轨时放量；
6. 单波拉升不超过5%，且波形流畅，量能攻击性强；
7. 封涨停的瞬间放大量（不一定超过集合竞价的量），且有连续性大单。

实战案例 20

天马精化（002453）2015年12月22日

天马精化12月22日涨停板发生之前，已经走了8个涨停板，且基本上都是一字板，其间只有一次向下打压洗盘，当前股价已经处于阶段高位。该涨停板的前一天走出了低开低走的大阴线，且放出了巨量，说明主力已经开始出货。12月22日当天股价小幅跳空高开，10:20之前股价在1%到3%之间窄幅震荡，其间一直处于放量状态，10:20之后快速放量，股价以3%左右的小波段向上攻击，在10:37封住涨停。

结合股价所处的位置、量能的变化，并从庄家主力思维的角度进行分析，可知此股上涨波段已经结束，股价即将转势下跌，正确的方法是回避。

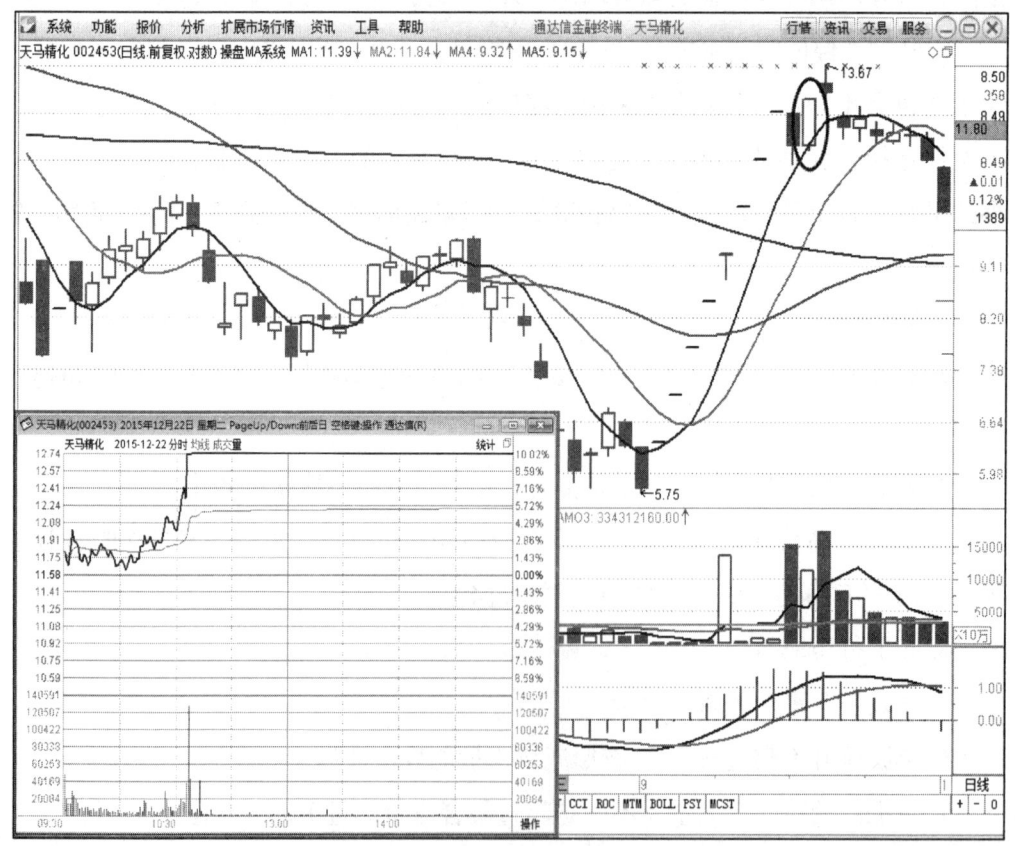

天马精化（002453）2015年12月22日涨停板分时图和K线图

实战案例 21

航天机电（600151）2015年12月22日

航天机电在日线上处于长期的震荡下跌中，震荡的宽度越来越小，12月22日涨停板发生时股价刚好运行到下跌趋势线的压力位置，所以上涨波段结束的可能性比较大。在实盘操作中，当股价运行到明显的压力位时，一定要谨慎操作涨停板。

12月22日早盘跳空高开，在11：20之前一直围绕均价线上下窄幅震荡，构建了一个低点不降低、高点不抬高的楔形小平台，11：20开始放量向上突破，拉高3%后再次构建了半个小时的新平台，在13：40选择了快速向上攻击涨停。

此时的涨停板处于下降趋势的反抽行情中，如果操作一定快进快出，第二天出现危险信号快速离场。

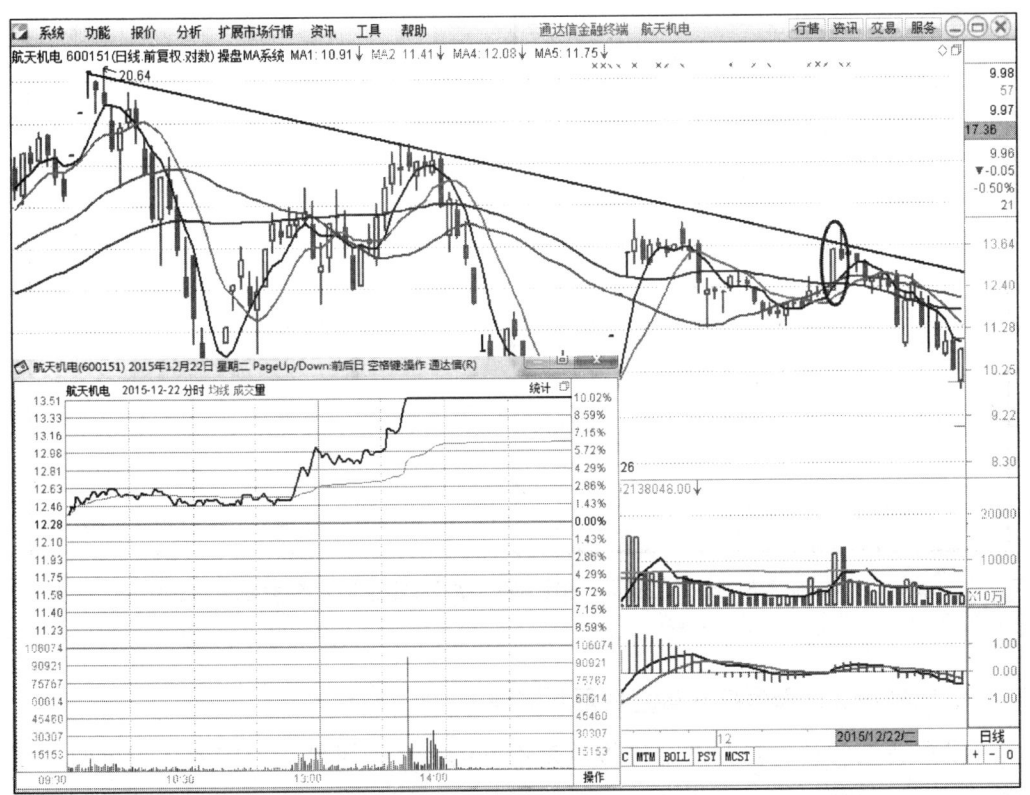

航天机电（600151）2015年12月22日涨停板分时图和K线图

实战案例 22

金禾实业（002597）2015年10月13日

金禾实业10月13日早盘小幅低开后，围绕均价线在昨日收盘价以下横盘震荡，量能极其低迷，下午开盘瞬间以巨量快速拉升到涨停，1分钟内拉升了10%直接到涨停板且不再打开，做多意愿强烈。这种涨停板出现时，无论股价处于什么位置都应该以观望为主，一方面涨停时间过快，抢进去的概率不大，另一方面波形太长，主力投机性过重，次日走势难以预料。

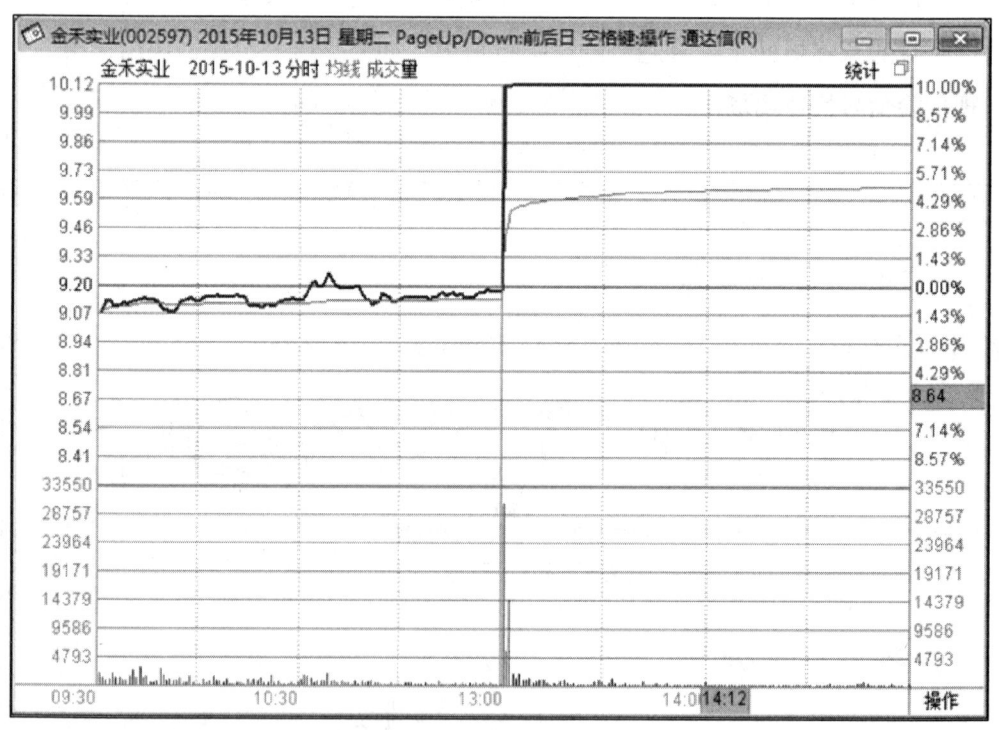

金禾实业（002597）2015年10月13日涨停板分时图

第二种情况：涨停打开震仓后再封涨停

投资者通常认为打开的涨停板就是不好的，其实不然，一定要运用分时、K线、形态、量能、指标等多种因素综合分析涨停板打开的真实目的，判断主力是为了震仓还是为了出货。如果只是震仓，则股价还会更好地上涨，但是如果是为了出货，则下跌风险即将来临。以震仓为目的的涨停板打开次数可能是1次，也可能是多次，打开时会放量，但是不能放巨量，打开的幅度也最好不超过4%，将前面的获利盘洗掉之后才可以在后市更好地拉升。

【条件要素】

1. 首次涨停时间最好在11:30之前，封住涨停的时间没有限制；

2. 涨停打开向下打压的幅度不能超过4%，涨停打开的次数不超过3次，打开的总时间最好少于30分钟；

3. 最后一次封涨停时一定要有攻击型量能，最好大于之前拉涨停时最大的量，才能保证涨停后打开的概率减小；

4. 最后一次拉涨停的时间越早越好，最好不要等到14:00之后，且封住之后不能有大量、巨量放出；

5. 单波拉升不超过5%，波形流畅，量能攻击性强。

实战案例23

同力水泥（000885）2015年12月22日

同力水泥12月22日早盘用半个小时的时间从平开拉升到涨停，量能健康，可是封住涨停的时间不超过3分钟且伴有放量，说明该股在涨停后遇到了严重的抛压。此时还需要结合该股价所处的位置来看，从日线上看，一波下跌后，该股短暂地做了个小双底，于12月22日以涨停板的方式突破了阶段性底部平台。

从K线图上可以清楚地看出，股价还在下跌趋势中，中长期均线还处于空头状态，不具备启动大行情的条件，而且盘中涨停打开的时间太长，直到尾盘才再次启动拉升到涨停，当日的走势不能认为是行情启动时的震仓，而是短线主力操作的快速拉高出货。

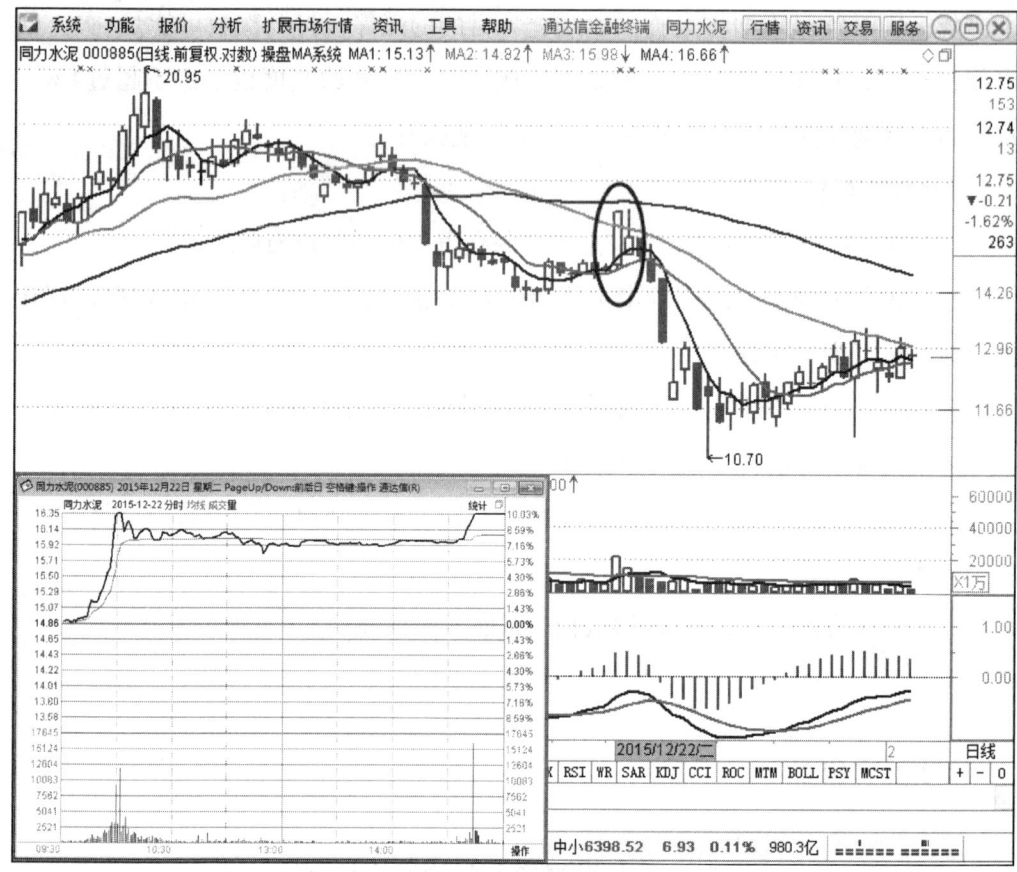

同力水泥（000885）2015年12月22日涨停板分时图和K线图

实战案例 24

中铁二局（600528）2014年12月12日

中铁二局12月12日早盘10：50之前一直处于横盘缩量调整的状态，在10：50快速启动行情，以迅雷不及掩耳之势封住涨停。此前中铁二局经历了长达32个交易日的小幅横盘，市场中一定积累了不少浮动的筹码，为了启动更好的波段行情，主力选择了通过打开涨停板的方式将前面的获利盘清洗出场，防止在后市快速拉升时这些浮动的筹码向外抛出，提升自己的拉升成本。

第三章 盘中涨停时段的划分

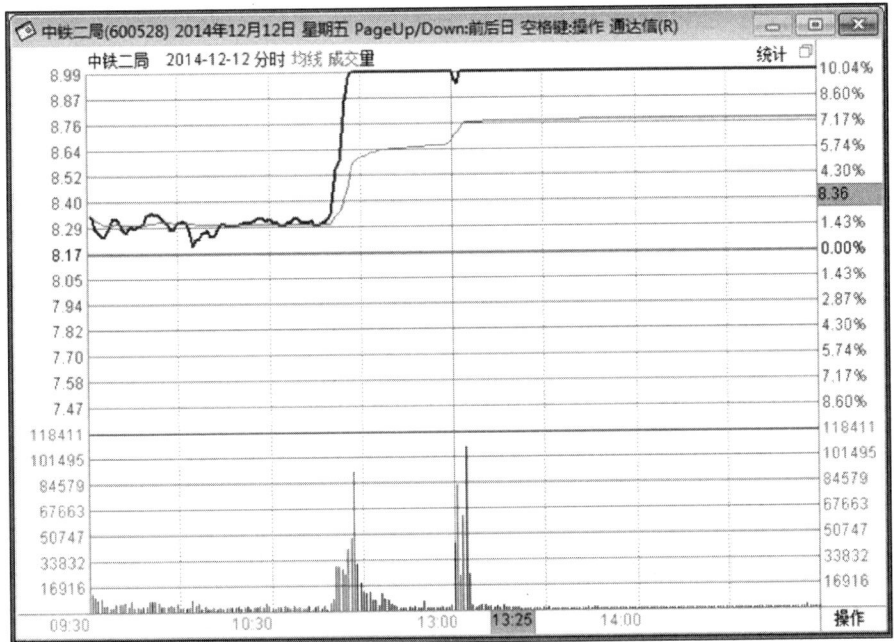

中铁二局（600528）2014年12月12日涨停板分时图

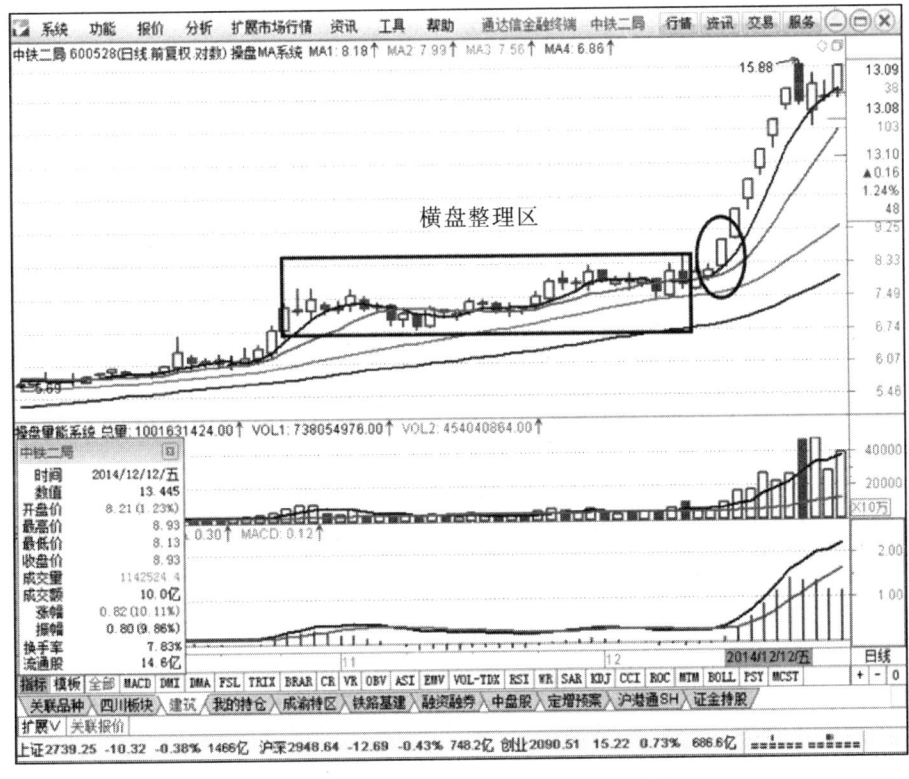

中铁二局（600528）2014年12月12日涨停板K线图

第三种情况：涨停打开出货后再拉涨停

在波段高位时，如果涨停板被反复打开，并且伴随着放量，且再次涨停时的封单量能不够，当日总量明显放大，则毫无悬念是主力在出货的行为，如果当日放的是巨量则当天的涨停价就是波段最高价。有的时候涨停板没有被打开，但还是会不断有量能放出，如果在波段高位，也一定是主力在悄悄出货，也属于该种情况。

【条件要素】

1. 首次涨停时间最好在11：30之前，封住涨停的时间没有限制；

2. 涨停打开向下打压的幅度没有限制，涨停打开的次数和开板时间没有限制，打开期间有明显的量能放出；

3. 最后一次封涨停时量能不足，封板力度不坚决，封住之后不断有大单抛出；

4. 全天的走势不流畅，拉升时波形缓慢，下跌时波形陡峭。

实战案例25

大连国际（000881）2015年12月22日

大连国际处于稳健的上升趋势中，前期缓慢的上涨趋势通过连续的一字板进行加速，12月22日涨停板之前已经走出了连续的5个一字板，股价也处于趋势的高位。12月22日早盘巨幅震荡后在9：45拉升到涨停，但是封停的时间不足5分钟。封停的量能不足，说明主力封板的意图不强烈。随后股价被向下打压的最深幅度达到了4%，下午虽然封住涨停，但是早盘集合竞价的巨量掩饰了盘中不断出货的大单。

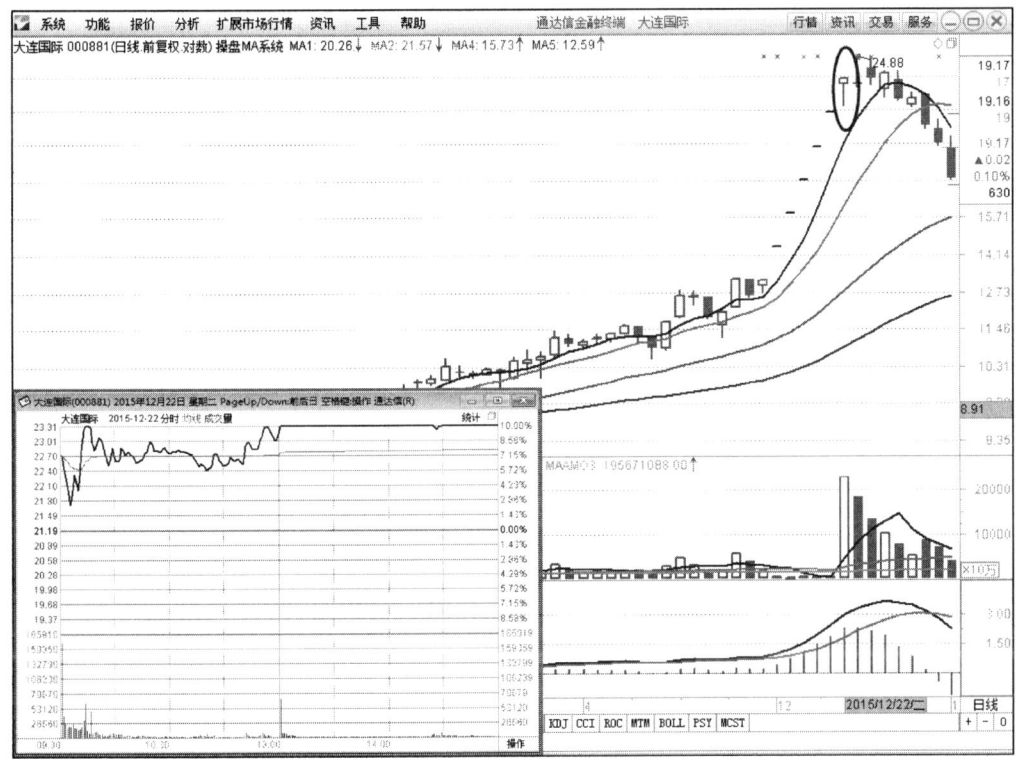

大连国际（000881）2015年12月22日涨停板分时图和K线图

实战案例26

新海宜（002089）2015年6月4日

上涨趋势末期的涨停板。6月4日早盘上涨的3个波段将股价拉升到涨停板，但是涨停的波形不流畅，歪歪扭扭，说明主力做多的意愿不是很强烈，最重要的是，拉涨停一波的量能也没有形成浩浩荡荡的攻击型量峰，而是稀稀落落的冲击型量峰，随后向下打压，最深打到涨幅2%，下跌的深度达到8%，主力做涨停板的意愿值得怀疑。

认真研究向下打压的波形，出现了非常明显杀跌波，主力出货的意图昭然若揭。下午震荡上升直至尾盘拉涨停，都是在为自己的出货行为掩人耳目。

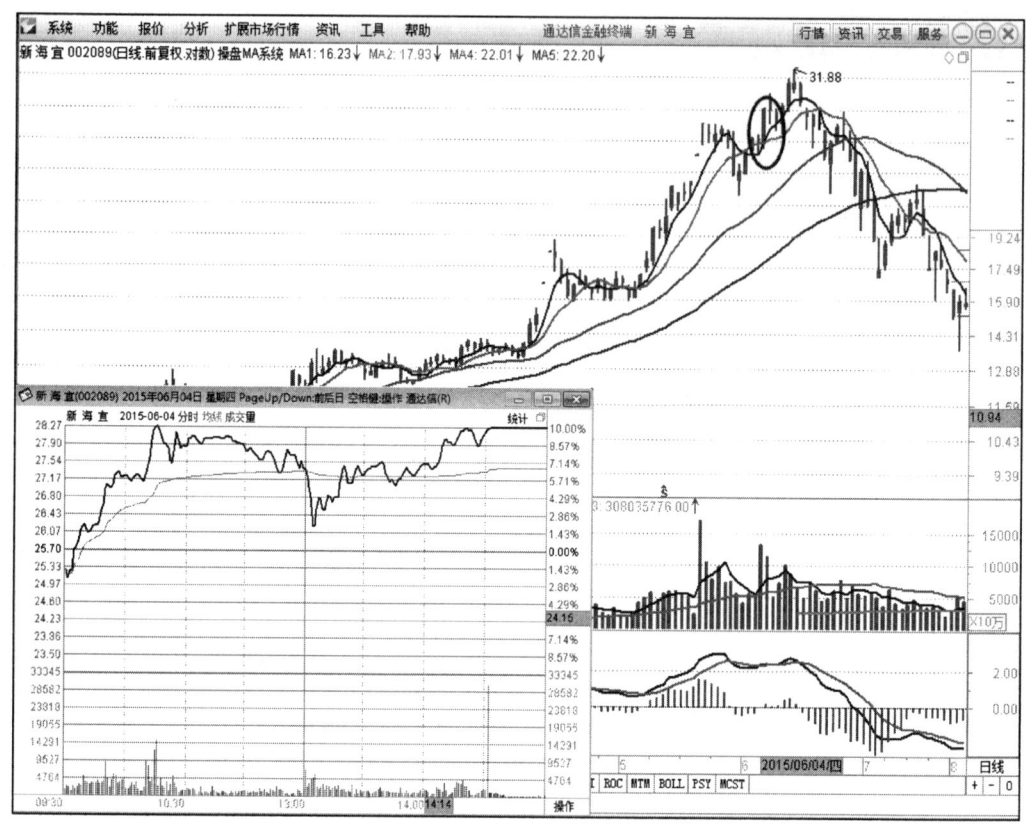

新海宜（002089）2015年6月4日涨停板分时图和K线图

! 特别提示

2015年5月下旬至6月上旬是上个牛市最后的巅峰，当然也是主力疯狂出货的最佳时期。建议投资者对照自己的股票在这段时间的盘口走势，看是否能找到这种快速杀跌的波形。

具有明显主力行为的涨停盘口均已在本章列出，但是不能囊括市场上所有涨停板发生的情况。有些主力作盘的思路和逻辑很难把控，涨停板的规律性不强，这样的股票尽量不要参与，因为操作看不清主力操盘意图的股票，就像是乘坐没有导航的轮船，不知道将要驶向何方，风险完全不可控制，宜坚决回避。

第三章 盘中涨停时段的划分

学员互动

2015年2月16日,温州的秦女士拨打股市120的电话进行咨询:

秦女士:

我在2014年10月底买入江粉磁材(002600),成本在6.2元左右,赶上停牌后特别开心,牛市中停牌嘛,肯定期待复牌后有几个一字板的。结果12月30日复牌时这么悲剧,但是没办法只能等反弹。市场上一直说稀土永磁这个行业的收购重组问题很大,复牌后的两个跌停板是主力在出货,所以我实在熬不住了,2月6号的时候以5.2元左右的价格全部砍掉了。

基本上是最低位走的,离场后的第三天就开始连续几天出现小阳线,今天甚至出现了涨停板。现在已经收盘了,这个涨停板是怎么回事?明天会高开吗?我是不是割错了?可以捡回来吗?

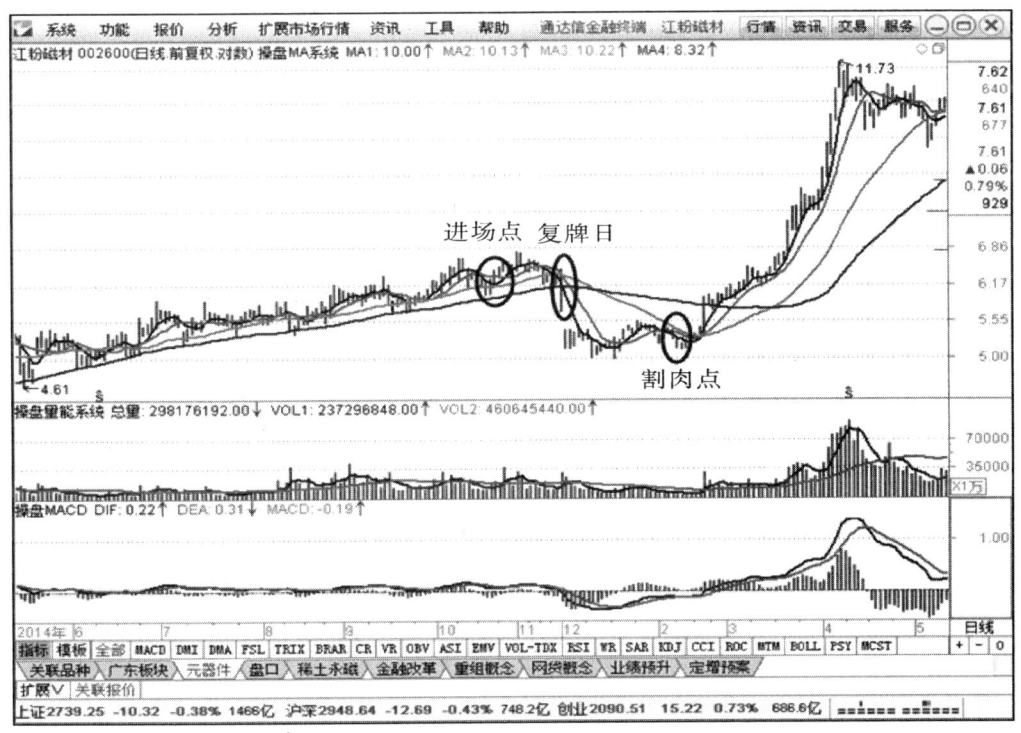

江粉磁材(002600)2014年10月K线走势图

股市120：

秦女士您好，欢迎您的咨询。首先要对这只股票之前一段时间的走势进行研判。江粉磁材从2014年1月到2014年11月经历了长达11个月的建仓期，这是主力的一种常用的"黏打磨"建仓模式，保持30日均线小于30度角通道式缓慢上升，每个小的上升波段小于30%的涨幅。能够采用这种建仓模式的主力通常资金较雄厚，股价运作的周期较长，投资者要跟这种股票，一定不能只看一朝一夕的涨跌，一定要有长远的眼光，更要从主力做盘的角度来分析盘面以及市场上不断发出的利好、利空消息。

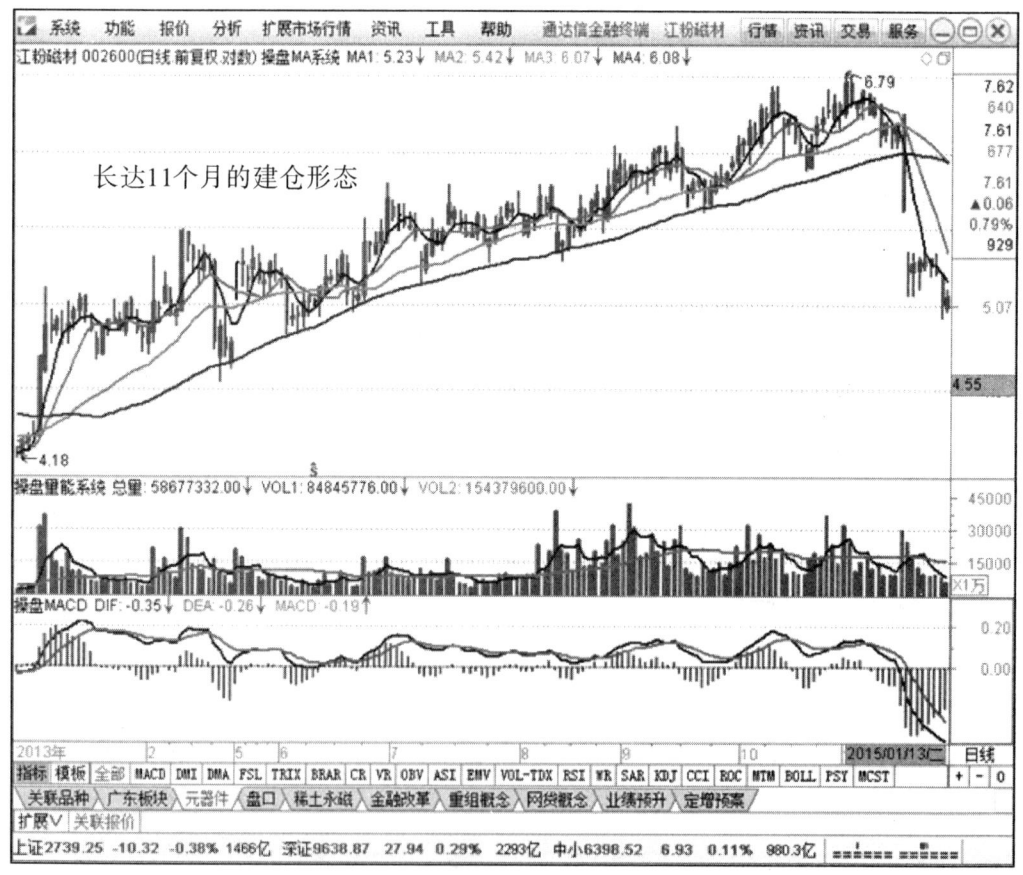

江粉磁材（002600）2014年的建仓形态

采用"黏打磨"建仓模式的股票，在主力充分建仓实现了对股票的高度控盘之后，还有一项很重要的工作要做，就是洗盘，而且是深度洗盘。前期较长的建仓阶段，股价一直维持上升趋势，从建仓的起点算起，至少也有30%以上的利润空间，所以市场上有着较重的获利盘。如果不在正式启动拉升之前将这部分获利盘清理出场，在拉升过程中这部分筹码会选择向外抛售，就会大大提高主力的拉升成本。最严重的是，如果这部分筹码在将来主力要出货的时候和主力抢着出货，会彻底打乱主力的操盘计划。

12月30日复牌，利好变成利空，涨停变成跌停，无疑是主力联合各方力量导演的一出让散户快快交出筹码的双簧。所以，秦女士，您无疑是割错了！再看今天的涨停板，上午还是"死鱼"一样的行情，13:00午盘开盘后一波拉升9%到涨停板，可见主力做多的意愿是多么强烈！涨停之后被打开且不断放量，但是此时放量是正常的，因为突破平台的快速涨停会给前期小平台上的投资者带来可观的利润。涨停打开后，肯定会有很多投资者迫不及待地卖出。

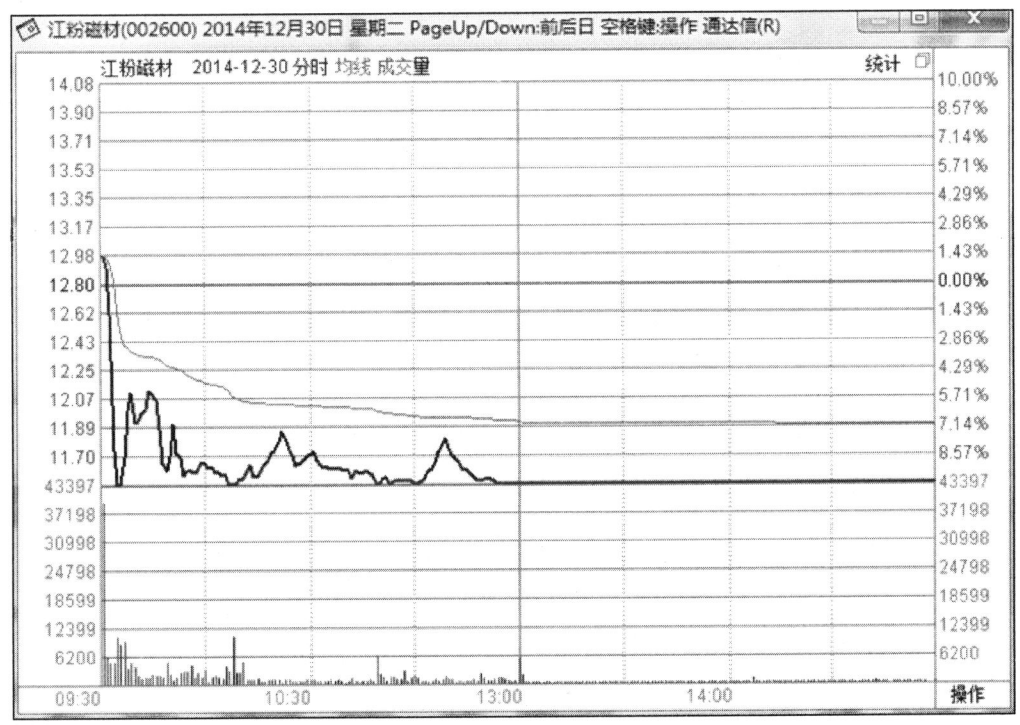

江粉磁材（002600）2014年12月30日复牌当天跌停板走势图

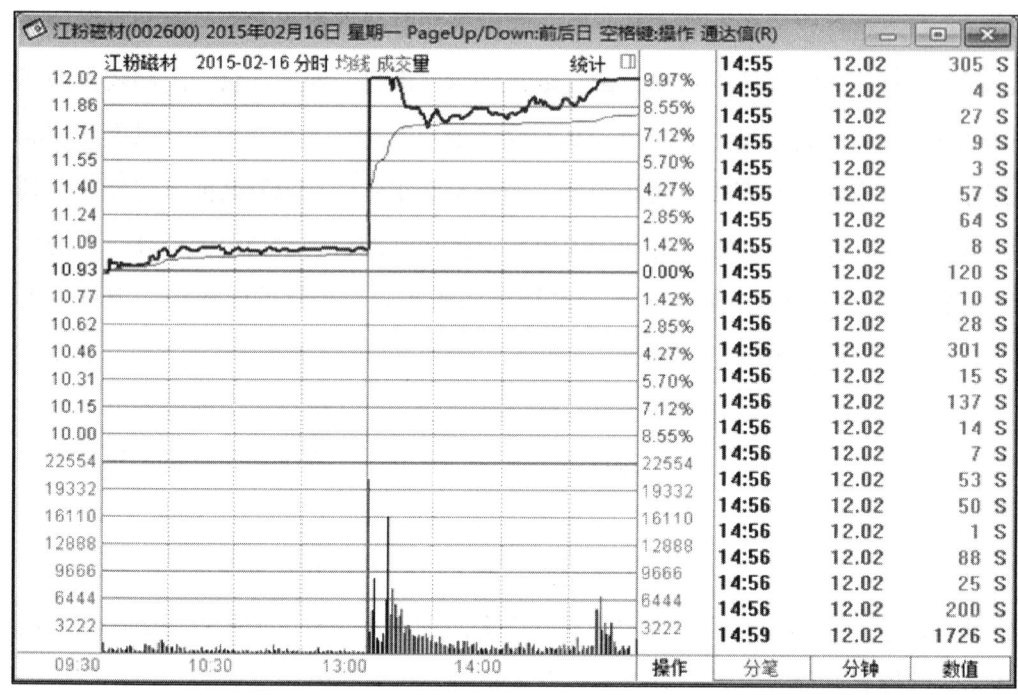

江粉磁材（002600）2015年2月16日涨停板分时图

思考题

1. 不同时段涨停的方式有哪几种？对应的主力意图是什么？
2. 哪个时段的涨停最健康？对应的量比、换手、买卖盘的要求是什么？
3. 哪个时段的涨停风险最大？对应的量比、换手、买卖盘的要求是什么？
4. 涨停的瞬间，如何通过买卖盘挂单的变化判断是否能够封住涨停？
5. 不同类型的涨停会出现在什么位置中？背后的主力意图是什么？

第四章

追涨停后的卖出策略

股市上有句俗语"会买的是徒弟,会卖的才是师父"。操作股票的三大环节"买、持、卖"缺一不可,而且最终决定收益的关键一环一定在"卖"上。按照短线涨停板次日一定要卖出的铁律,次日必须时刻关注分时走势,力求卖在相对高位。下面介绍4种追涨停后的卖出法。

1. 高开高走卖出法

操作涨停板时,只要买入时严格遵守操作模型的条件,次日高开高走的概率是非常大的。早盘高开高走一定会产生利润空间,鉴于盘中拉升的高点是很难预测的,最好的办法是在不断拉升过程中分批卖出,让一部分利润快速落袋防止回调后利润缩水,另一部分去尝试获得更大的利润。

在此,对于次日高开高走的情况提出4种卖出方式,投资者在实战过程中也可以总结出更多的适合自己的卖出策略。

1)股价高开高走后,一旦出现向下拐头的势头立刻卖出,可以选择全部仓位卖出或者采用分仓卖出的策略;

2)第一波上升趋势出现向下拐头而第二波再次启动没有超过前高点的,股价再次掉头时立刻卖出;

3)第二波上升趋势超过第一波高点的,当股价出现拐头向下调整时可以选择全部仓位卖出或考虑分仓卖出；

4）高开高走后封涨停的，只要不打开涨停就坚决持有，一旦涨停打开可考虑先卖出一部分仓位，打开后当股价下跌超过2%后可卖出剩下的仓位；如果涨停反复打开且当日出现大量或者巨量，要立即全部卖出，毫不犹豫。

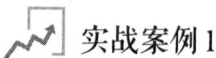 实战案例1

比亚迪（002594）2015年5月22日

高开4%之后，小幅向下调整，然后一波快速向上拉升，但是很明显，再次拉升的量能没有早盘高开时的量能大，出现了明显的量价背离。而且这一波是打在了涨停板上，此时没有放量就更加说明涨停有问题。只是拉升到涨停，根本没有封住涨停就开始向下运行，所以在涨幅9%以上的任何一个价位卖出都是非常明智的。

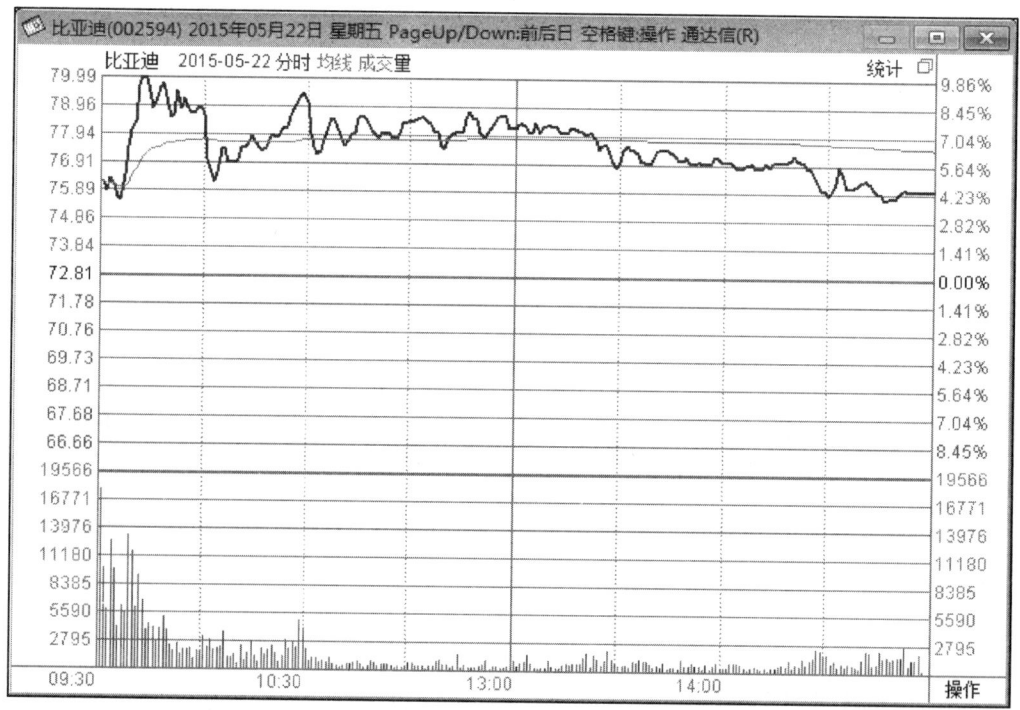

比亚迪（002594）2015年5月22日（涨停次日）分时图

实战案例 2

光大证券（601788）2014年11月24日

光大证券高开6个点，短暂的打压后股价上行，以不连续的上涨波形拉升到涨停板之后没有封住，且拉升过程中量能不足。此时股价任何一次向下拐头都是卖出的位置。

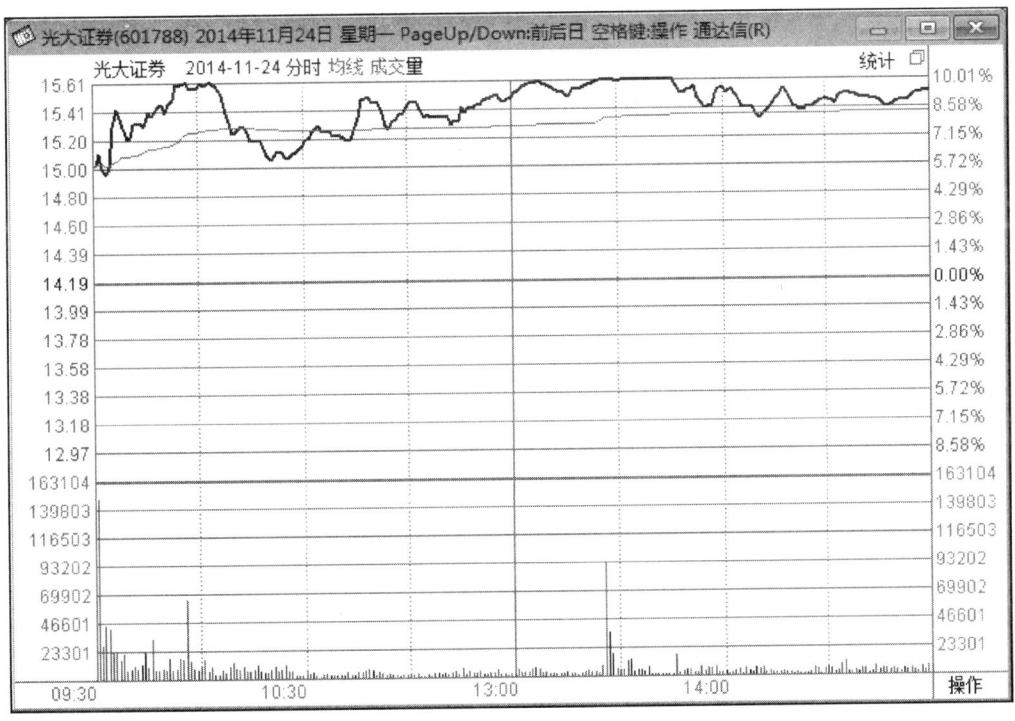

光大证券（601788）2014年11月24日（涨停次日）分时图

特别提示

要明确自己的交易模式，建立自己的交易模型，如果是做短线的涨停板，次日除非封死涨停，否则一定要离场。对于次日明确离场的操作，能够赚到9%的利润，都属于操作非常成功的了！

实战案例 3

杭锅股份（002534）2015年12月23日

杭锅股份12月23日高开7个点之后快速拉升涨停，并且全天封停，所以当天就不必卖出，可以等待下一个交易日。12月24日高开4%之后快速拉升到6%，但是随后又快速向下打压，在分时图中形成了一个尖尖的顶部，作为已经有了14%利润空间的短线来说，今日高开后任何一个点位都是非常好的离场点，此次短线涨停板完美收官。

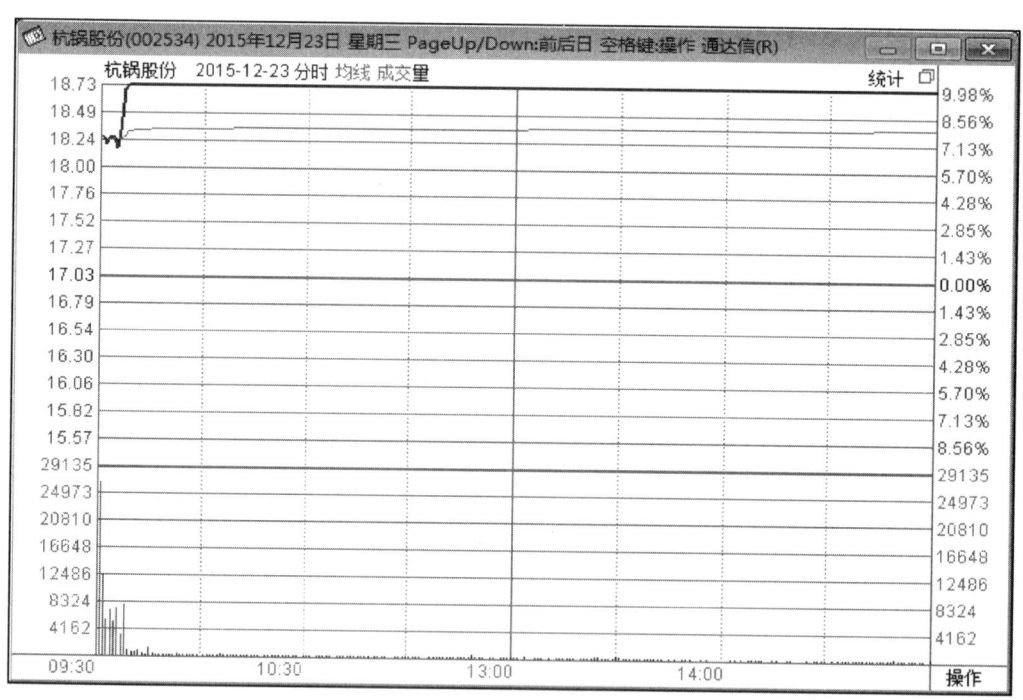

杭锅股份（002534）2015年12月23日（涨停次日）分时图

部分投资者如果没有在早盘快速向下打压的时候及时出场，眼看着股价向下进入了绿盘区，此时不能急于抛出，要等待反弹，对于这种连续几波缩量向下深度打压的走势，反弹的概率非常大，但是如果反弹无量，则没有任何理由不卖出了。

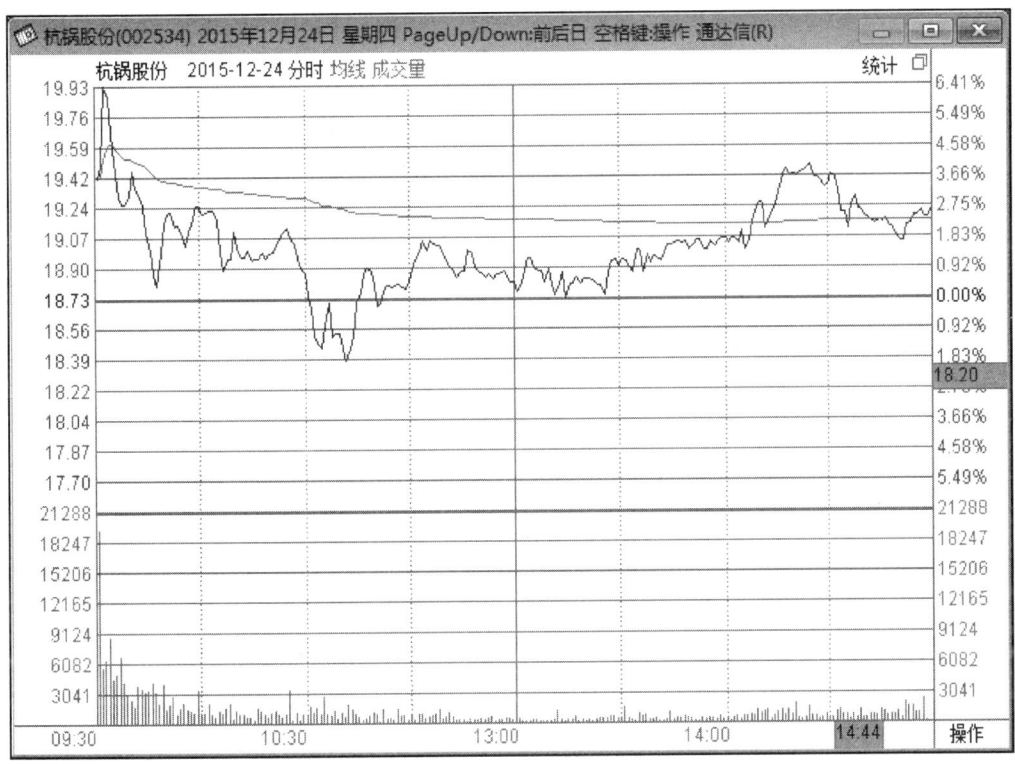

杭锅股份（002534）2015年12月24日分时图

实战案例4

清新环境（002573）2014年12月11日

早盘高开7%之后，股价缓慢上行，但是量能逐渐萎缩，冲击涨停板的瞬间就是最好的离场点，不应该有任何犹豫，因为单从量峰上就可以断定当日不会封住涨停，所以一定要及时离场。

清新环境（002573）2014年12月11日（涨停次日）分时图

实战案例5

清新环境（002573）2015年5月22日

早盘高开3%之后窄幅横盘，在9：55开始有一段小幅拉升，量能不是非常健康，在股价向下拐头时可以考虑先出货一部分，待10：20再次出现了无量拉升时，股价向下拐头的瞬间必须全部离场，落袋为安，盈利为王。

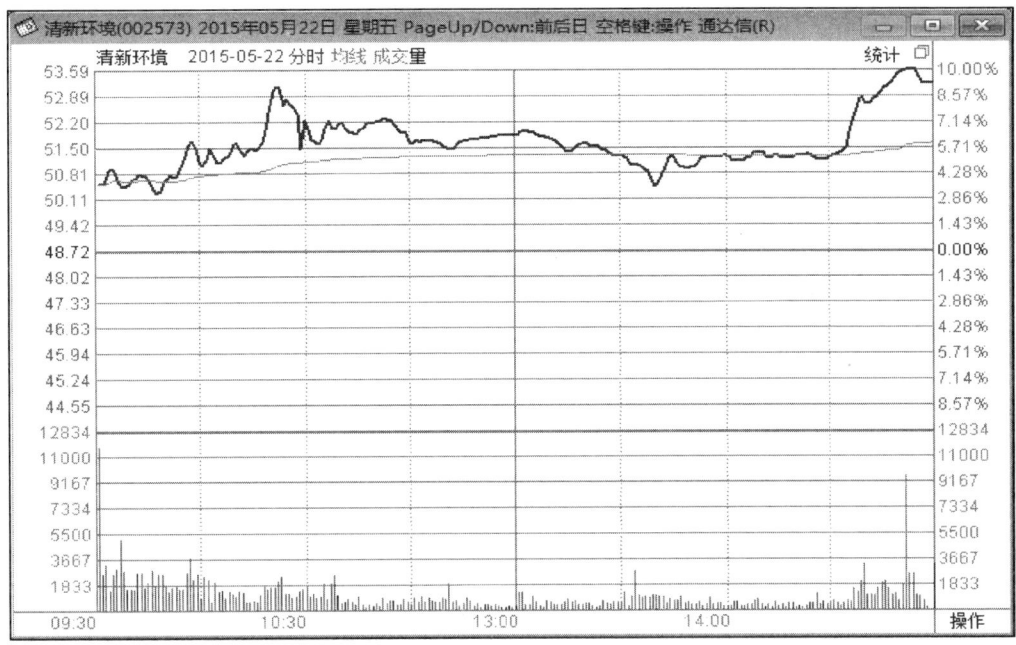

清新环境（002573）2015年5月22日（涨停次日）分时图

实战案例6

日上集团（002593）2015年12月7日

早盘高开将近2%，随后快速拉升到4.6%，然后又快速向下打压。遇到这种走势是比较难受的，转眼间利润就会有4%以上的波动。操作短线涨停板，执行次日卖出的策略时，切记一定不要在快速杀跌的时候卖出，因为这样很可能卖在最低位，一定要等待反弹。日上集团12月7日的走势在产生了4%的利润空间后回打到了绿盘区，前一天的收盘价起到了很强的支撑作用，当下一定要等一等反弹，当出现无量上涨的高点后再考虑卖出。

在拉高快速杀跌的位置一定要先行卖出一部分，然后以均价线或者昨日收盘价作为防守点，只要不破就不离场，待后市再次出现拉升后找高点离场。

日上集团（002593）2015年12月7日（涨停次日）分时图

实战案例7

未名医药（002581）2015年9月9日

未名医药9月9日涨停板次日的走势是比较受广大投资者喜爱的一种走势，高开5个点后继续向上拉升，缩量见高点就是出场点，即使第一次见高点没有顺利卖出，在后面也会有很多好的机会卖在高点甚至是涨停板的位置。切记这种涨停板是必须要离场的，不能当作封板基础而持股。

第四章 追涨停后的卖出策略

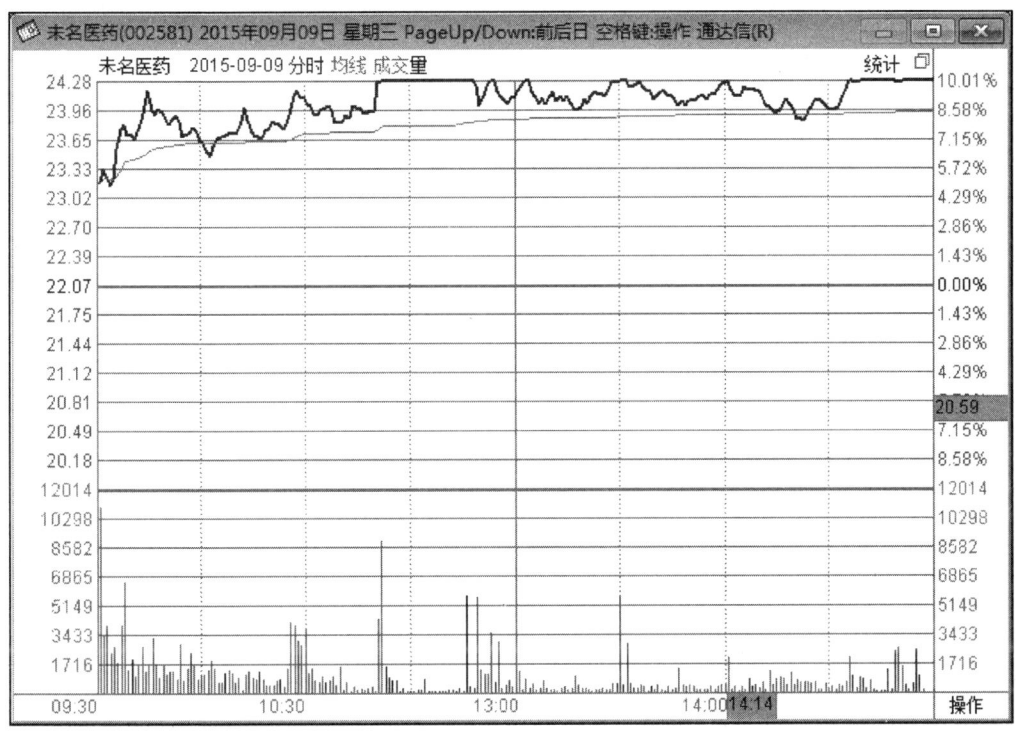

未名医药（002581）2015年9月9日（涨停次日）分时图

实战案例8

中铁二局（600528）2014年12月15日

中铁二局12月15日涨停板次日的走势也是投资者十分愿意见到的一种走势，可谓波形流畅，尤其是该股价所处的位置，前一个涨停板是有效的平台突破，今天涨停后出现了明显的震仓行为，下午封住涨停后没有打开过，所以如果在第一次封板时卖出了一部分，剩下的仓位可以再留一天。

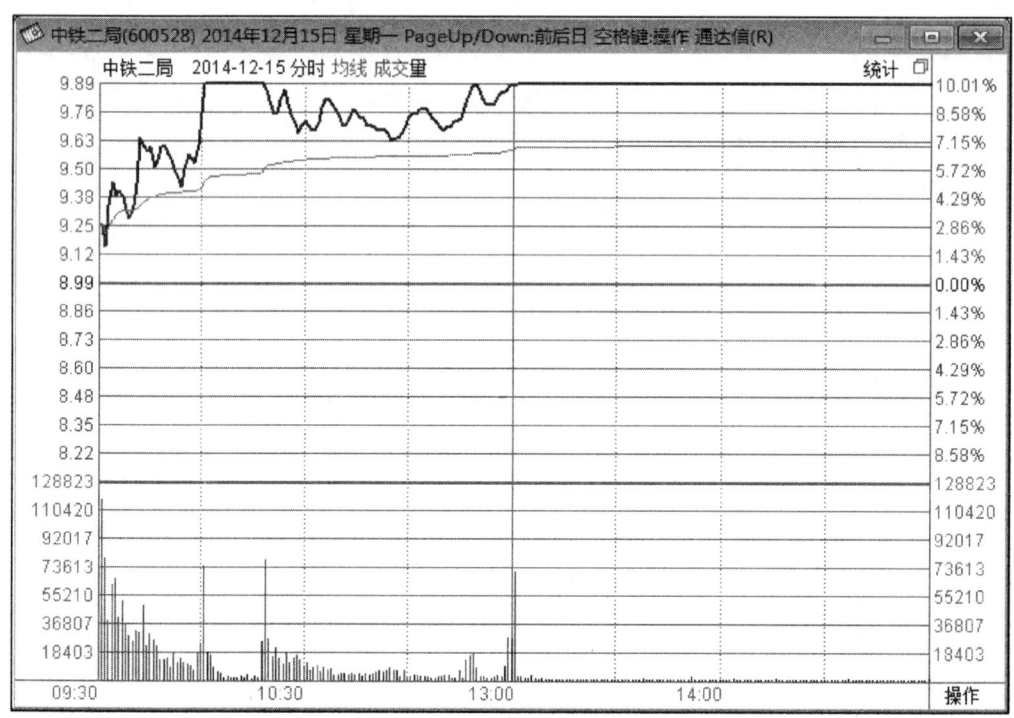

中铁二局（600528）2014年12月15日（涨停次日）分时图

> **特别提示**

中铁二局12月14、15日涨停板的操作方式是一种用涨停板抓主升段的方式，这是一种持仓时间最短、收益最高的波段操作模式。此法会在本系列丛书的K线部分、波段部分等内容中深度解析。

2. 高开低走卖出法

涨停板次日出现高开低走的概率仅次于高开高走，而且也能够给涨停板套利模式带来赢利，只是一旦操作不当很可能会让利润缩水甚至是出现亏损。对投资者来说，出现这种走势最大的难度是下跌的速度太快，还没来得及考虑就已经损失了3个点甚至5个点以上的赢利。针对这种情况应冷静地提前制定应对策略，尽量卖在相对高位上。

高开低走的分时走势中，开盘价大部分都是当天的最高价，盘口的走势呈现"高开下跌→反抽→下跌→反抽→下跌→反抽"的规律性变化，每次下跌都会跌破前一波的低点，每次反抽都不会超越上一波的高点。高开低走的分时走势，按照高开的幅度可以分为三种情况：

1）高开1%~2%

出现这种走势比较难操作，往往几分钟内就会被砸到绿盘之下，一旦这种情况出现就不要对后市抱有太大的幻想，尽快保住本金才是王道。如果是一波砸到绿盘区的一般会有一次向上的反抽，就是第一个卖出机会，一定要先卖出一部分仓位，对盘面把握不好的投资者建议全部卖出。

2）高开2%~4%

高开2%~4%的股票，一旦出现开盘后立刻下跌的情况，一定要先行卖出一部分，之后根据反抽的力度进行判断。通常下跌到红盘区或均价线时会出现反抽，但是很难超过开盘价，整个下跌的过程通常经过3波下跌来完成，每一波下跌的力度都会增加。

3）高开4%以上

这种情况的走势同高开2%~4%之后下跌的走势相同，高开后出现下跌更要先行卖出一部分，暂时保住一部分赢利，后期根据反抽的高点和力度再次寻找最佳的卖出点位。

实战案例9

比亚迪（002594）2015年4月2日

高开7.5%后下行，在第一次回抽到高位的时候可卖出一部分，随后15分钟的走势中，缩量严重，在9:50的一次向上无量反抽时，均价线也起到了重要的压力作用，当股价拐头向下并跌破了均价线的时候就必须全部离场。

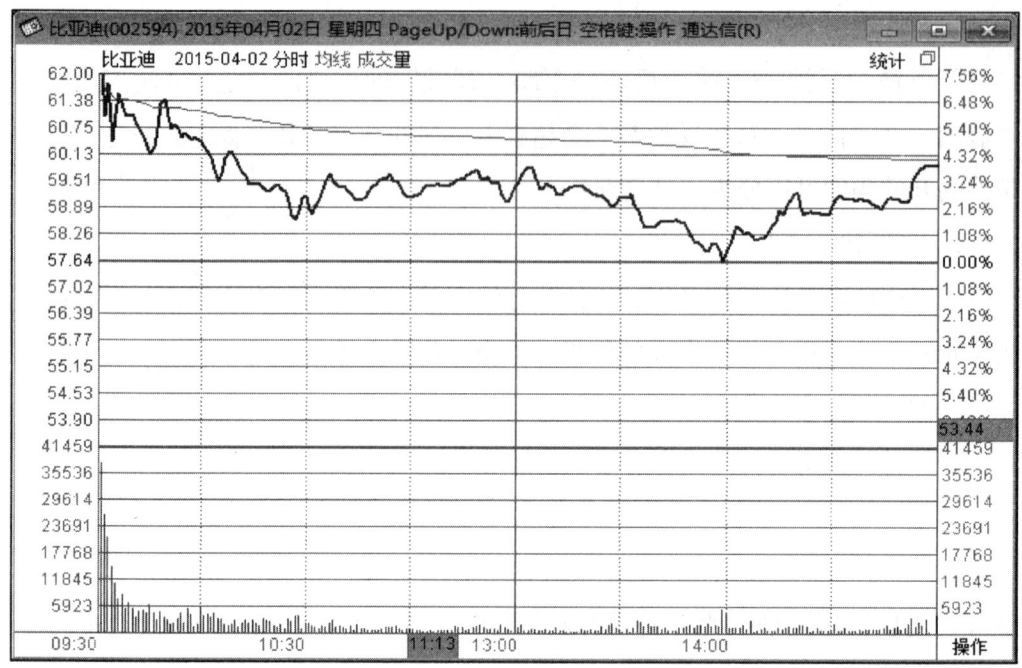

比亚迪（002594）2015年4月2日（涨停次日）分时图

实战案例 10

广田股份（002482）2015年12月23日

早盘高开3.25%，走势不算强势，但是只要次日能够高开3%以上的，无论当天走势如何，一定要产生赢利的。随后的5分钟快速向下杀跌，同时也伴随着严重的缩量，9：40之后开始无量反弹，穿越均价线时也没有放量，在股价再次拐头向下跌破均价线时必须快速离场。

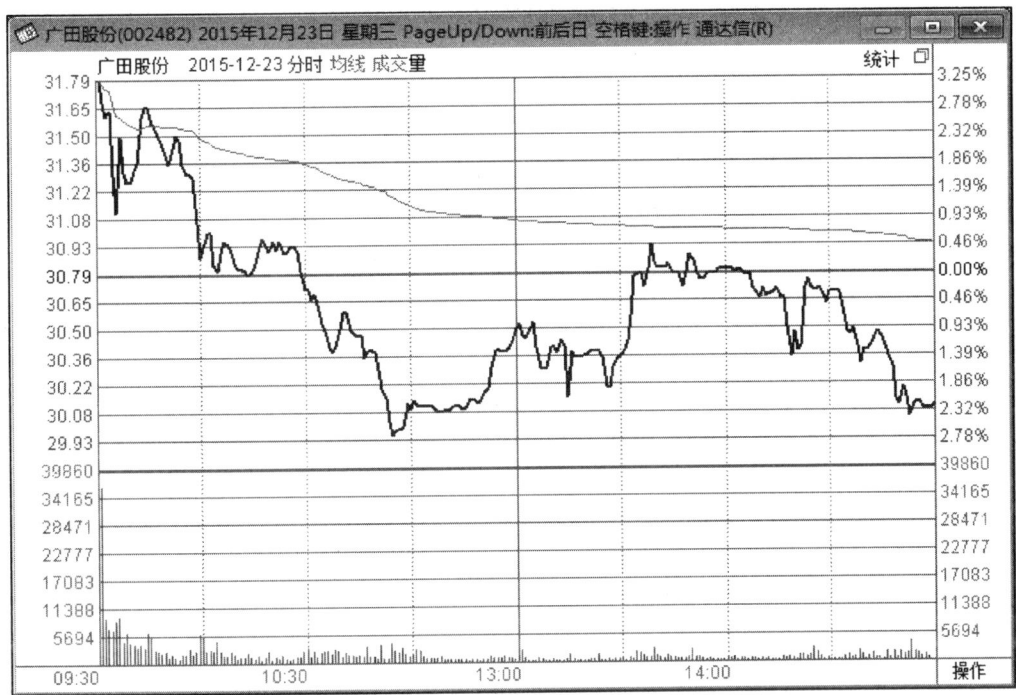

广田股份（002482）2015年12月23日（涨停次日）分时图

实战案例11

红宇新材（300345）2015年12月23日

同上文的广田股份的走势很像，高开4%之后快速向下打压，然后无量反弹，遇到均价线就有严重的压力，量能跟不上说明走势出了问题，任何一个反弹见高点后拐头的点位都是离场点。

红宇新材（300345）2015年12月23日（涨停次日）分时图

实战案例12

鹏博士（600804）2015年3月24日

鹏博士当天高开了9%，当昨天追涨停进场的投资者还沉浸在赢利的喜悦中时，股价已经快速杀跌到昨日收盘价。此时前一日收盘价起到了重要的支撑作用，股价开始反弹，但是反弹的力度十分微弱。结合股价当前所在位置来看，从突破上一个平台到今日的高点，6个交易日的时间涨幅已经超过了50%，是名副其实的高位了，所以投资者应在第一次反弹时卖出一部分，剩余仓位以前一日收盘价作为防守位，等待后市新的高点出现。

操作这个涨停板的时候,如果买进时已经明确了股价当前属于阶段性高位,面临的风险较大,当日早盘高开9%就应该严格执行卖出策略。

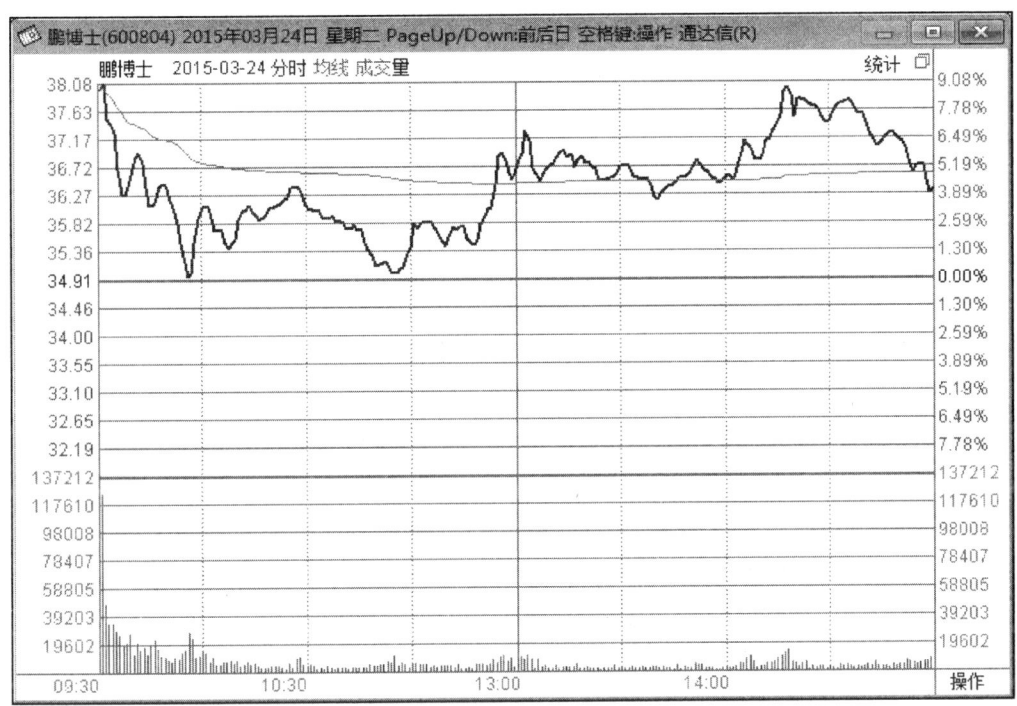

鹏博士(600804)2015年3月24日(涨停次日)分时图

实战案例13

清新环境(002573)2015年10月26日

早盘高开6%之后向下小幅打压,当股价高开6%之后没有选择向上拉升就该引起高度注意,反弹无量一定要先离场一部分,后市反弹到均价线时,遇到了严重的压力,要无条件清仓。

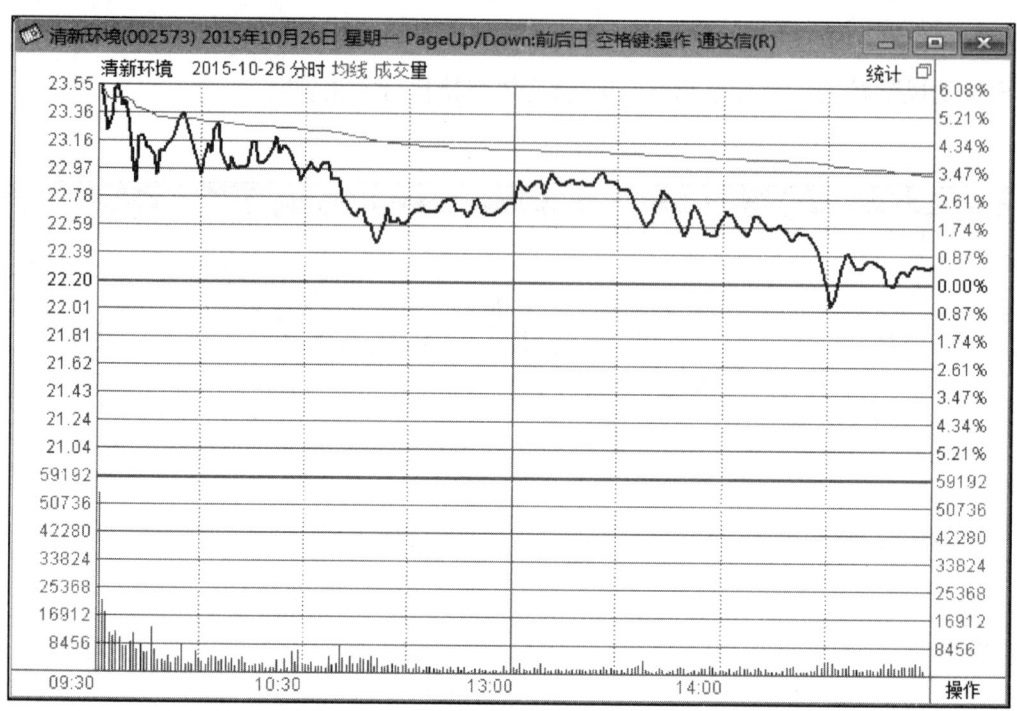

清新环境（002573）2015年10月26日（涨停次日）分时图

实战案例14

新海宜（002089）2015年6月8日

早盘高开4%之后却被快速向下打压，单波幅度达到了3%，这是高度警示的信号，反弹无量，均价线、开盘价都构成了重要的压力，所以临盘应选择在任一回抽的高点卖出。

新海宜（002089）2015年6月8日（涨停次日）分时图

3. 低开高走卖出法

涨停次日出现低开高走的走势，部分可以拉到红盘之上，但也有部分很难拉升到红盘区。怎样判断低开高走的股票能拉多高？

一般情况下，如果低开的幅度在2%以内，很容易一波就拉到红盘区，如果低开幅度超过了3%就很难一波拉回红盘区。通常情况下，第一波拉起时可以暂时观望，等待第一波上涨后的调整结束。第二波拉起时，一旦超过了上一波的高点就继续持有，如果不能超过上一波的高点就要在走势向下拐头的瞬间快速离场。

实战案例 15

奥拓电子（002587）2015年11月25日

早盘虽然低开2%，但是被迅速拉起，围绕昨天收盘价展开震荡，但是不再创新低，第一次反弹见高点时可以考虑先卖出一部分，留一部分以昨日收盘价或者当天的最低价作为防守，再次缩量见高点后拐头的点位都是离场点。

奥拓电子（002587）2015年11月25日（涨停次日）分时图

实战案例 16

大连国际（000881）2015年12月23日

大连国际当天平开后向下打压了1%再次拉起，第一波上涨的幅度只有2%，投资者可以根据自己的投资偏好决定是否需要先行卖出一部分。在不考虑集合竞价量能的前提下，该波上涨的量能还算健康，可以观望，在昨收的价位做好防守。

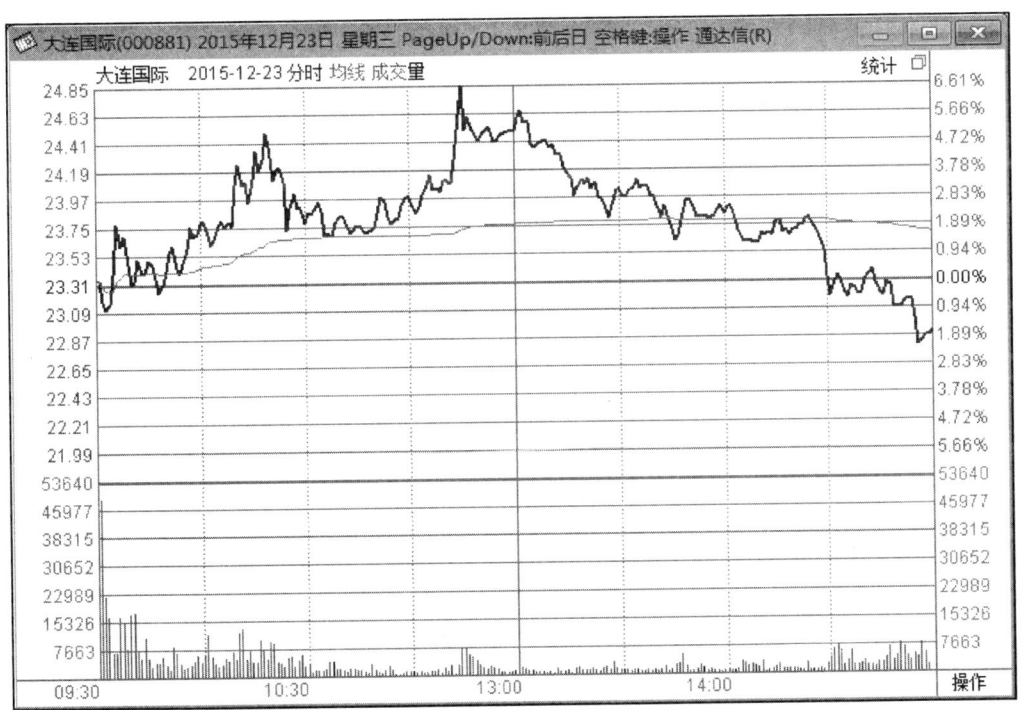

大连国际（000881）2015年12月23日（涨停次日）分时图

实战案例 17

鹏博士（600804）2015年1月21日

低开1%后横盘震荡，向上拉升动能不足，幅度不大，这种属于较弱的走势，在红盘上方均可考虑卖出，保住本金最为重要。

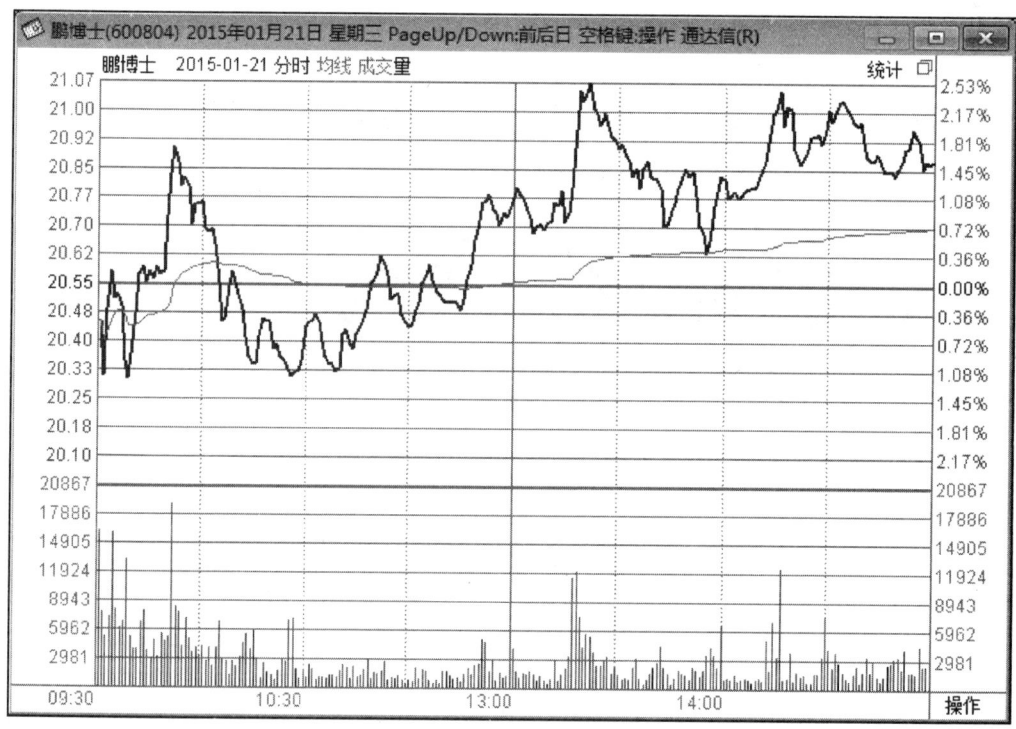

鹏博士（600804）2015年1月21日（涨停次日）分时图

实战案例18

清新环境（002573）2015年9月17日

略微低开后呈现30度角向上爬升，在上升通道中振幅不大，回调缩量，均价线防守得特别漂亮，但10:30以后量能不足，在见高点后可考虑先行离场。

清新环境（002573）2015年9月17日（涨停次日）分时图

实战案例 19

新大陆（000997）2015年12月24日

略微低开后，价格缓慢向上爬升，量能健康，9:50第一波见高点后开始缩量调整，均价线没有守住，昨收的支撑作用较强，10:45以后放量上攻，但是波形不是非常流畅，量峰的攻击能力也不是很强。当量能柱体开始缩短之后就是卖点。

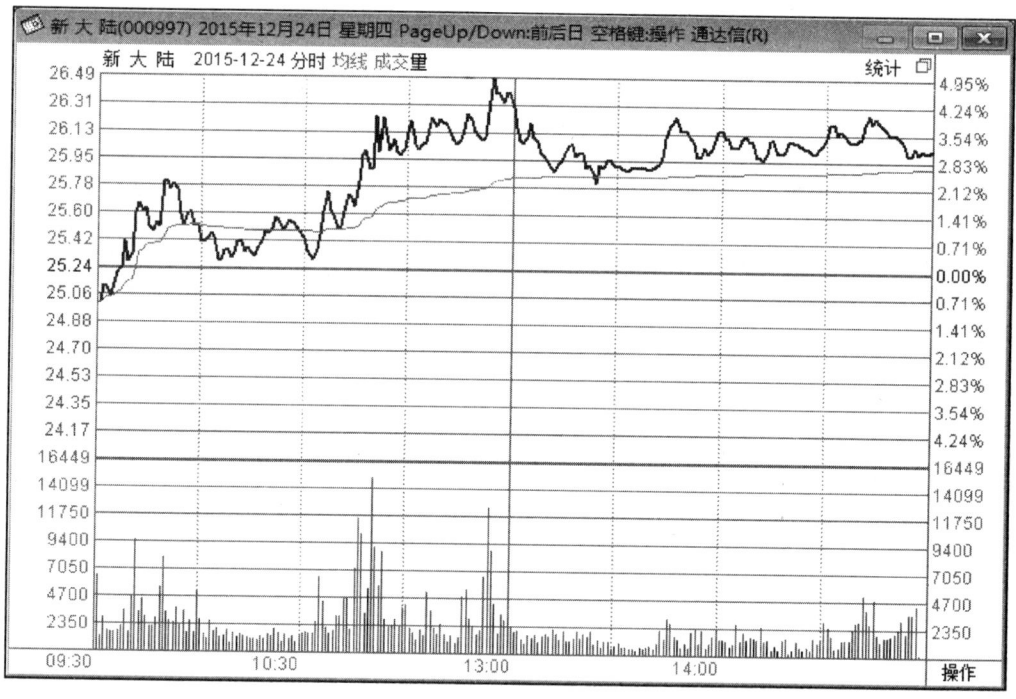

新大陆（000997）2015年12月24日（涨停次日）分时图

实战案例 20

新海宜（002089）2015年9月17日

略微低开后缓慢向上爬升，在10：15左右爬升到4.5%的涨幅后开始展开横盘，回调缩量，均价线防守得十分漂亮。但是股价最后选择向平台上方还是下方突破的概率都有，在平台高点处先卖掉一部分筹码比较稳妥。

新海宜（002089）2015年9月17日（涨停次日）分时图

实战案例 21

中兴商业（000715）2015年12月23日

早盘略微高开后迅速向下打压到1%，出现这种行情时一定不能急于卖出，很可能是主力在快速洗盘，等待反弹甚至是拉升。随后股价开始放量拉升，三波向上拉升的幅度逐渐增加，但是最后一波的量能不足，出现了明显的量价背离，所以在高点向下拐头时就是卖点。

中兴商业（000715）2015年12月23日（涨停次日）分时图

4. 低开低走卖出法

这是操作涨停板套利模型最不愿意看到的走势，一旦出现这种情况基本注定会亏损，只能通过一些方法和技巧减少亏损。

判断低开低走的走势后期是否会出现更合适的卖出高点，需要通过观察反抽的力度来判断。通常低开低走的走势中会出现两次比较明显的反弹，第一次反弹超过了开盘以来的最高价则可以继续持股，若第一次反弹没有超过开盘以来的最高价则可考虑卖出一部分或暂时观望，若第二次反弹创了新高则后期还有获利的希望，若第二波反弹没有超过第一波反弹的最高点则要无条件清仓离场。

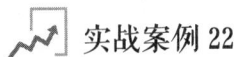 实战案例 22

吉林森工（600189）2015年12月23日

早盘低开3%之后股价继续下行，且有放量下跌的迹象，最大跌幅达到了6%。这种走势基本可以确定涨停板操作失败，此时要做的就是想办法卖在相对高位，从而减少损失。跌幅达到6%之后开始展开了窄幅的平台震荡，价格和均线价逐渐靠拢，一旦股价触碰到均价线没有放量，则必须无条件离场，千万不要有太多的犹豫和幻想。

吉林森工（600189）2015年12月23日（涨停次日）分时图

实战案例 23

同力水泥（000885）2015年12月29日

低开3%之后直线向下打在了跌幅5%的位置，股价在跌幅3%~5%的区间横盘震荡，且逐渐缩量。此时可以以平台下轨作为防守点，或者在平台上轨处先卖出一部分，待走势做出明确方向选择之后再进行操作。10:45的拉升有放量，但是不算大量，更谈不上漂亮，股价遇到昨收压力位时立马拐头。所以，如有剩余仓位必须立即清仓卖出。

同力水泥（000885）2015年12月29日（涨停次日）分时图

实战案例 24

未名医药（002581）2015年10月26日

低开1%之后连续向下打压，反弹无量，遇到均价线没有放量穿越就应该先行离场一部分，上午收盘之前没有好的表现，没有一波可称得上放量拉升的行情，出现这种情况基本可以放弃，找个高点快速离场，寻找别的操作机会。

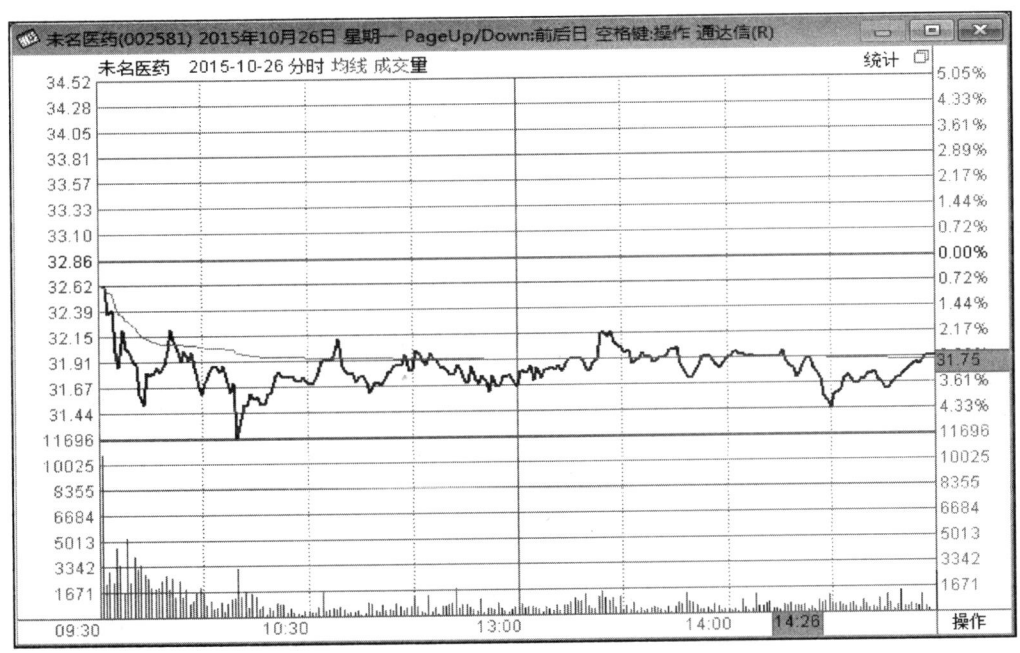

未名医药（002581）2015年10月26日（涨停次日）分时图

学员互动

2015年4月16日，上海的周先生拨打股市120的电话进行咨询：

周先生：

我在2015年3月25日追的大恒科技（600288）的涨停板，次日亏损卖出。但是11天后看这只票，竟然涨了60%。在我卖出后，这只股票经过5天的调整就走出了浩浩荡荡的大波段行情。这只票让我耿耿于怀了好久，对短线涨停板的交易模式也产生了怀疑，所以想问问为了做这个短线涨停板却失去了60%的波段利润，问题出在哪里？

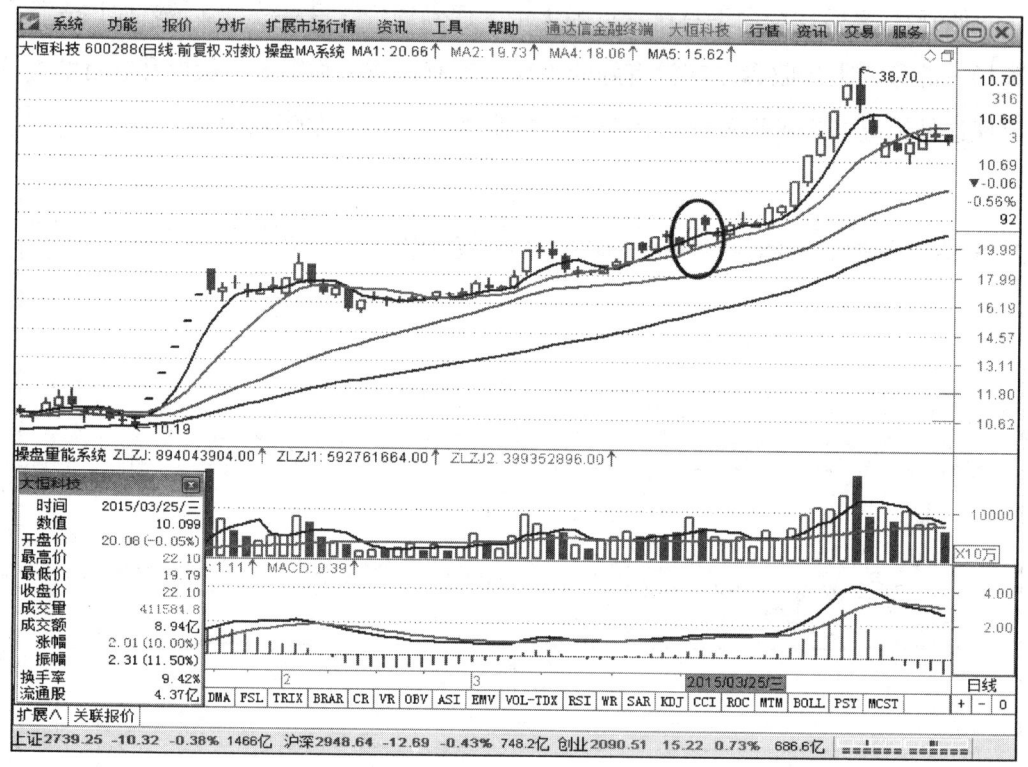

大恒科技（600288）K线走势图

股市120：

您好，周先生，首先，您一定要明确一个问题，也是我们在第一章强调过的，在大牛市环境下操作短线，无论是不是涨停板方式，都有着很大的可能失去波段利润，这也是很多主力在大盘环境走好之后很少操作短线涨停板的重要原因。

其次，只要有交易模型，并且能够坚决按照交易模型，偶尔的一次失误在所难免，关键在于交易模型是否合适，是否符合交易逻辑。追大恒科技3月25日的涨停板，从K线走势上看是完全没有问题的，符合平台突破型涨停板的要素。

涨停当日虽然在K线图上有温和放量，但是分时图上没有形成漂亮的攻击型量峰，而且涨停打开震仓的时候放量较大，说明平台突破时面临的抛压较重，次

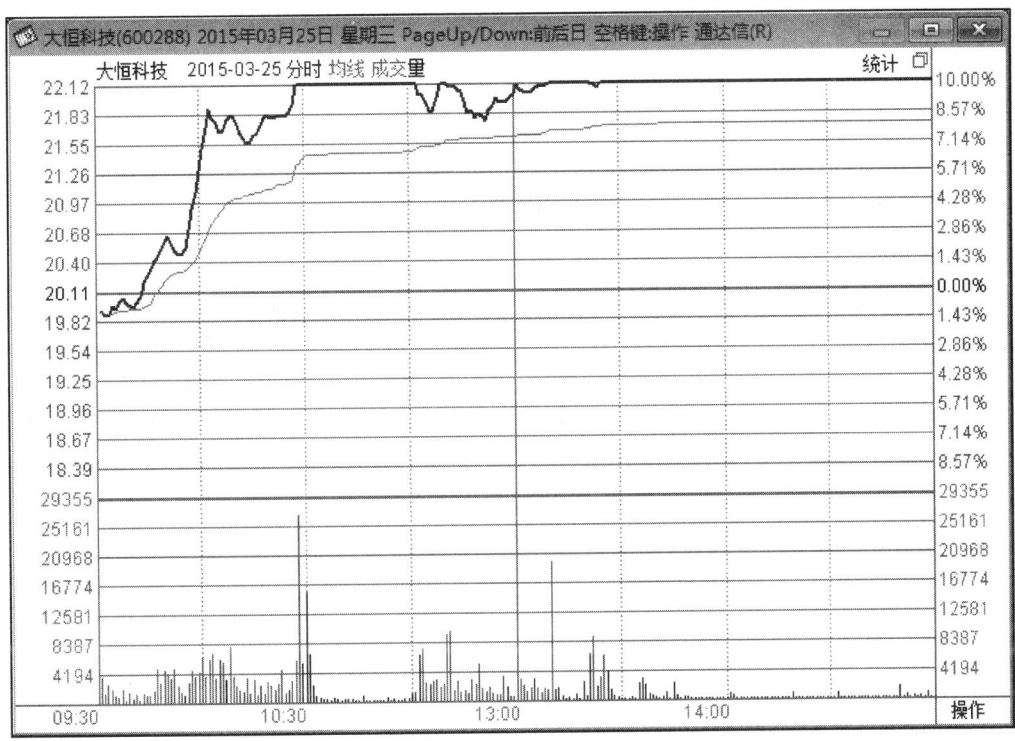

大恒科技（600288）2015年3月25日涨停板分时图

日很有可能继续洗盘，横盘震荡的可能较大。关于平台突破性的涨停板的具体操作方法和模型要素在后文中会详细介绍。

  涨停次日，跳空幅度不足0.5%，相当于平开，之后开始全天在收盘价下方展开横盘震荡，但是最大跌幅也没有超过3%，且K线上全天缩量。对于平台突破的涨停板或者是大阳线、突破后进行回踩的，只要不破大阳线的开盘价或者回到平台中，都是比较强势的，而且这种强势回踩的时间一般不超过8天，这8天是捕捉到后市一波漂亮主升的最好的办法！

  在K线图中可以看到，涨停板次日跳空低开，产生了一个看似压力的跳空缺口，然后用一根小阳线来补缺口，之后又是两个十字星，都是看起来十分弱势的K线，但是这两个十字星的K线组合是非常重要的"蝴蝶结"K线组合形态，在上升过程中是加速上涨的信号。相关知识会在本系列丛书的《买在起涨——K线组合利器》中进行详细介绍。

大恒科技（600288）2015年3月26日（涨停次日）分时图

思考题

1. 涨停次日什么走势可以不用卖出股票？

2. 涨停次日的高低点和量能的关系是什么？

3. 不同位置的涨停板的卖出策略相同吗？如果不同有哪些区别？

4. 最大的止损幅度是多少？一旦次日低开幅度超过了止损承受程度该如何操作？

5. 次日的走势没有完全符合本章所述四种情况该如何操作？

第五章
不同位置涨停板的划分

下跌趋势中的上涨持续的时间短、幅度小，操作风险大；上升趋势中的下跌持续的时间短、跌幅小，操作风险小。本章我们对处在不同位置的涨停板进行分类，让投资者从更深层次认识不同位置上出现的涨停板背后的主力思维、潜在的风险和机会。

1. 位置和主力操盘的关系

在江氏操盘体系中，有一个亘古不变的操作准则：分时决定K线、K线决定形态、形态决定浪形、浪形决定位置、位置决定性质、性质决定盈亏。顾名思义，分时走势决定了K线的阴阳、实体高度和上下影线，多根K线在一起就会组合成各种各样的形态，而形态又是构成波浪结构的基础，当能够识别当前股价所处的波浪的位置，也就明白了当前股价所处的位置。股价的位置是相对风险而言的，但是在我们江氏操盘体系中位置更多的是针对主力的操盘意图。

主力在运作一只股票的价格之前，会对未来的走势做出规划，何时建仓、何时拉升、资金怎么分配、运作的时间等每个步骤都需要进行详细的规划。很多投资者都对主力运作股价的过程有过探寻和研究，但是基本都只能认知到建仓、洗盘、拉升、出货四个步骤，在整个股价运行的过程中主力的行为却很难形成系统的一个体系。在此，本书对主力在股价处在不同的位置时如何运行股价，其操作

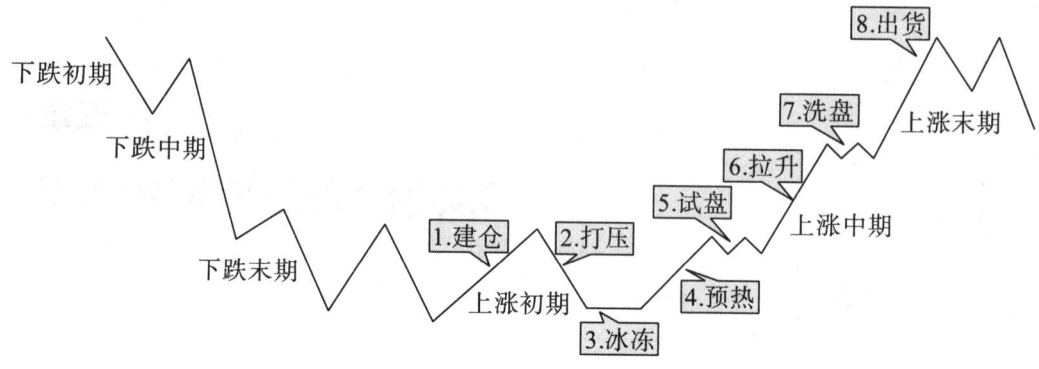

主力操盘8大步骤同股价位置的6种关系

步骤和真实意图进行深度解析。

本书提到的主力操盘的8大步骤是针对中长期庄家的，其运作股价的时间较长，幅度涨幅较大，所以对于运作时间较短的短庄是不适用的。

建仓：股价经过长期的下跌、做底之后，做空动能已经充分释放，市场由恐慌已经转为低迷，人气比较弱。主力在选择了操作目标、做好了充分的后期规划后，就会开始着手缓慢建仓。通常情况下，主力会用比较隐晦的方式进行建仓，尽量不会让普通投资者有所察觉，当然不排除拉升建仓等动作特别大的建仓方式（敢用这种方式建仓的主力通常是资金较雄厚，实力十分强大，拉高只是为了快速拿到筹码）。但是即使主力的手法再隐晦，建仓完成后的结果一定是股价缓慢上涨，量能缓慢放大。

打压：主力辛辛苦苦建仓后，怎么会向下打压让自己被套呢？主力建仓阶段，股价不免会出现小幅的上涨，此时一定会引起市场上跟风盘的介入，如果不将这部分筹码清理出局，会给拉升阶段带来很重的抛压，提高主力的成本，打压就是为了清理掉市场上已经拿到较低筹码的普通投资者。因此，无论是普通投资者还是主力，都要有长远的目光，不能局限于当下的涨跌，一定要着眼于更长远的未来。

冰冻：经过前两个阶段之后，市场上的浮筹还在，有的投资者坚信打压是主力的洗盘过程，后市还是非常值得期待的，故坚定持股，此时主力就会采用"不作为"的冷冻策略，即主力自己不参与股价的运作，让市场中的普通投资者自行交易。因前期主力大批建仓后，手上已经有了很多的筹码，一旦主力不参与操作，市场会变得极为冷清，原本对股票存有幻想的普通投资者开始面对现实，发觉主力已经不再运作，感到后市无望，将手上的筹码抛出。

预热：整个冰冻期，市场极其清淡，量能逐渐萎缩，通常所说的地量大部分会在冰冻期出现。地量出现后，说明主力的控盘能力已经很高，可以进行下一步的操盘计划。市场长期冷清是没有人气的，而漂亮的主升段一定要由活跃的市场来推动，此时主力需要开始调动市场人气，吸引广大投资者。预热期的股价会有所上涨，但是被拉抬得不会太顺畅，一方面主力对市场筹码的稳定性还没有十足的把握，另一方面市场上的跟风盘还不活跃，主力不会投入重金来快速拉升，所以在量价上呈现的是要比建仓期间略快的上涨，但是不会是爆发式的上涨。

试盘：经过了预热期，市场上的人气开始被主力调动起来，各种像利空又像利好的消息不断涌现，在媒体上出现的频率会逐渐增多，主力具有随时向上发动行情的机会。然而在正式开始主升浪之前，还需要最后的一步来保证拉升过程的顺畅和成本的最小化——试盘。试盘的方式有很多，最为常见的是上影线试盘和下影线试盘，以及将两种方式结合起来的试盘。试盘的主要目的是测试上方的抛压和筹码的稳定性，只有保证向上有活跃的跟风盘且抛盘压力已经基本解除后主力才会发起主升行情，如果没有达到预期则会继续延长横盘的时间，甚至会再一次向下打压。

拉升：经历了前面几个阶段后，此时的股价可谓是万事俱备只欠东风了，一旦市场上出现了热点概念，就会迅速将该股票的人气汇聚，当然启动的初期更多的人气资金是来自主力资金，快速将股价拉高甚至是涨停板。拉升之前的漫长准备，会将各个指标系统全部走好，急于抛售的套牢盘和获利盘所剩也寥寥无几，借助东风在没有任何阻力时的股价一定会像涨了翅膀的黑马，扶云直上。市场上最好的行情都发生在这个阶段，可能是连续的几根大阳线，甚至是连续的一字板，主力运筹帷幄了几个月甚至几年，为的就是浩浩荡荡的这几天所带来的利润空间。

洗盘：这是普通投资者耳熟能详，但是又不能把控的一个词。可能从开始炒股的那天开始就知道了"主力在洗盘"，但是主力在什么位置洗盘、主力为什么要洗盘并不清楚。主力的洗盘一定是发生在主升后的上涨趋势中，经过了一个波段的上涨，通常是在上涨20%～30%之后，主力需要通过洗盘提高散户手中筹码的成本，进而帮助自己更好地锁筹，同时也需要修复一下前期快速上涨造成的各种指标背离。洗盘是为了更好地上涨，所以只要识别出是主力在洗盘则需要更加坚定地持有筹码，等待获取后市中的波段利润。

出货： 洗盘之后一定会有再次拉升，但是后面的再次拉升是主力为了给自己拉出更漂亮的利润空间，还是要掩饰自己在出货，就需要投资者根据各种要素进行仔细判断，只要不是出货，那么后市行情一定是值得期待的。市场上的股评家总是在股价出现了反转下跌后才说可以判断主力在出货了，其实此时主力已经出完货了。道理很简单，只有在上涨的过程中出货才会有人愿意接盘，一旦价格开始下跌，市场的恐慌程度迅速蔓延，普通投资者都是追涨杀跌的，怎么会在高位下跌的时候买股票呢？

以上是从理论的角度介绍主力运作股价的8大步骤，但是主力不一定完完全全地按照这样的顺序运作，各步骤之间一定会有交集，甚至在同一时间完成8个步骤中的几个步骤。比如说，建仓可能存在整个运作流程之中，在不断震仓、洗盘的过程中，主力一定会积极接下市场抛出的价格相对较低的筹码。

2. 下跌末期

市场下跌动能得到充分释放，场内资金大部分都是深度套牢者，一少部分是最近一波反弹行情杀进场内的短期套牢者，此时整个市场大环境的下跌动能也逐渐减弱，股价和均线已经发生了严重背离，即将产生报复性反弹行情来弥补前期快速杀跌行情所造成的指标背离。

下跌末期同下跌初期和下跌中期不同，后两者还在下跌的过程中，还没有看到底部，股价向下的空间未知，但是下跌末期则不然，股价已经见底，即将迎来快速反弹安抚前期快速杀跌所造成的市场上恐慌的情绪。该波段的上涨行情利润空间较大，基本能达到前一波超跌行情的50%，最差也可以达到38%，虽然反弹结束后还会面临回调和长时间的调整，但是对于短线客来说这段行情无疑是一次绝佳的机会。

实战案例1

未名医药（002581）2015年9月8日

从K线图上看，未名医药还在下跌趋势中，整个下跌波段没有一次像样的反弹，9月8日和9月9日的两个涨停板最多算是超跌后的反弹。超跌后形成的报复性反弹对量能的要求不需要太高，因为市场上的筹码大部分都被深度套牢，不需要太多的量能就可以拉出涨停板。

在下跌末期出现涨停板，只有在严重超跌的情况才建议操作，因为不是超跌的市场筹码会十分松散，拉涨停的过程很容易引起前方套牢盘和获利盘的快速抛出，即使当日涨停，次日高开产生利润空间的概率不大。

超跌的2个标准：

1. 指数跌幅在15%以上，个股跌幅在30%以上；
2. 均线系统空头排列，股价远离5日均线的时间超过3个交易日。

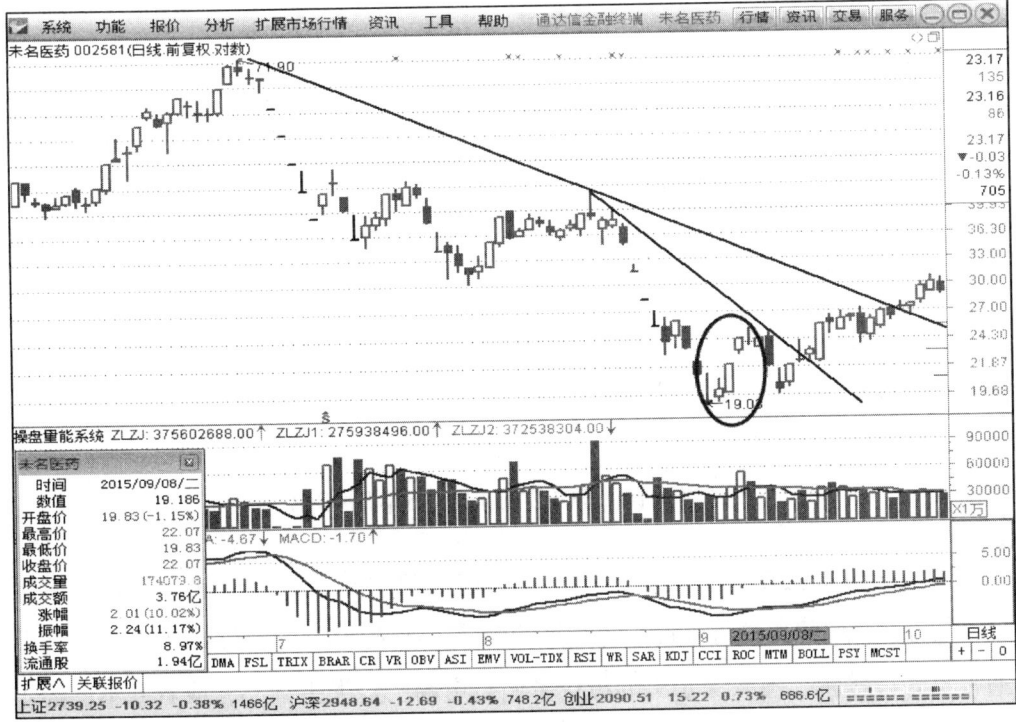

未名医药（002581）2015年9月8日涨停板K线图

实战案例2

新海宜（002089）2015年9月16日

下跌趋势线还没有突破，虽然在底部有了一个短暂的做底过程，由于做底的时间非常短，此时的涨停板面临的抛压比较严重，涨停后出现调整或者横盘的概率较大，所以此类涨停板要谨慎操作。

新海宜（002089）2015年9月16日涨停板K线图

实战案例3

日海通讯（002313）2015年7月9日

典型的超跌反弹。上文中已介绍过超跌反弹的标准，日海通讯当日完全满足，低开后拉涨停，这种涨停是短线客的最爱，连续16个交易日跌了66%，很多普通投资者被腰斩，被深深套牢的投资者们对市场已经失去信心，或者基本已经不再看盘了。此时只要有少量资金就可以拉出涨停板，而且形成的惯性特别强烈。

从波形上看,虽然不是十分流畅,但是符合操作超跌涨停板盘口的基本要求,盘中有向下最后洗盘的动作,然后快速拉升到涨停,第一次封停时间较短,充分震仓,且震仓不放量,再次拉起封涨停的瞬间就是最好的进场点。

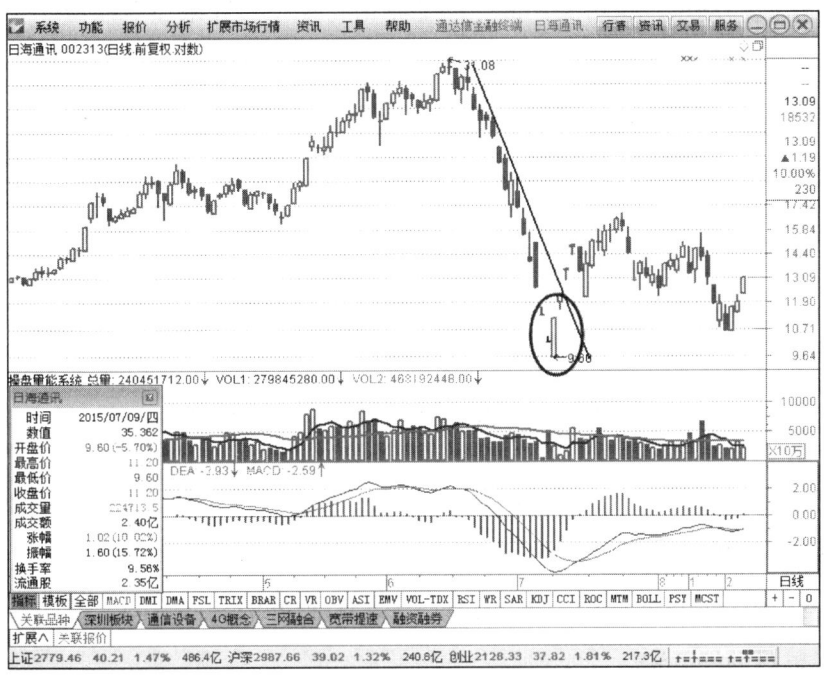

日海通讯(002313)2015年7月9日涨停板K线图

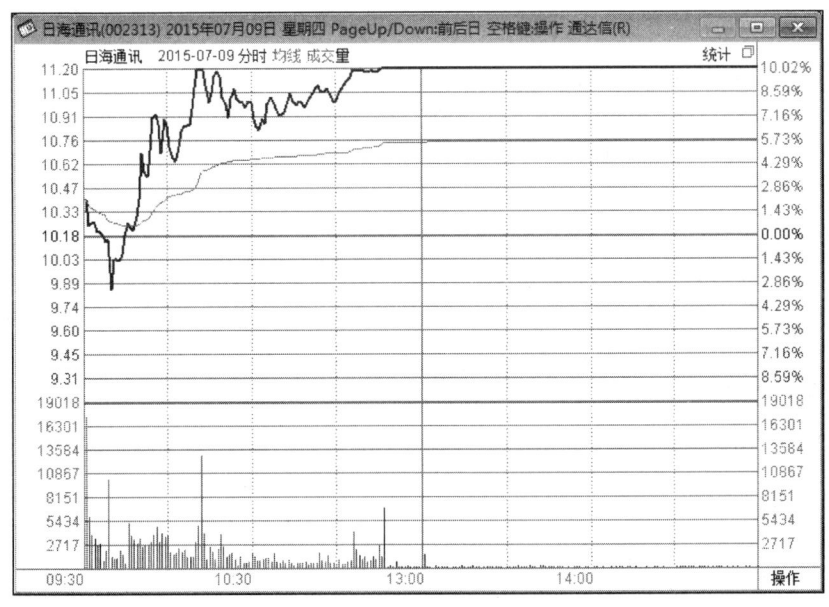

日海通讯(002313)2015年7月9日涨停板分时图

3. 上涨初期

上涨初期的涨停板是最具有操作价值的，不仅次日高开的概率大，而且作为波段行情的启动点，后市的利润空间非常值得期待。如果在上涨初期能够通过健康的涨停板形式宣布行情的启动，足以证明主力后市做多的决心和强大的资金实力，就像涨停板秘诀第一条"与强者为伍"的描述一样，跟住这样强势的主力才会有大行情去获得收益。

实战案例4

鹏博士（600804）2015年1月20日

突破平台的涨停后，开始浩浩荡荡的主升浪。但是对于鹏博士在2015年1月20日这种典型的突破平台的涨停板，随后出现横盘调整的概率特别大，所以如果按照短线操作涨停板的方式进行操作，不会有很好的利润空间，但是却是一种抓住波段黑马的好方法。

这种启动初期的涨停板虽然利润空间不大，但是风险也比较低，次日的最低点基本会在大阳线的上三分之一处。所以操作的时候一定要明确自己的操作模式、想要持仓的时间，出现风险时快速离场。

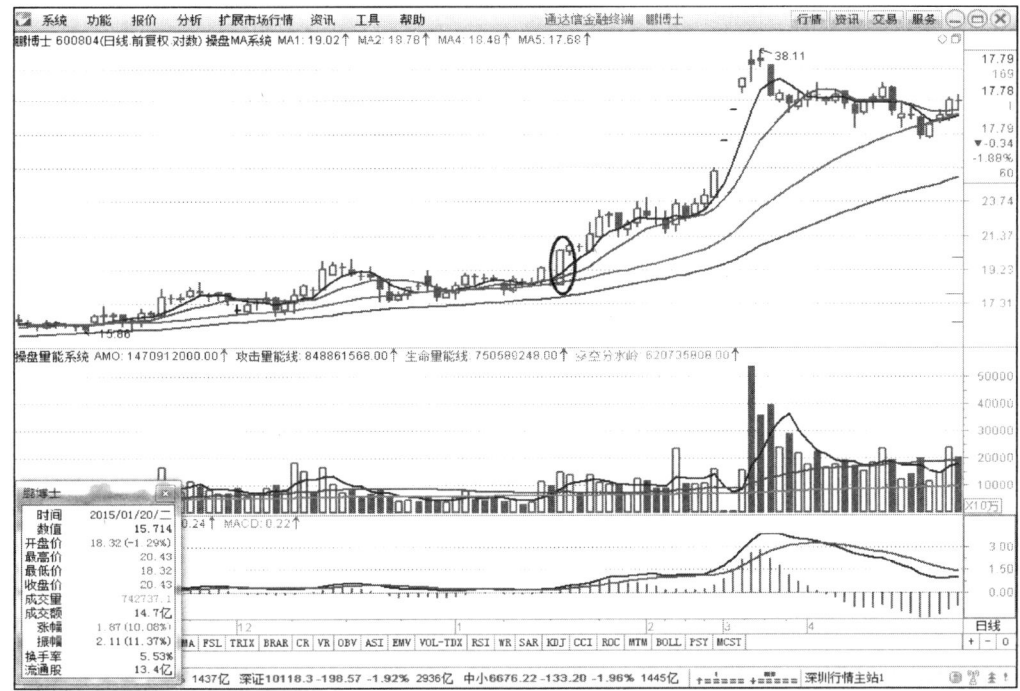

鹏博士（600804）2015年1月20日涨停板K线图

实战案例5

中铁二局（600528）2014年12月12日

与鹏博士2015年1月20日的涨停板相比，中铁二局前期的横盘方式有所不同，也注定了启动涨停板之后的快速拉升。对于中铁二局，无论是启动的第一个涨停板，还是后面上涨趋势中的前3个涨停板都是可以随时进场的，此时上涨趋势已经形成，再借市场的东风，无论是短线涨停板还是波段操作，所面临的风险都是比较小的。

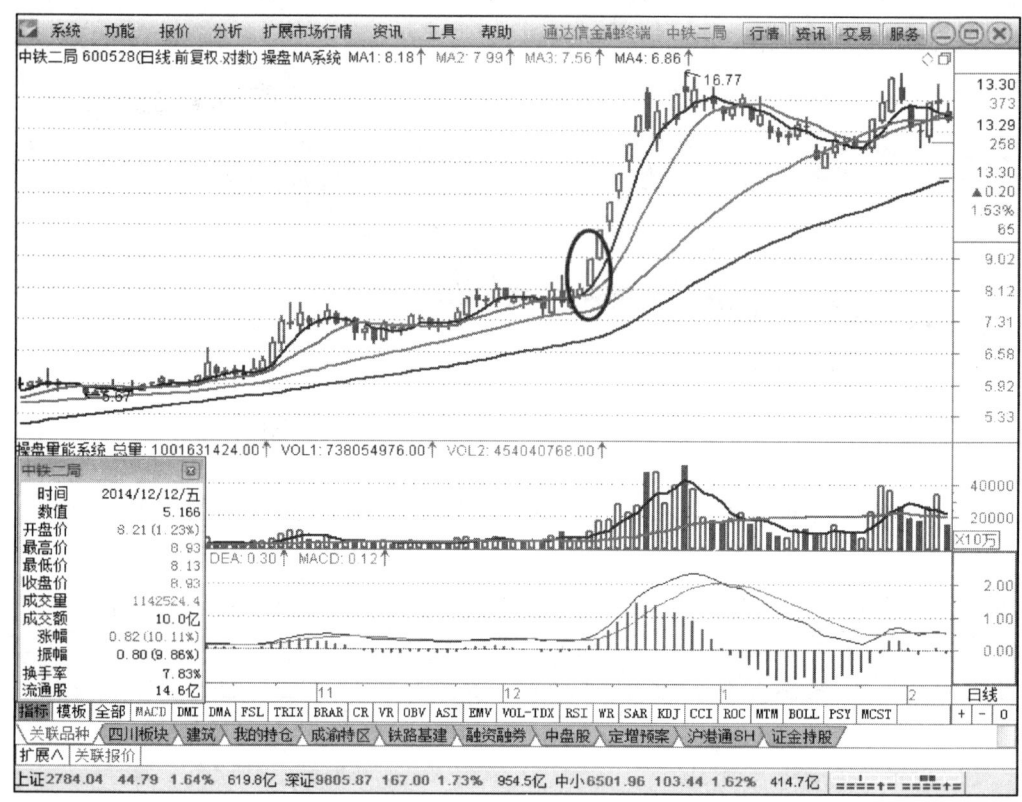

中铁二局（600528）2014年12月12日涨停板K线图

实战案例6

南方航空（600029）2015年3月11日

经过近3个月的调整，在3月6日多根均线汇聚处形成有效支撑位，连续3根小阳线没有再创调整平台的新低，而3月11日一根大阳线加快了上涨的速度，解放了前方全部套牢盘。在波段行情启动初期的涨停板预示了后期一个浩浩荡荡的波段行情。

南方航空早盘小幅高开后，在15分钟内拉升到涨停，封停期间还是有量能不断放出，在10:35之后打开涨停板进行震仓洗盘，13:45左右再次封住涨停。震仓期间一方面将前期高位的套牢盘解放出来，另一方面将平台期间的获利盘趁早洗出来，只有这样才能为后市的上涨打好基础。

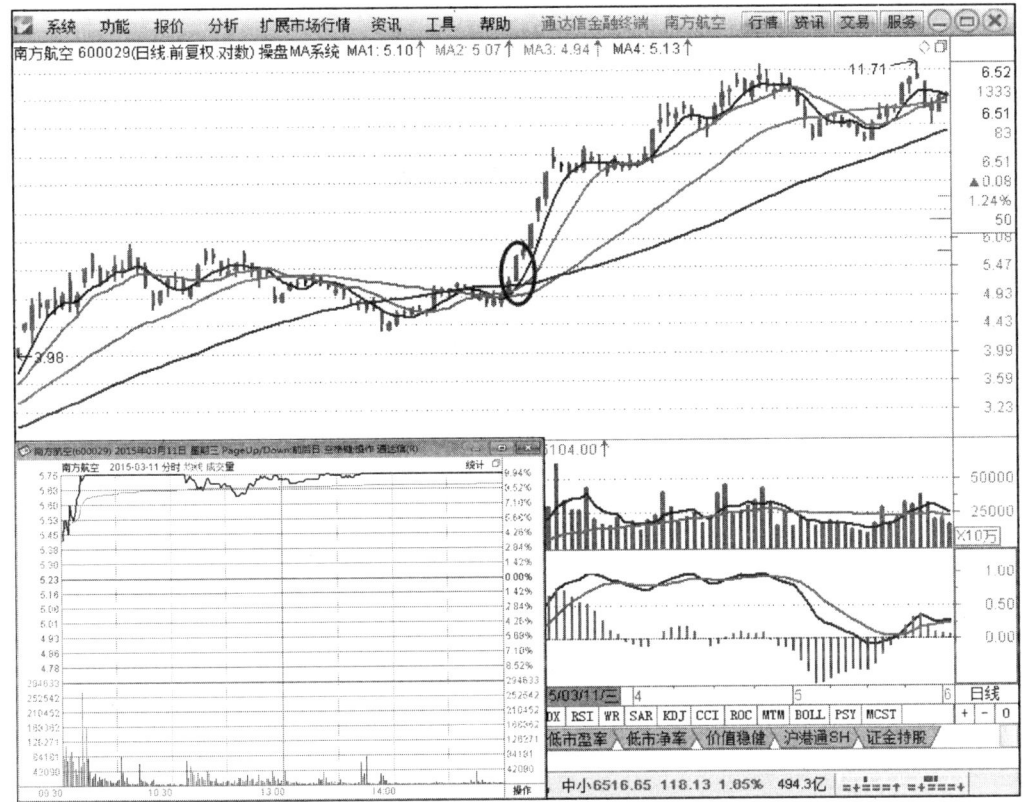

南方航空（600029）2015年3月11日涨停板分时图和K线图

4. 上涨中期

在上涨趋势中没有任何主力出货痕迹，已经上涨了20%以上的空间后，经过短暂的调整或者洗盘，出现了健康的涨停板，则是主力快速拉升股价、快速获得利润空间的标志。在盘口上基本表现为强势的攻击波和攻击型量峰，还会配合基本面上的利好，形成了多维度共振的局面，散户也纷纷追涨看多，对后市继续看好，该位置的涨停板散户也是要积极参与的。

值得注意的是，当波段中产生了一定的利润空间后，很可能面临洗盘或者是盘整，投资者一定要明确自己的投资方式：如果是要做波段的，则一定握紧手中的筹码；如果是做短线的，则应该以小分时的走势为操盘标准，一旦小分时的趋势破位或者指标走弱就应该快速立场。

实战案例7

光大证券（601788）2014年11月21日

上涨趋势已经形成，均线处于健康的多头排列中，量能也在温和放大，可谓天时地利人和，此时操作涨停板不但风险小，利润空间还会相对较大。但是操作上涨中期的涨停板，最怕的就是进场次日遇到大阴线洗盘，所以风险再小、利润再可观也绝不能大意，买入当日一定要紧盯盘中走势，合理运用第四章中提到的不同走势下的卖出方法。

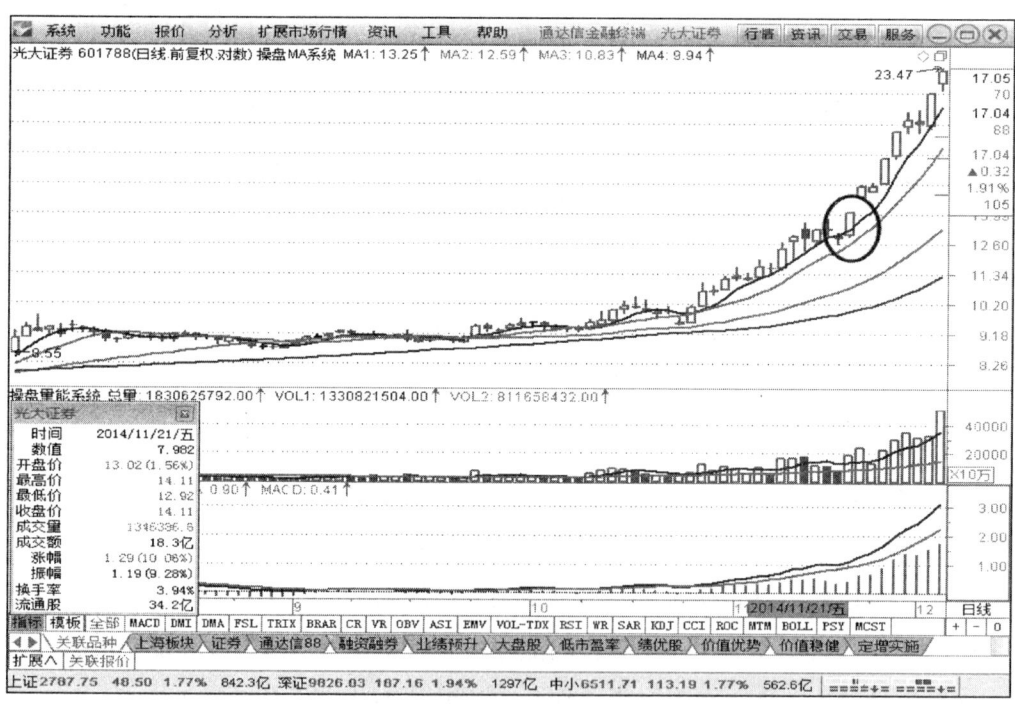

光大证券（601788）2014年11月21日涨停板K线图

实战案例 8

清新环境（002573）2014年12月10日

清新环境处于大的上涨趋势中，经过回调之后，2014年12月10日以涨停板的形式将前10天横盘调整的空间全部吞掉，放量将前期的套牢盘全部解放，而且前期调整刚好到30日均线的位置，此处的启动大阳线非常漂亮。

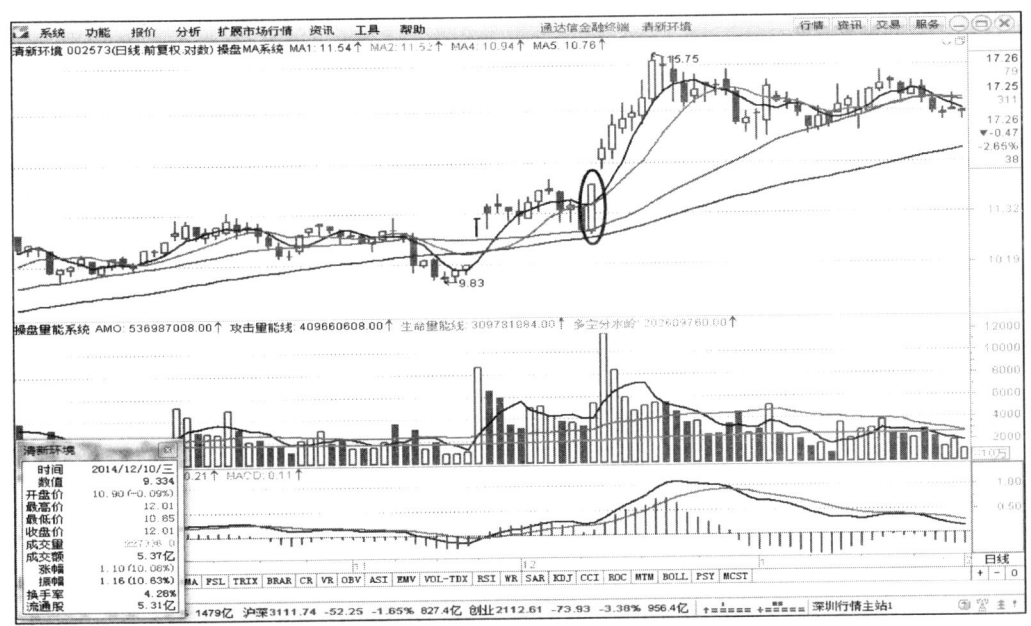

清新环境（002573）2014年12月10日涨停板K线图

实战案例 9

日上集团（002593）2015年11月16日

均线呈现多头排列，5、10日均线平行呈45度角向上的走势，2015年11月16日低开向下洗盘至10日均线后拉升到涨停板，构成了上升通道下轨启动的涨停板，次日的风险较低、利润空间较可观。

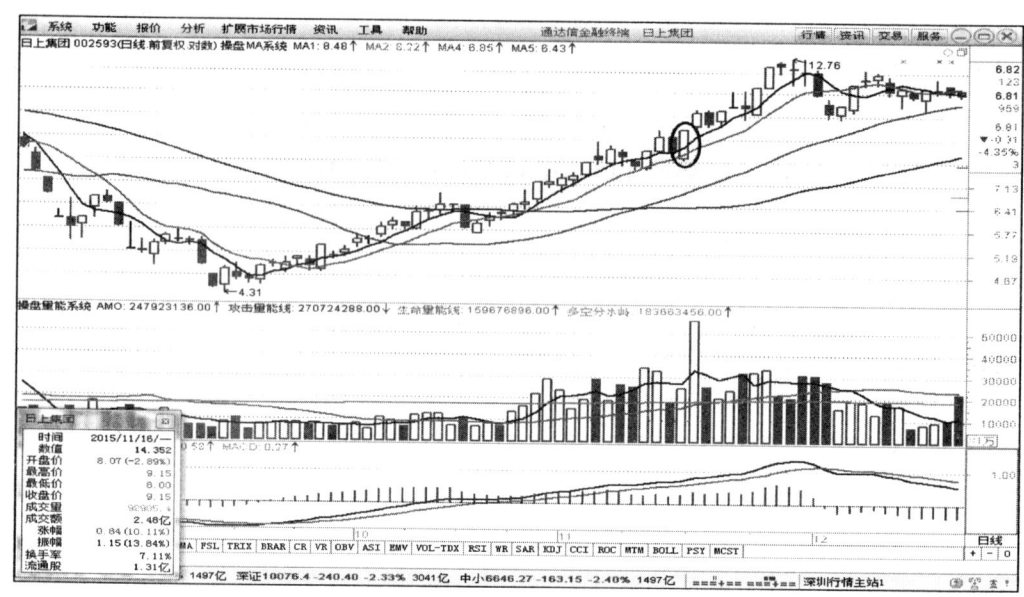

日上集团（002593）2015年11月16日涨停板K线图

> **特别提示**
>
> 对于上涨初期和上涨中期两种情况，操作短线涨停板有丢失波段利润的风险。如果投资者能够准确地识别出涨停板所在的位置是波段上涨初期或者波段上涨中期，后市短时间内产生的利润一定远不止涨停次日一根K线所带来的利润。所以投资者一定要根据不同的位置建立适合自己的交易模式。

5. 上涨末期

上涨末期的言外之意就是主力要开始出货了。一些书上说股价开始下跌时说明主力开始出货了，其实并不尽然，主力一定是在最后的上涨过程中出货的，如果股价已经明显开始下跌了，说明基本上主力已经出完货了，因为如果价格开始下跌再出货，散户还会去接盘吗？筹码抛给谁呢？等股价开始下跌才出货的结局只有一个：天天跌停板，主力自己也被套在里面。

实战案例10

奥拓电子（002587）2015年11月24日

虽然均线还是呈现健康的多头排列，但是前期下跌后股价第一次反弹，该波反弹已经走完了两个上升波段和一个向下的调整波段，总的拉升空间已经达到了130%，已经到了波段高位，涨停板前一天的小阴线放大量，主力出货的痕迹有所显露。波段已经接近尾声，如果涨停当天的分时盘口走势十分流畅、量能健康还可以考虑进场，否则高位的涨停板不建议追。

当日很明显全天震荡上升，尾盘拉升涨停的涨停板，主力投机动机较强，不建议操作。虽然通过历史数据可以看到次日是一根小阳线，最多有6%的利润空间，可是离这个波段的真正下跌也就2个交易日，这个时候操作即使赚钱了也是刀尖上舔血，面临的风险太大。

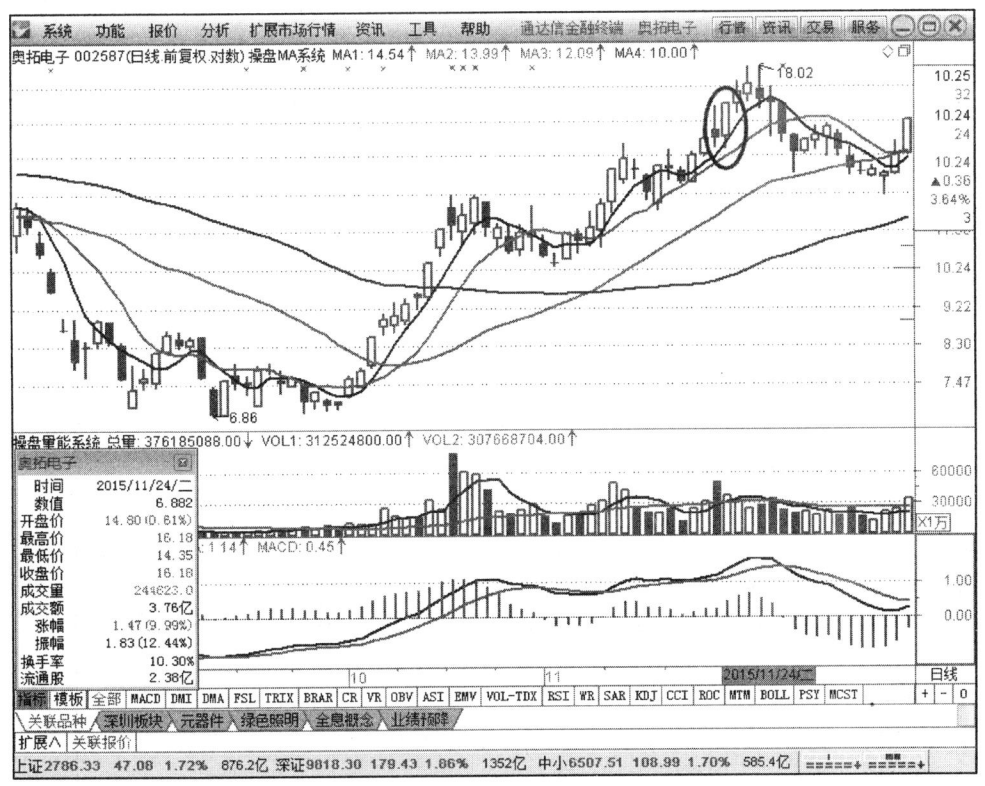

奥拓电子（002587）2015年11月24日涨停板K线图

实战案例 11

大连国际（000881）2015年12月22日

在看历史走势的时候，投资者一定会笑着说：12月22日的这个涨停板已经涨得这么高了，我才不会去追。请关注下当天的成交额有22.8个亿，也就是说市场上有22.8亿的资金在这天买进了，前面连续的一字板，让场外资金眼馋得不得了，而且已经陷入了还会再来几个涨停板的幻想中。

涨停板当天的走势，和前面介绍的涨停后震仓的走势很像。但是通过量能可以看出，集合竞价的巨量使得开盘的第一根量柱高得离谱，以至于在平时已经是很大的成交量现在变得短小，主力在盘口中做出了一个涨停板打开后缩量调整、尾盘轻微震仓的假象。

涨停次日最高有6.52%的涨幅，根据走势来看，如果前一天涨停板买进，在次日坚决卖出，还是会有盈利的。但是如果想成为这个市场中的常胜将军，就一定要知道自己每次操作为什么会赚钱、为什么会亏钱，赚钱背后是否隐藏着巨大的风险，亏钱背后是否错过了巨大的机会。不仅知其然更知其所以然，才能在这个市场上处于不败之地。

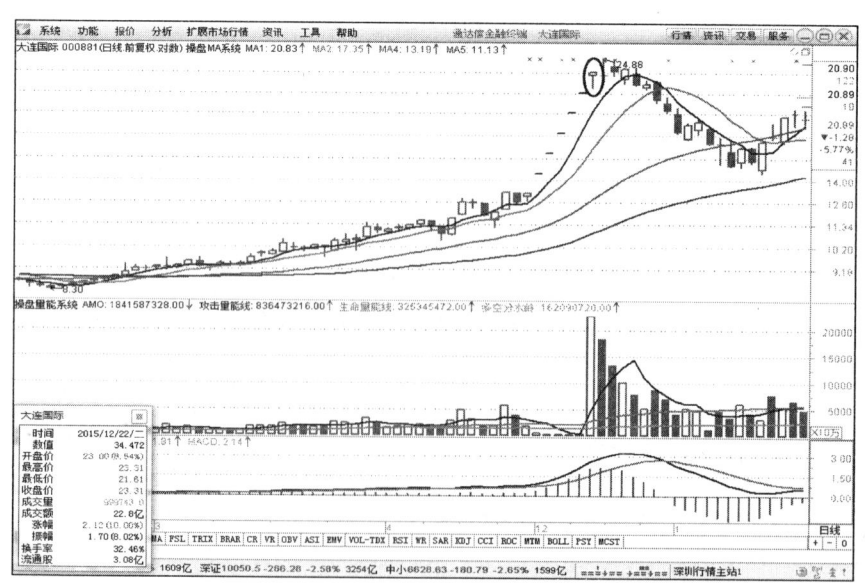

大连国际（000881）2015年3月～12月K线图

实战案例12

未名医药（002581）2015年11月30日

反弹波段到位，涨停前一根大阴线已经构成了向下的吞没形态，最重要的是大阴线当日已经开始放量，上涨波段出现了明显的见顶信号。涨停板当日的盘口出现宽幅波动，主力出货的迹象明显，尾盘的涨停无疑是主力为自己次日继续出货放的烟雾弹。

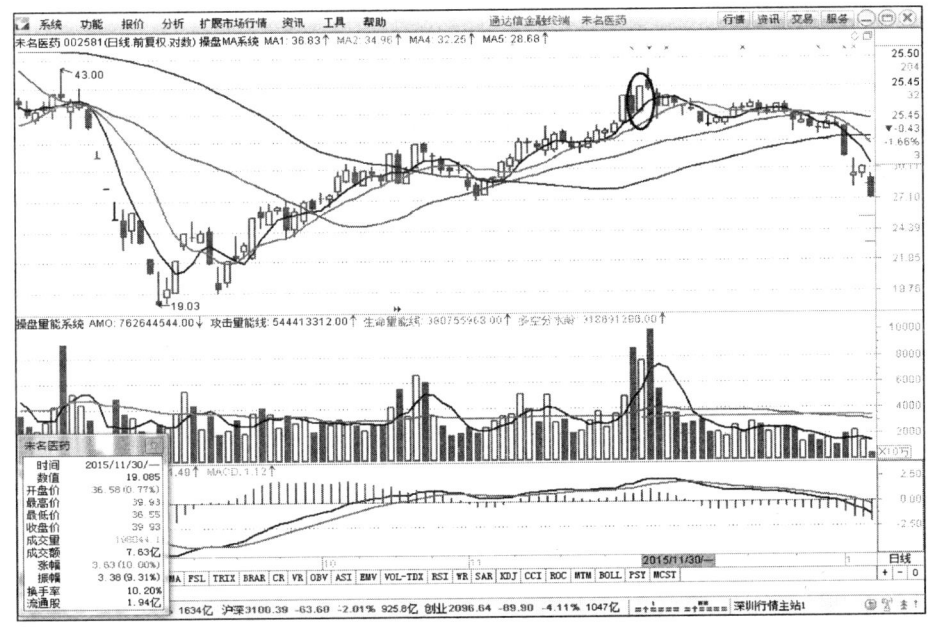

未名医药（002581）2015年9月～12月K线图

特别提示

主力会被套吗？在A股市场上，无论主力还是散户都认为主力是不会被套的。但是在2015年的大牛到大熊的过程中，A股的很多主力创造了奇迹：众多机构投资者深度被套，甚至被迫斩仓。

6. 下跌初期

通常在主力出货还没有完毕的情况下，行情已经开始下行，主力为了掩人耳目，不得不再次拉升股价，在拉升的过程中悄悄出货，最明显的特征就是涨停板反复打开进行出货。

结合波浪理论，下跌初期的涨停板通常会出现在反弹的B浪中。关于波浪理论和主力的操盘行为请参阅本系列丛书的《趋势为王——波段操作利器》。

实战案例13

凌钢股份（600231）2015年6月23日

6月18日横盘的阴线已经破坏了上升趋势，6月19日跳空低开低走的大阴线正式宣布多头趋势的结束。此时大盘已经连续5日快速向下杀跌，市场空头气氛迅速凝聚，很多股票在一周内损失了20%的利润。6月23日上午大盘深度向下打压接着午后再次拉起，最后上涨了2.19%，大部分个股抓住反弹的稻草，快速冲高甚至涨停，然后主力借此机会快速出货。

从盘口上来看，当天凌钢股份是强于大盘的，大盘在最深向下打压到4%的跌幅时，凌钢股份也只是向下触碰了昨收价，所以在大盘环境极其恶劣的环境中，如果还想操作就要做这种强于大盘的股票，只有大盘跌它不跌的股票，在大盘止跌或者反弹时才会走出更大的利润空间。

第五章　不同位置涨停板的划分

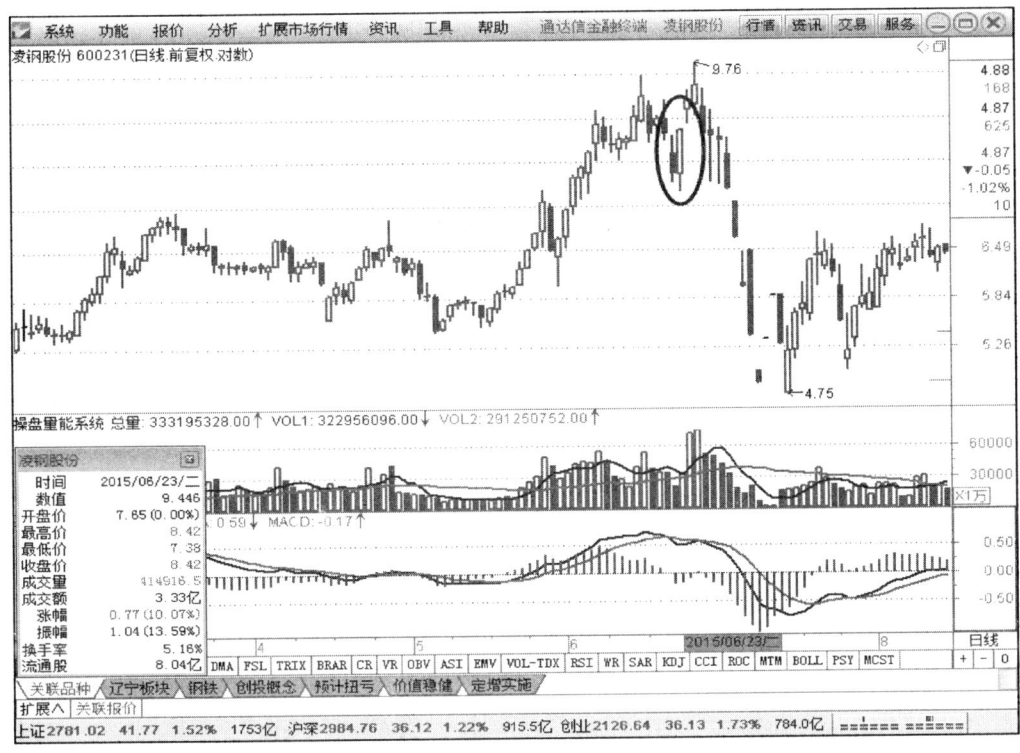

凌钢股份（600231）2015年6月23日涨停板K线图

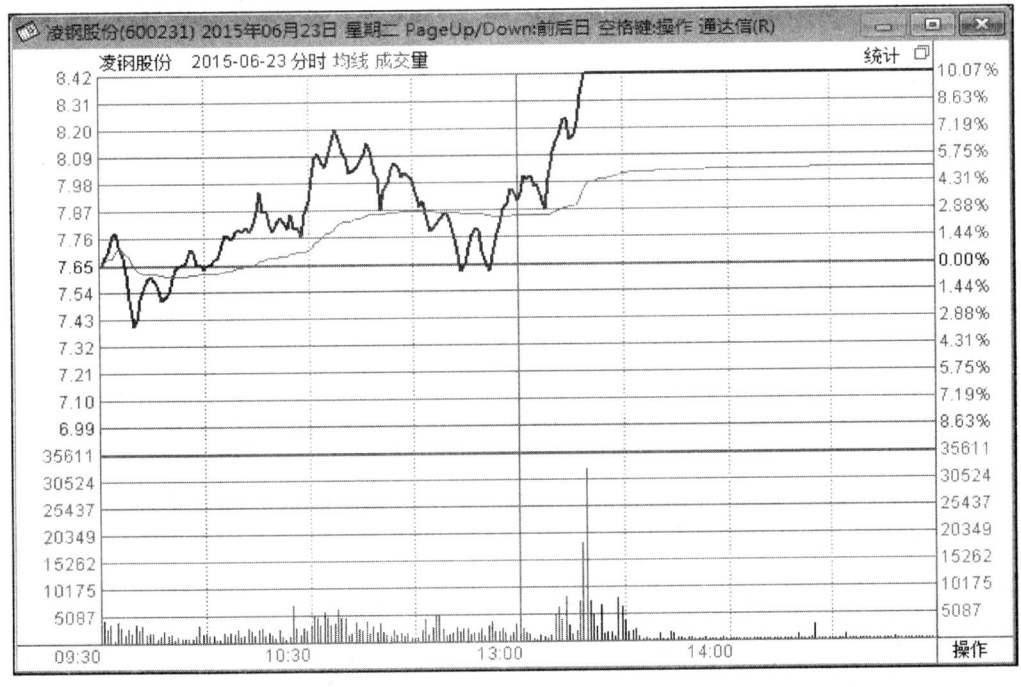

凌钢股份（600231）2015年6月23日涨停板分时图

实战案例14

大唐电信（600198）2015年6月15日

出现涨停板之前8天的横盘已经破坏了大唐电信的上升趋势线。根据日线上同方向的波段与波段之间的关系，若要再启动一波上涨行情还需要至少2个月的横盘调整期。6月12日上证指数再创新高，大唐电信顺势上涨了7.5%，向市场发出了再次上涨的信号。

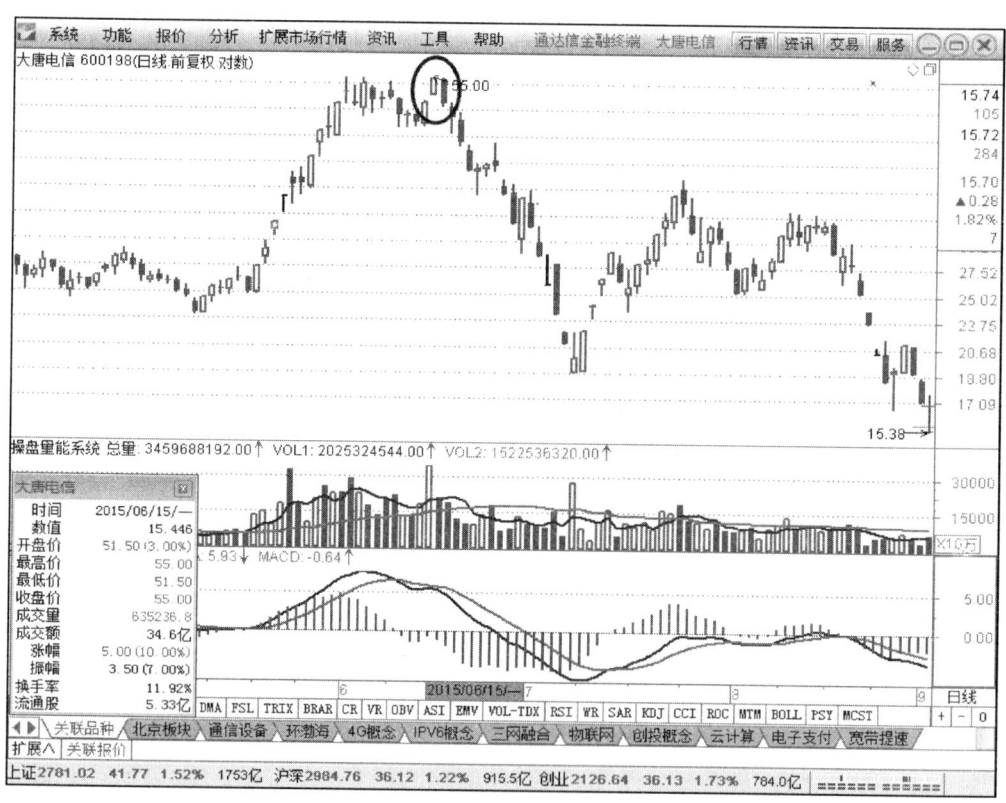

大唐电信（600198）2015年6月15日涨停板K线图

6月15日，大盘开盘后就向下打压，且一波比一波幅度深，可是大唐电信却逆势上涨，涨停后在涨停板附近反复打开，不断震荡，每次打开都伴有明显的量能放出。从图形上看，大唐电信的走势明显强于大盘，但是投资者一定要明白主力在走势图背后的真正动机，才能够做到与市场共舞。

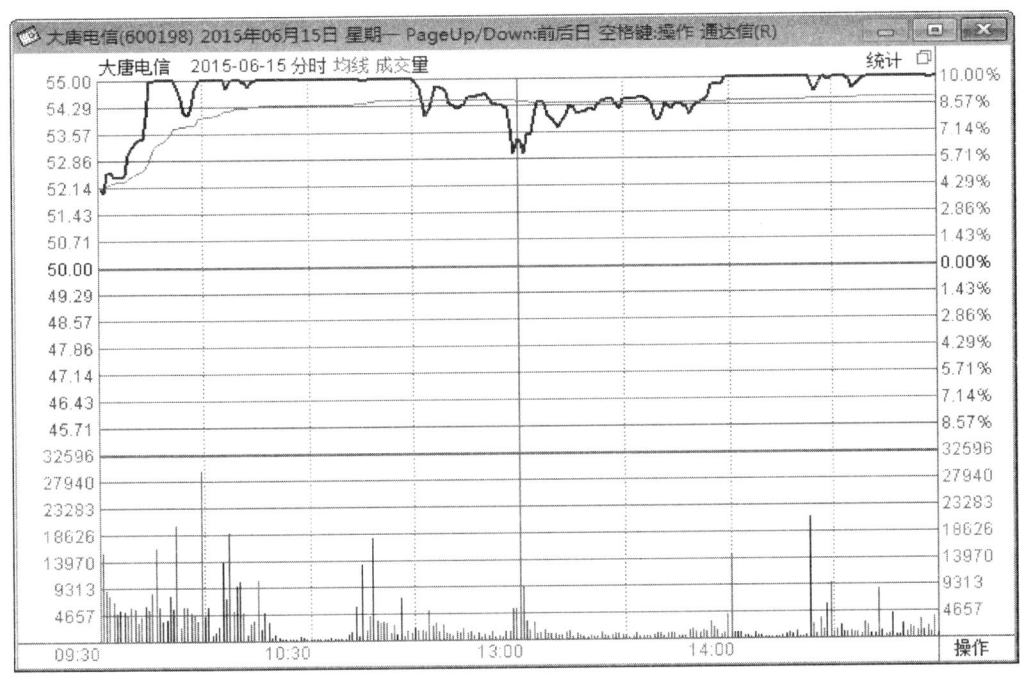

大唐电信（600198）2015年6月15日涨停板分时图

实战案例15

太龙药业（600222）2015年6月3日

太龙药业与前面两个案例不太相同，一是在6月3日之前虽然有短暂的横盘，但是还没有破日线的上升趋势线，不能代表上升趋势的结束；二是股价做多的动能明显减弱，后一波上涨的动能远远小于上一波上涨的动能，且在波段的末期出现了杀伤力极强的大阴线，说明高位做头的概率很大。

从分时上看，虽然波形不够流畅，但是每一个台阶的上涨都伴有充分的量能，只是量能的攻击性不够，而且最后的涨停和封停都是等到了尾盘，所以主力真正做多的意愿并不是很强烈。值得注意的是，6月3日的涨停板刚好触碰到前期横盘调整的高点，还面临较重的抛压，所以该涨停板的可操作性很差。

太龙药业（600222）2015年6月3日涨停板K线图

太龙药业（600222）2015年6月3日涨停板分时图

7. 下跌中期

股价处于下跌趋势中，市场上空方氛围强烈，大环境也不够好，持币者观望的多，持股者也气势低迷，在一片消极的声音中，突然出现了一个涨停板，顿时使得市场的士气大振。其实，在下跌途中，因为深套者已经不再关注市场，更不会进行买卖交易，导致市场上流动的筹码特别少，此时很少的资金就可以控制股价瞬间拉出一个涨停板，这通常为短庄所为。这种行情持续的时间很短，有的时候没等散户反应过来，或者刚一进场行情又结束了，此时追涨停板就是被大家所熟知的"接刀子"。在市场下跌行情还没有结束时，一个小级别的反弹行情，急切进场的散户很多次日就吃到一根大阴线，我们通常称这种情况为"接刀子"。

实战案例 16

雅戈尔（600177）2015年6月30日

从K线中不难看出，雅戈尔在6月30日前走出了连续10根阴线，一个陡峭的下跌趋势已经形成，在没有任何见底、做底征兆之前很难走出上升趋势。6月29日大阴线的下影线太长，6月30日涨停板的下影线也太长，构不成K线组合形态中的穿刺形态，同时也不符合超跌的形态，所以此处的涨停板没有任何可操作的依据。

从分时图上看，上午股价受大盘影响向下打压后，又顺着大盘的东风缓慢爬升，但是量能不足，直至尾盘才封涨停，显然是受到大盘做多环境的影响导致跟风盘严重，市场上分散的筹码将股价推高封涨停，后市上涨空间极其有限。

雅戈尔（600177）2015年6月30日涨停板K线图

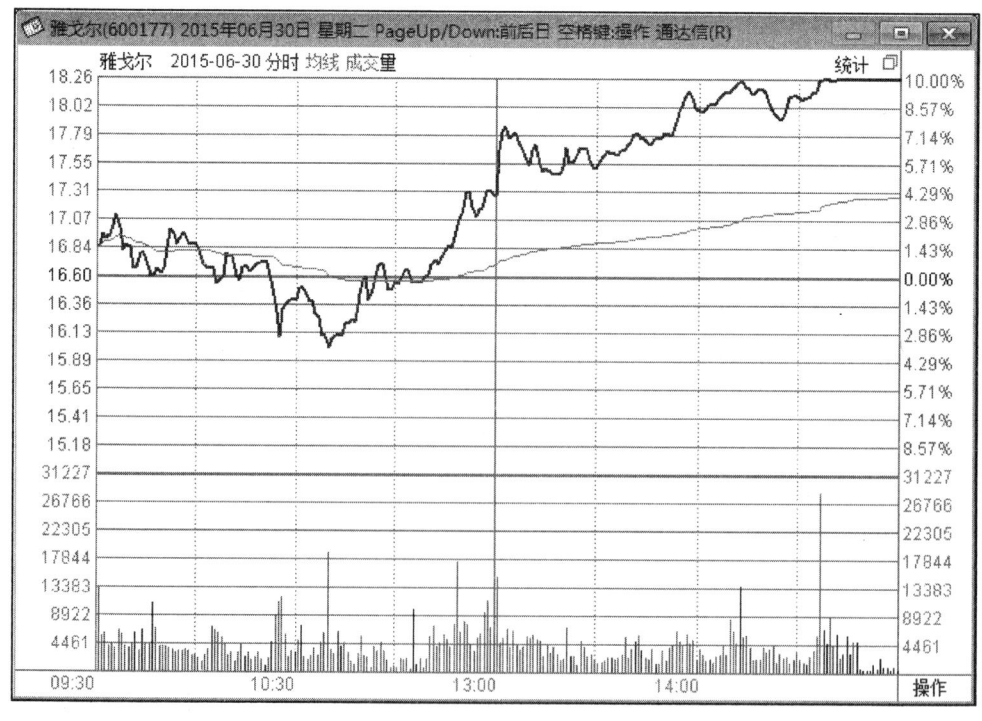

雅戈尔（600177）2015年6月30日涨停板分时图

实战案例17

格力地产（600185）2015年6月30日

同雅戈尔的走势相近，格力地产6月30日的涨停板也是在经过了大盘杀跌后受到市场人气推动的一个涨停板，股价没有见底、做底的痕迹，不能确定是否会形成上升趋势，此处的涨停板只能按照下跌趋势中的一个反抽行情来对待。

涨停过程中，每波拉升的动能不足，攻击性不强，虽然涨幅较大，但是波形和量峰诱多的意图很明显，尤其尾盘反复打开，涨停意愿不强，投入的资金不足，如果进场，次日卖出肯定较难！

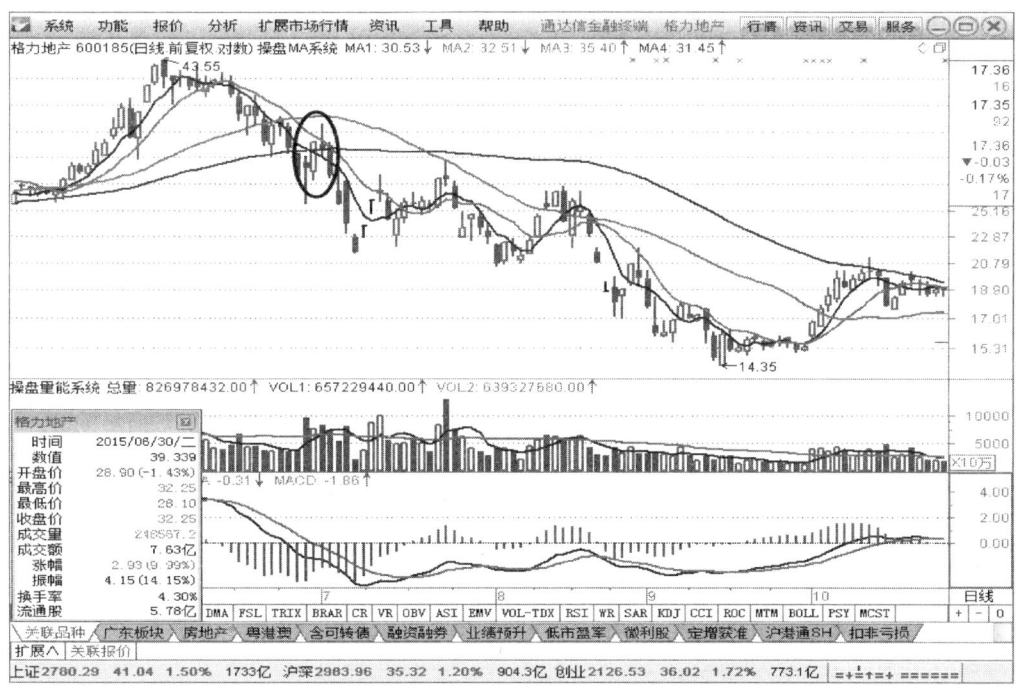

格力地产（600185）2015年6月30日涨停板K线图

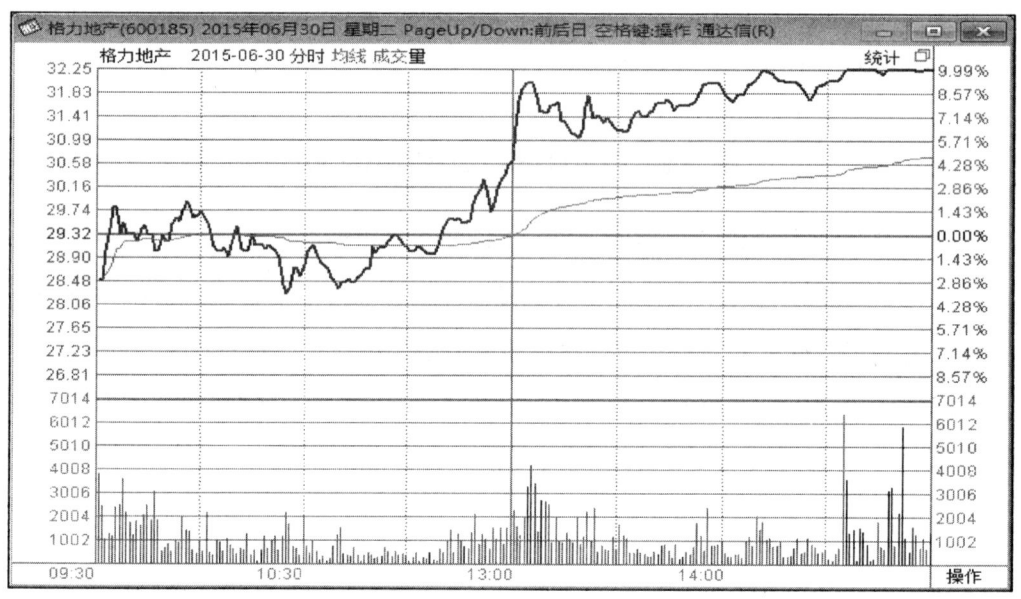

格力地产（600185）2015年6月30日涨停板分时图

实战案例18

国中水务（600187）2015年9月9日

在大盘的两次杀跌之后，国中水务的股价开始出现止跌的迹象，但是从9月2日开始的上涨只是突破了第二波下跌行情的下跌趋势线，长期来看还在下跌趋势中。9月9日的涨停板对于下跌的第二波来说可能是反弹的顶部，对于长期的下跌趋势来说还在下跌的途中，所以短期上升趋势受到中长期下跌趋势的压制，短线涨停板存在着较大的风险。

涨停当日，早盘半个小时内将股价推高到涨幅4%左右，开始展开横盘，直到14:30之后开始缓慢放量继续向上推升股价，最后5分钟才封住涨停。上文中提到，尾盘拉升的涨停多半投机成分较大，谨慎进场，同时又是在大盘环境动荡时期，所以谨慎操作为上！

第五章 不同位置涨停板的划分

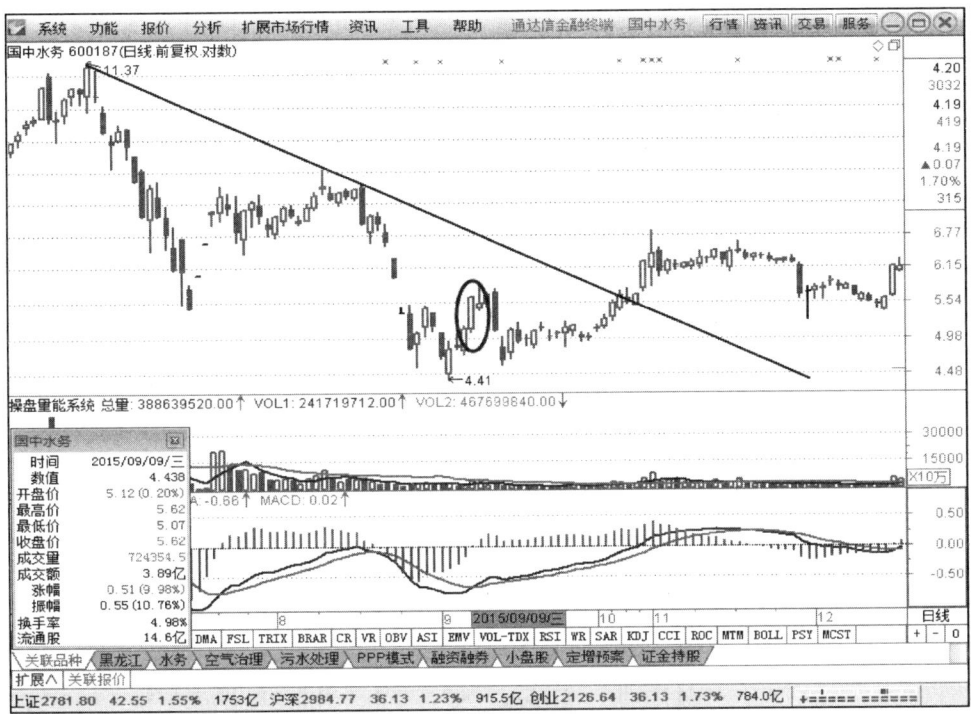

国中水务（600187）2015年9月9日涨停板K线图

国中水务（600187）2015年9月9日涨停板分时图

学员互动

2015年8月11日，上海的张女士拨打股市120的电话进行咨询：

张女士：

8月4日追了广州浪奇（000523）的涨停板，次日跳空高开后就横盘，没有卖出，现在还拿着呢，将近25%的收益了，想问老师要不要卖出？

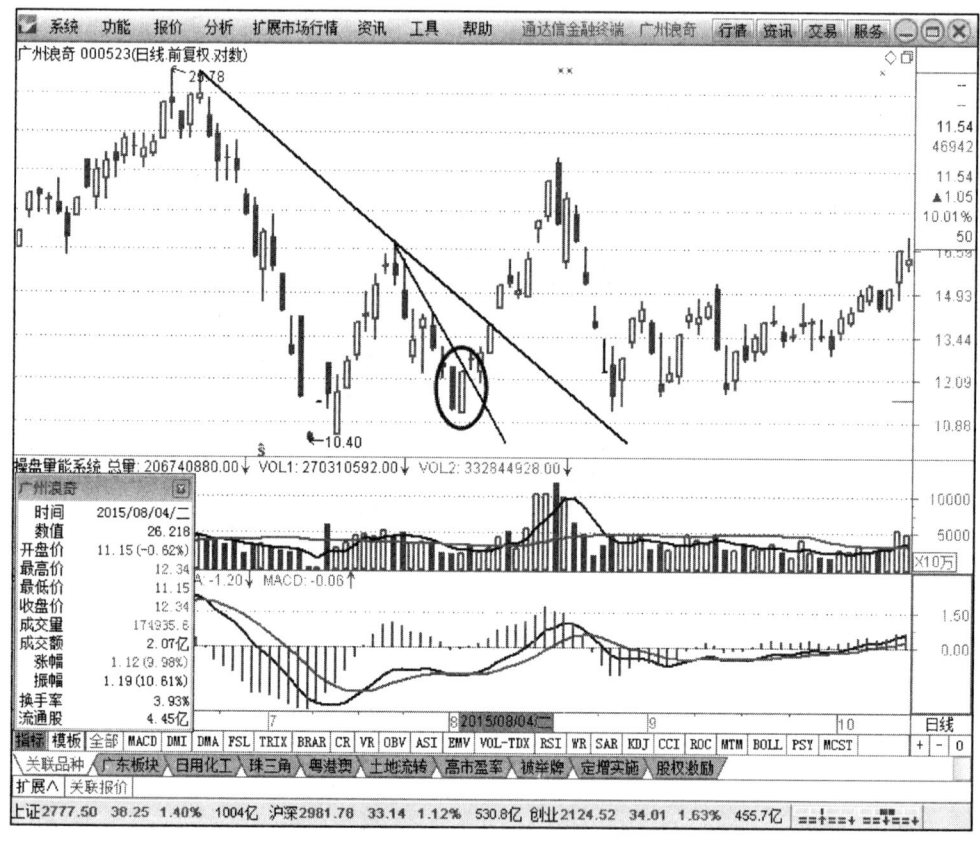

广州浪奇（000523）2015年8月4日涨停板K线图

股市120：

虽然笔者对"抄底"这个词持中立的态度，但是对张女士的抄底技术不得不给个"赞"，因为偶尔一次的胜利不算胜利，连续多次的胜利一定是有这个能力的。

其实张女士采用的抄底策略，是K线组合形态中的一种，叫刺透形态，在本系列丛书的《买在起涨——K线组合利器》中有详细介绍。

广州浪奇（000523）2015年8月4日涨停板分时图

我当时是这样回复的：不构成主升的大行情，按照反弹对待，目前反弹波段已超过30%的利润空间，反弹结束或者休息都是正常，但是鉴于量能健康，所以建议次日寻高点卖掉半仓，余下半仓以8月10日的开盘价14.4元作为防守点，跌破无条件离场。最后张女士在8月12日开盘时卖掉半仓，8月18日下杀到19.6元的时候全部清仓离场。

从日K线走势图中可以看出，广州浪奇的走势和大盘如出一辙，第一波快速杀跌后有个7个交易日的反弹，随后开始第二波的杀跌，但是第二波杀跌的做空动能明显小于前一波。8月4日略微低开后，没有创前波下跌的新低，形成了W形的小双底，当日的涨停板更是宣告了下跌的结束。

8月4日整个上午分时处于横盘状态，围绕均价线上下摆动，量能也没有明显的攻击性，直到上午快休市的时候缓慢向上拉出3%的利润空间。下午在高位震荡了半个多小时后放量拉升到涨停板，且一直封住到收盘。

广州浪奇（000523）2015年8月5日（涨停次日）分时图

张女士在8月5日没有选择卖出是可以理解的，因为全天震荡，没有快速地向上拉，也没有快速地向下打，既看不出机会，也看不出风险，所以多持有1日也是正常。关键还是看自己的交易模型是如何制定的，如果您的交易模型中有涨停次日高开后横盘震荡不放量可以多持有一天的策略，就可以按照模型来执行。市场上的投资机会非常多，不可能所有的交易机会都能抓到，抓到自己能够看懂的、风险范围自己可以承受的最为关键！

? 思考题

1. 决定股价位置的涨涨跌跌是如何循环的？
2. 主力操盘的8大步骤是什么？每个步骤发生在股价的哪个位置？
3. 什么位置发生的涨停板参与价值最高？
4. 什么位置发生的涨停板风险最高？
5. "涨停次日一定要卖出"这一策略在所有位置都适用吗？

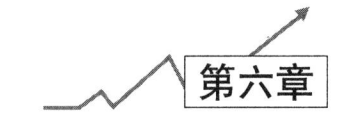

第六章
早晨之星模型的涨停

如果要操作下跌末期的反弹行情，最好的形态莫过于早晨之星。该形态代表着空方动能充分释放后已经衰竭、多方动能得以凝聚，随后往往会诞生一个小的反弹行情，是结束空头市场、迎接多头市场的第一次操作机会。但是鉴于市场空头氛围还在，筹码没有经过充分的换手，暂时不会诞生大波段行情，所以一定要采用速战速决的战术。

1. 主力行为分析

在第二章中已提到过早晨之星操作模型，对于它的形态不再赘述，本章着重分析该形态出现的位置。这种情况一般出现在一波快速杀跌的行情之后，连续几根大阴线让行情下跌的幅度超过了30%，前一个上涨波段最后的接力者根本没有出场的机会，已经从浅套变成了深套。悲观的氛围浓厚，场内者惜售，市场活跃的筹码越来越少，直到换手率降到极限，此时该波段已经跌无可跌，只要多头稍稍发力就很容易带来快速的反弹。这种早晨之星带来的利润空间较大，而且行情上攻迅速，是最理想的短线操作机会之一。

在不同位置的平台底部都有可能会出现早晨之星，尤其是在第二个甚至第三个底部出现时，基本可以确认是波段行情的启动点。但是由于波段行情的持仓时间、操作模式和短线涨停板的差别较大，不是本书要讨论的范围，下文只对早晨之星的模型要素进行详述。

2. 模型要素

K线的构成要素

左边一根大阴线，跌幅在7%以上，无下影线，上影线的幅度小于1%。中间一个十字星、纺锤线或者流星线，阴阳不分，实体的幅度小于2%，影线长度不限，但是中间K线的实体不能与一根阴线的实体重叠，也不能与后一根涨停板大阳线的实体重叠。涨停板当天要求下影线幅度小于1%，无下影线最好，跳空高开或者平开的最好，如果是跳空低开的需要谨慎操作。

均线的构成要素

5、10、30、60日均线呈现向下的空头排列，股价已经脱离5日均线3日以上。

量能的构成要素

7、18、76均量线呈现空头排列，涨停板之前缩量，最好见地量，涨停当日放量，最好能够超过十字星当天成交量的1.5倍以上。

MACD的构成要素

MACD绿色柱体开始缩短，DIF和DEA仍然在0轴以下，5分钟的DIF和DEA已经在0轴之上，且处于金叉状态。

大盘环境

大盘也处于急跌后的超跌状态，但是已经出现了做空动能减弱、多头力量汇聚的迹象。

进场点

涨停板当日涨幅超过7%以后，前期波形流畅，量能健康，分时盘口中再次向上突破时即可进场。

防守点

如果是保守型的投资者可将大阳线实体的二分之一处作为防守点，如果是激进型还想获取更大收益的就以大阳线的开盘价为防守点。获利的离场点详见上文的卖出策略。

3. 实战综合分析

实战案例1

杭齿前进（601177）2015年5月11日

结合上文中对位置的介绍，杭齿前进在2015年5月11日的涨停板同时属于早晨之星和平台突破两种形态。首先对早晨之星的位置作进一步说明，很多书上将早晨之星作为见底的一种形态，其实不然，在各个位置都会出现早晨之星，投资者需要灵活对待和处理。

虽然5月7日大阴线的跌幅只有5.5%，但是该阴线向下跌破前期整理平台的二分之一的重要支撑位，可见其杀伤力之大，5月8日周五的十字星没有向下跳空低开，但是有了明显下跌动能减弱的过程，次日的大阳线启动充分说明了空方能量衰竭、多方能量凝聚的过程。

杭齿前进（601177）2015年5月11日涨停板K线图

从涨停当日的盘口走势中可以看出，全天走势平稳，股价被控制得非常好，放量拉升一波之后开始缩量横盘调整，然后再放量拉升一波，再缩量横盘调整，直到14：00之后拉升到涨停。

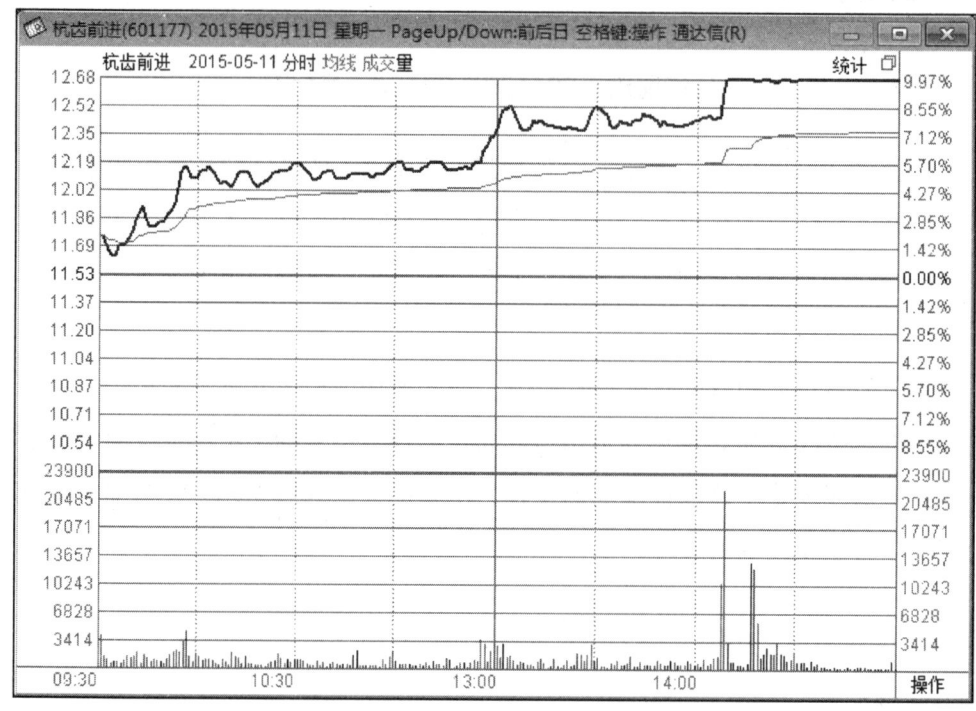

杭齿前进（601177）2015年5月11日涨停板分时图

实战案例2

比亚迪（002594）2015年9月16日

比亚迪2015年9月16日的涨停板和前一日的长上影线和再前一日的大阴线构成了标准的早晨之星的形态，长上影线将前一日的跳空缺口进行了回补，下跌动能得到了充分释放，再次启动的涨停板的做多动能强烈，不只是做短线的绝佳进场点，也是波段行情启动的标志！

比亚迪涨停当日的盘口和上文中杭齿前进涨停当天的盘口有着异曲同工之妙——主力控盘程度较强，能够将股价控制在小区间中窄幅震荡。14：00之前股价一直在1%～4%围绕均价线进行缓慢波动，在14：00之后逐渐放出攻击型量峰，将股价推升到涨停板。

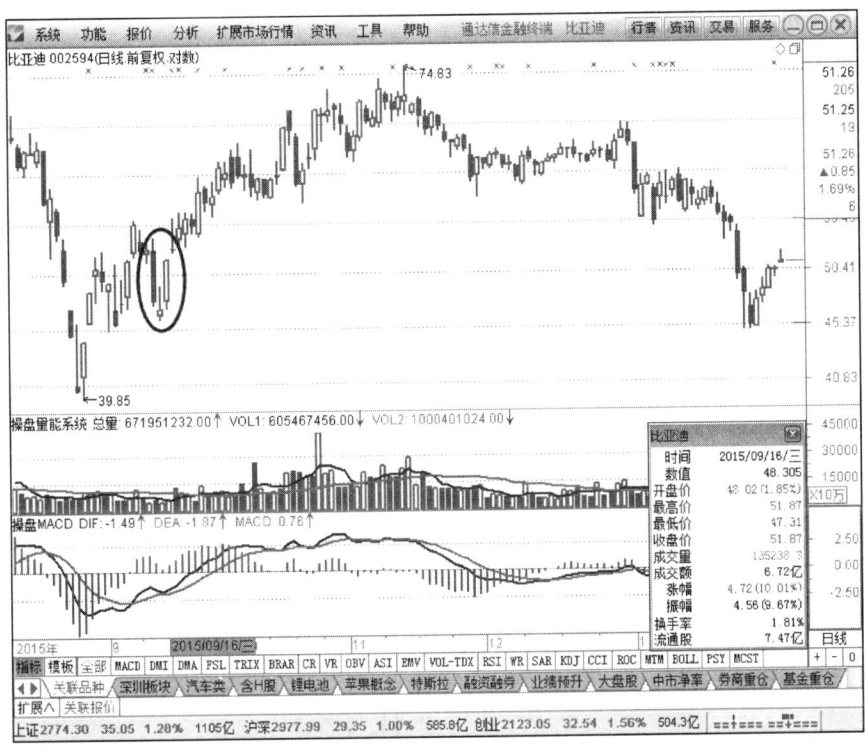

比亚迪（002594）2015年9月16日涨停板K线图

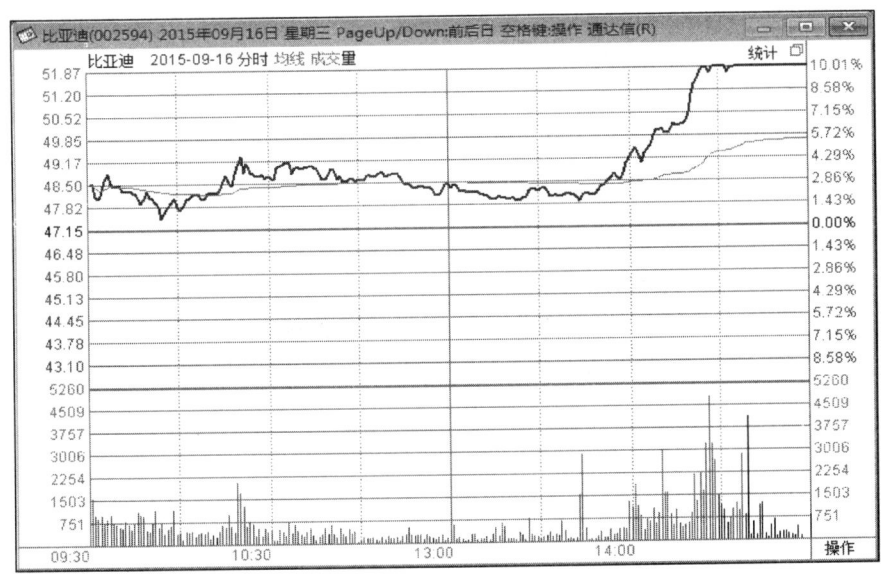

比亚迪（002594）2015年9月16日涨停板分时图

实战案例3

达意隆（002209）2015年9月16日

9月14日的大阴线有着动能充分下跌的过程，9月15日跳空低开后多方上涨的动能遭到了空方的强烈打压，最后留下长长的上影线。此时的K线是一个多空双方经过了激烈的斗争后达到能量的平衡，减慢空方能量的释放，凝聚多方的力量，所以次日的涨停板代表着多头力量的胜利和新趋势的开始。

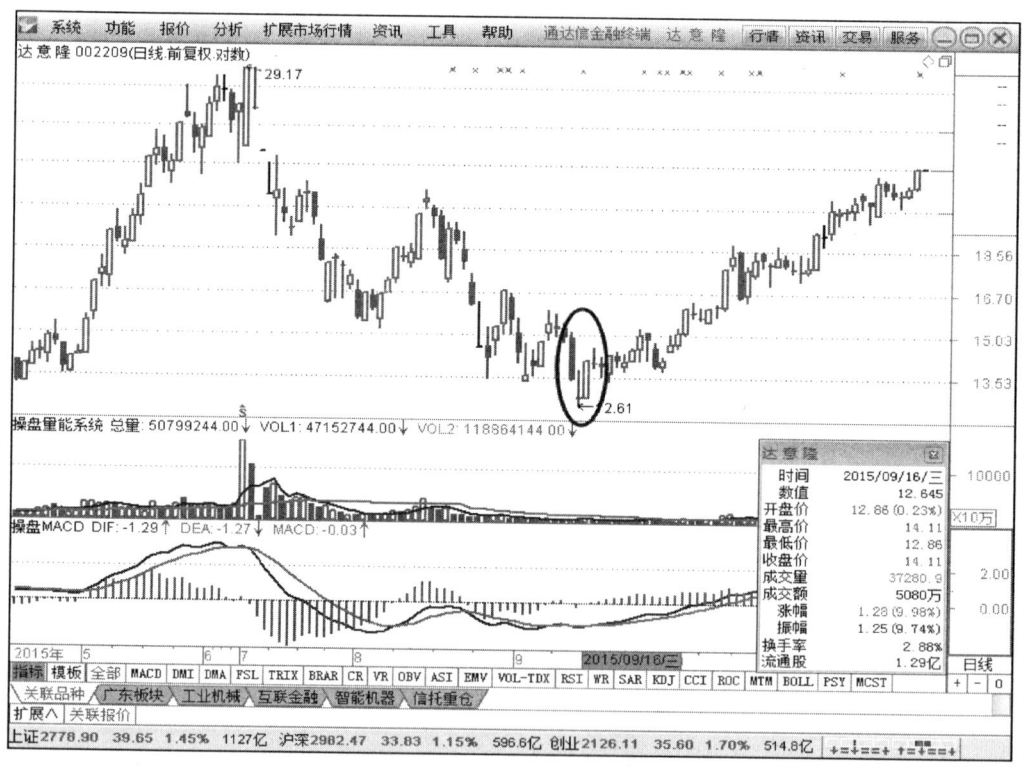

达意隆（002209）2015年9月16日涨停板K线图

从盘口上看，全天的波形不是十分流畅，说明背后主力对股价的节奏控制得十分平稳，虽然是接近尾盘拉升的涨停，持续性的攻击型量峰弥补了波形上的不足。仔细看当天最高量峰对应的成交量，只有1800手，虽然流通盘也只有1.29亿，但是涨停当天的整体量能还是太小，次日出现大幅高开的概率不大。

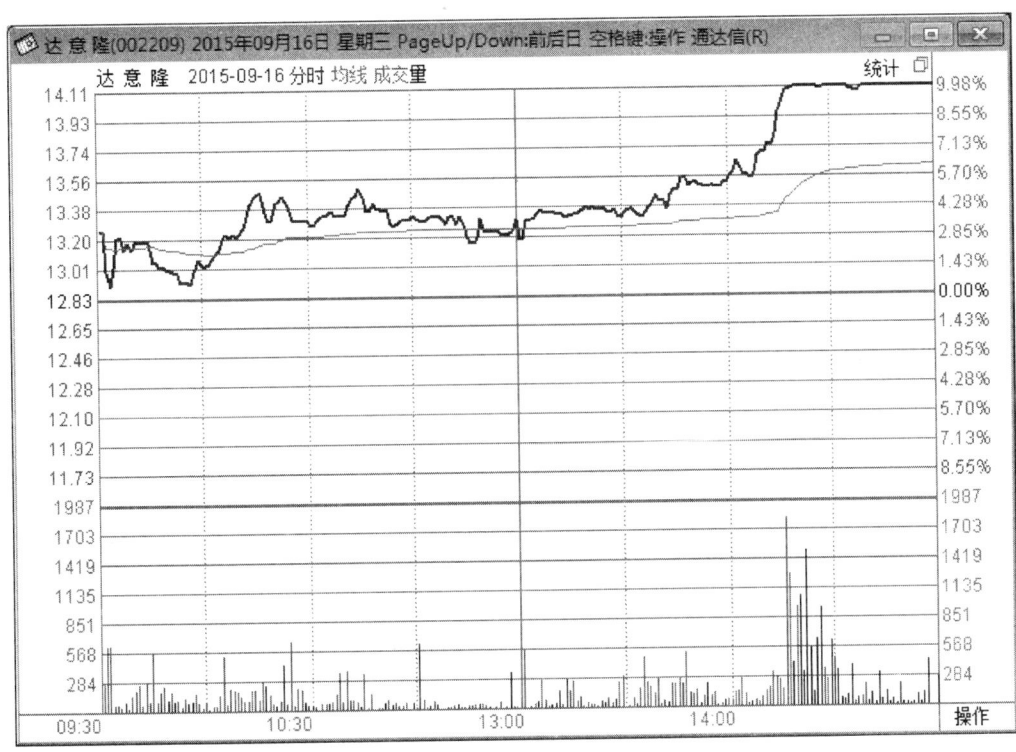

达意隆（002209）2015年9月16日涨停板分时图

学员互动

2015年12月21日，成都的蒋先生拨打股市120的电话进行咨询：

蒋先生：

请问老师，福晶科技（002222）这只票我一直关注着，2015年12月11日涨停板之前的十字星刚好打在了上升的趋势线上，是不是这种趋势线起到强支撑的票涨停板操作获利的概率和空间都会更大？

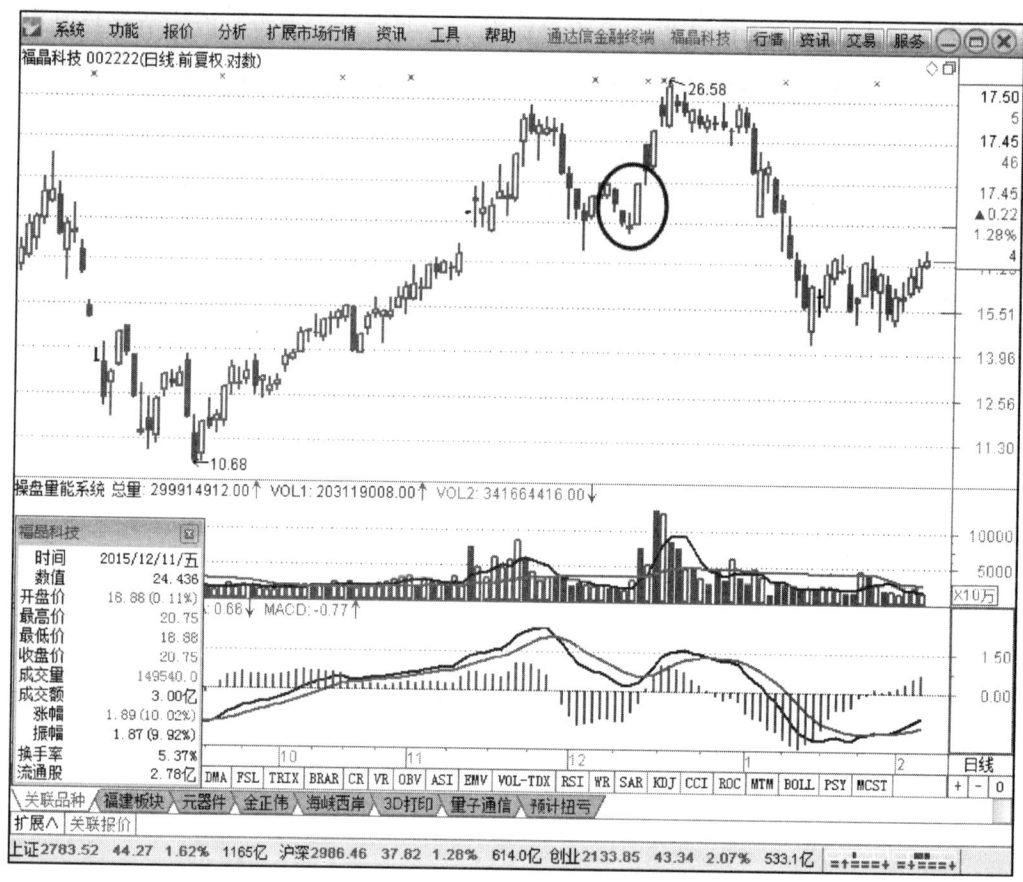

福晶科技（002222）2015年12月11日早晨之星K线图

股市120：

这个问题很难回答，还是要看具体的案例。对于福晶科技这只票，因为上升波段还没有完整，价格调整到趋势线后还有一个小的上升波段，这个小的上升波段的利润空间和前一个下跌波段的空间差不多，所以此时的涨停板一定要积极参与。这只票不仅满足了波段调整到位后开始一个波段的起点，同时还满足涨停板的操作形态条件，所以构成了形态和波段的共振，是非常值得操作的涨停板。

早盘小幅拉高后整个上午都在3%到4%的区间窄幅波动，伴随每波上涨温和放量，下跌无量，13:30之后用10分钟左右的时间积极放量攻击涨停板，波形流畅，量能健康。

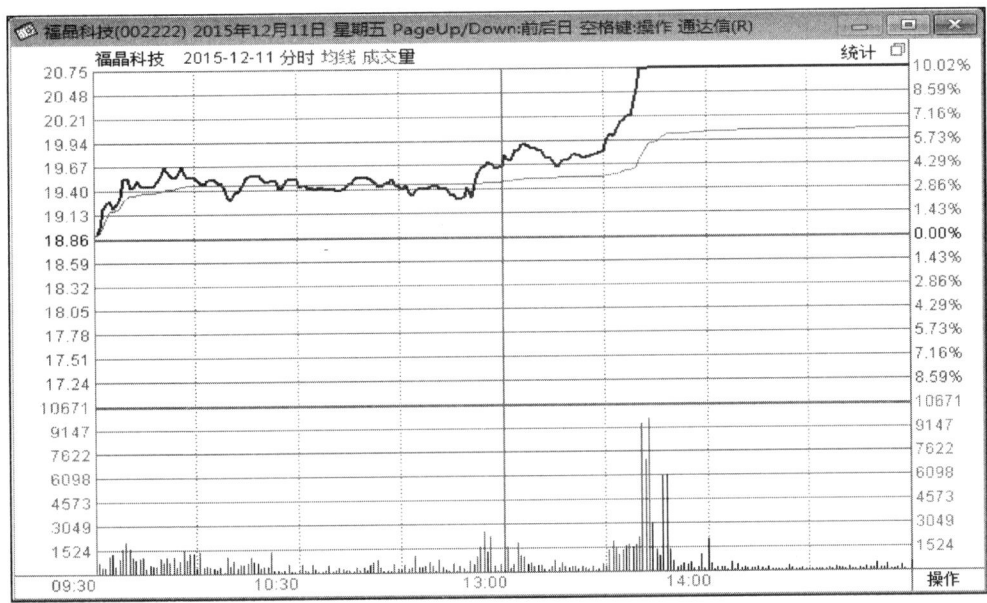

福晶科技（002222）2015年12月11日涨停板分时图

次日涨停高开，但是封板10分钟后打开，按照我们短线涨停板的卖出策略，次日只要涨停板打开就要先卖出一半，一旦打开向下打压的幅度超过3%之后要全部卖出。

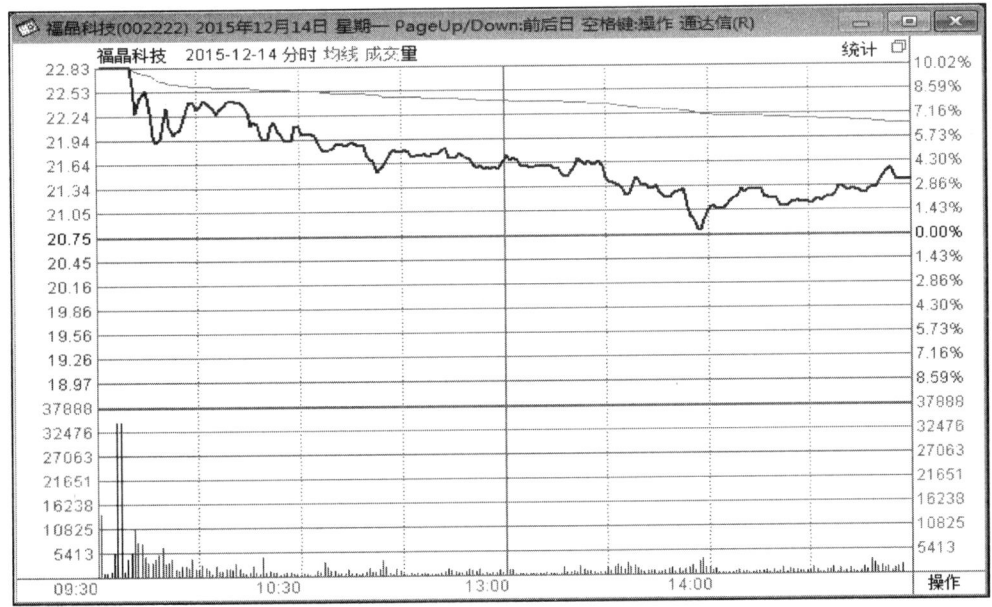

福晶科技（002222）2015年12月14日（涨停次日）分时图

思考题

1. 早晨之星形态出现时对K线、量能、指标、盘口等要素的要求是什么？

2. 除了早晨之星，还有什么K线组合形态出现涨停板后会出现一波反弹行情？

3. 超跌时的早晨之星和平台整理末期的早晨之星的区别是什么？

4. 早晨之星出现后的波段上涨空间如何测算？

5. 早晨之星形态出现时，小分时（如60分钟、5分钟走势等）K线的形态、均线、量能、指标都处于什么状态？

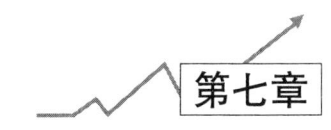

第七章
平台突破的涨停

在波段操作模式中，突破整理平台后启动的上升趋势是获得高利润的重要操作模式。涨停板代表主力在后市要拉升股价的态度和决心，一旦以涨停板的形式脱离了长期横盘整理区间，将前期的套牢盘全部解套之后，无疑主力是在通过K线的形态向投资者宣布一波浩浩荡荡的行情即将启动。所以操作这种模型的涨停板获利空间大、面临风险小，是投资者应该花时间和精力认真研究的一种涨停板操作模式。

1. 主力行为分析

平台突破形态会出现在股价运行的各个阶段，底部、上涨中继、头部、下跌中继，对于涨停板操作模式来说，底部和上涨中继形成的平台才最具有操作价值。底部平台通常是主力建仓的阶段，突破底部平台可能是主力将要拉升一波行情，也可能是继续拉高建仓，但可以确定的是在底部横盘期间，主力不断吸筹，是主力的成本区间，只有让股价向上脱离了底部的平台整理区间，才能让主力的前期筹码产生利润空间，才会面临更小的风险。

上涨中继的平台和底部平台所包含的主力行为差不多，只有快速脱离横盘整理区间，才能保证主力在横盘期间的筹码有利润空间，进而减少主力的风险。上述两个位置的平台都是有主力建仓痕迹的，且需要充足的时间进行横盘，所以对模型要素的要求基本相同。

2. 模型要素

K线的构成要素

涨停板当天要求下影线幅度小于1%，无下影线最好，跳空高开或者平开最好，涨停板出现之前横盘整理期间超过3个月，其间振幅小于50%、K线实体的平均幅度小于6%。

涨停板分时图中，突破平台上轨的波形要求是攻击波和攻击型量峰，即波形流畅，量峰由持续性大单构成。

均线的要求

5、10、30、60日均线在横盘期间纠结在一起，规律性不强，但是均线整体的重心不断抬高，均线束的最高值和均线束的最低值的差值逐渐降低。涨停板当天收盘价在所有均线之上，且引领所有均线向上拐头。

量能的构成要素

平台整理期间逐渐缩量，7、18、76均量线在经过空头排列之后，均量线和成交量柱体纠结在一起。出现了纠结在一起的现象更能说明股票已经经过了充分的换手，启动后才会更健康。涨停当日放量，最好能够超过前一日成交量的1.5倍以上。

MACD的构成要素

涨停板之前，DIF在0轴之上，MACD柱体红绿不限，涨停板当日DIF快速向上拐头，MACD柱体由绿变红，或红柱快速变长。

大盘环境

大盘不能处在下跌趋势中，至少30日均线是朝上的。

进场点

在确定有效突破平台上轨、并且分时图中创新高之后进场，不用等拉升到涨停再进场。

防守点

将平台上轨作为重要的防守点，一旦股价回到平台中，会延长横盘整理的时间，平台上轨是最后的防守点，其他的防守方式、获利离场方式参见第四章的卖出策略。

3. 实战综合分析

实战案例1

三力士（002224）2015年4月1日

三力士在3月用13个交易日构建了一个上升趋势的小平台，均是K线实体不超过3%的极度弱势K线，横盘期间没有破平台前大阳线实体的中间处，为极度强势横盘。3月31日开始温和放量，收了一根小阳线，说明主力开始有上攻的动作，4月1日一根光头光脚的涨停大阳线正式拉开了主升行情的序幕。

三力士（002224）2015年4月1日平台突破K线图

涨停当天早盘小幅高开后缓慢上扬，在10：35左右拉升到涨停板，但是没有封停而是快速打开展开震仓，震仓的时间在1个小时左右，每次向下打压缩量，拉回时放量，在最后一波拉升涨停板时的量能攻击性极强，也放出了当天的最大量，说明涨停当日量价关系健康。

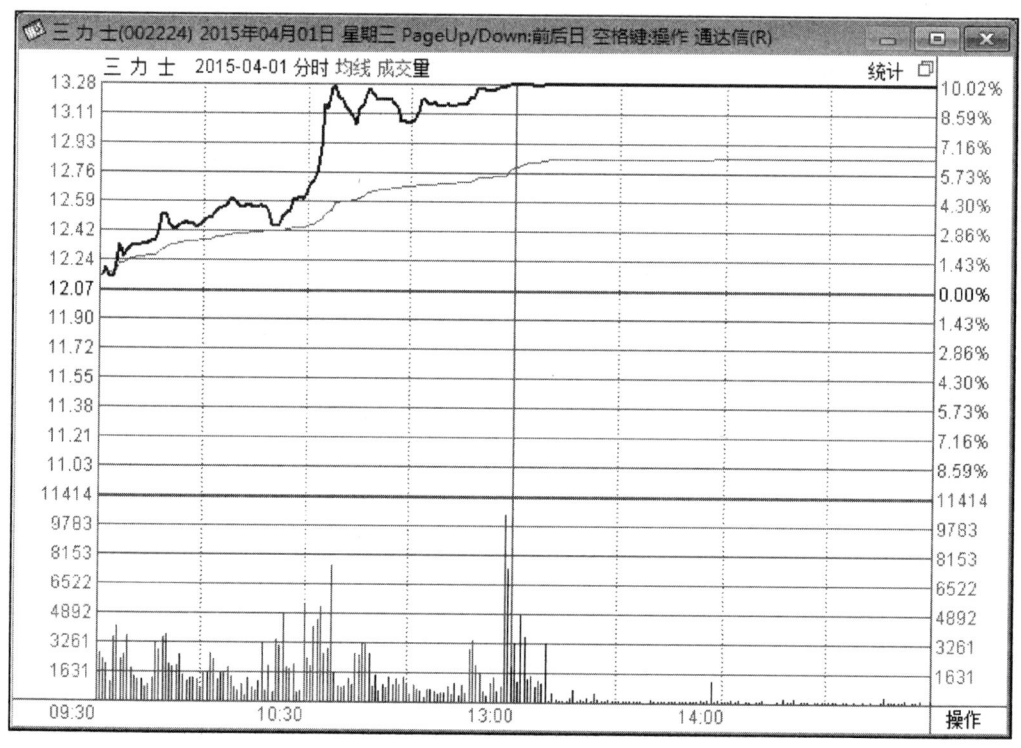

三力士（002224）2015年4月1日涨停板分时图

4月2日作为涨停次日的走势是操作短线涨停板的投资者最愿意见到的一种，早盘高开2%说明主力继续维持做多意愿，开盘就开始放量向上拉升，说明当天后期的走势非常乐观。当分时走势和均价线逐渐产生背离后一定会有一次回调，只要向下回调的力度不强就说明后市出现高点的概率很大。第二波奋力拉升时直接打在了涨停板上，没有封板而是立刻拐头向下，所以要先卖出一半的仓位，当股价向下打压幅度到3%时卖出剩下的仓位。

三力士（002224）2015年4月2日（涨停次日）分时图

实战案例2

深康佳A（000016）2015年4月2日

4月2日涨停前形成了由21个交易日的走势构成的逐渐收敛的平台，形态上下轨上的支撑和压力位仍然清晰可见。涨停前6个交易日已经出现连续的小阳线将股价缓慢推到平台上轨处，做出了即将向上突破的准备。4月2日放量的涨停板正式宣布平台突破。

从涨停当日的分时上看，庄家对价格控制的程度较高，但是市场上不稳定的筹码还是较多，10：50之前窄幅横盘将量能缩到了极限，市场人气低迷，随后展开了快速拉升，拉升空间在7%以上，随后股价在高位展开宽幅震荡，多次攻击涨停后反复打开，直到尾盘才封住涨停。

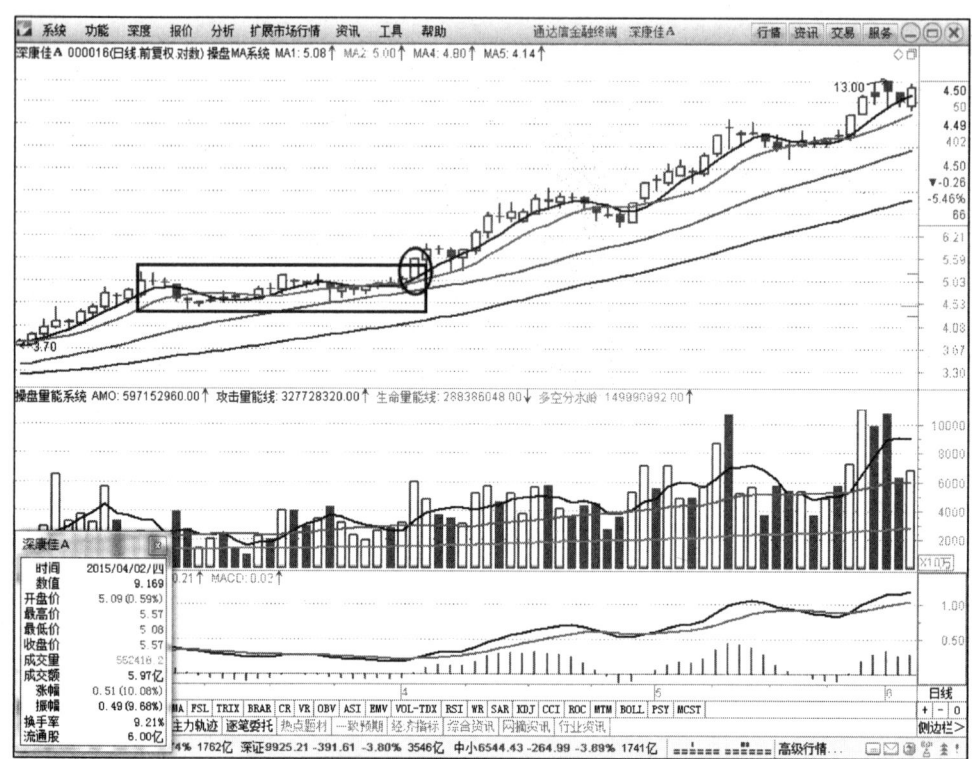

深康佳A（000016）2015年4月2日平台突破K线图

深康佳A（000016）2015年4月2日涨停板分时图

📈 **实战案例3**

中国联通（600050）2015年4月1日

涨停前形成了一个下跌幅度相对较深、震荡较剧烈的平台，但是在平台的后期股价不再创新低，而是逐渐走出收敛的形态，最终以涨停板的形式突破平台。

从盘口看很明显是尾盘放量拉升的攻击波和攻击型量峰促成的涨停板，放量之前在均线上方窄幅震荡，量能已在萎缩，直到14:00第一次放出连续性的攻击型量峰才让股价有了向上拐头的动力，14:30的再次发力直接将股价拉升并封住涨停。

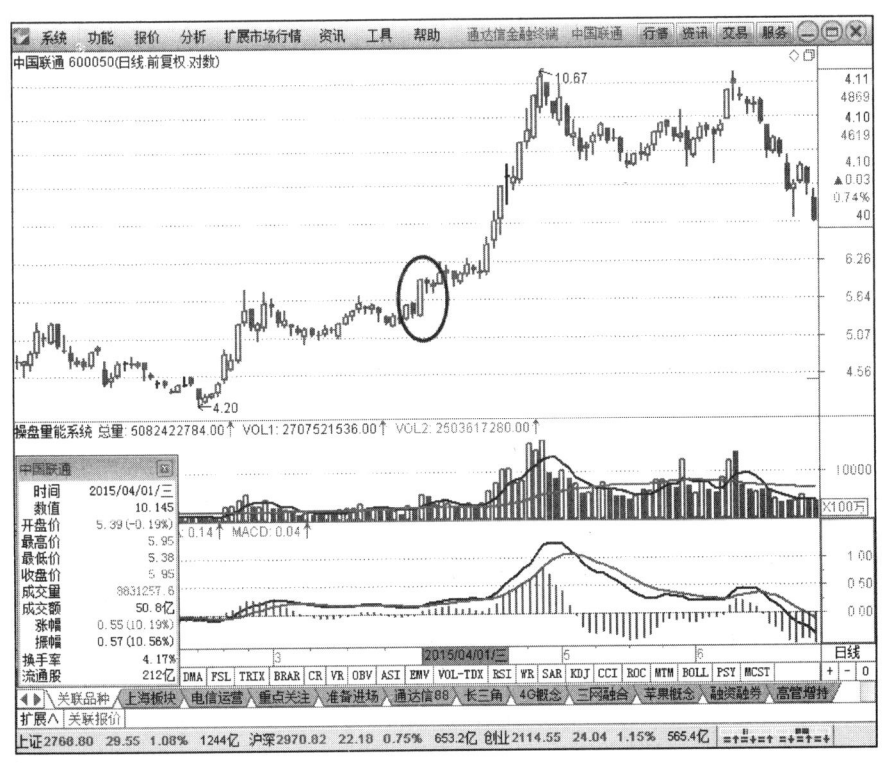

中国联通（600050）2015年4月1日平台突破K线图

平台突破的涨停板中，如果是尾盘拉升型的涨停板，随后几日回调、横盘调整的概率特别大。中国联通4月1日的涨停板正是在尾盘拉升，所以随后展开横盘调整也在意料之中。

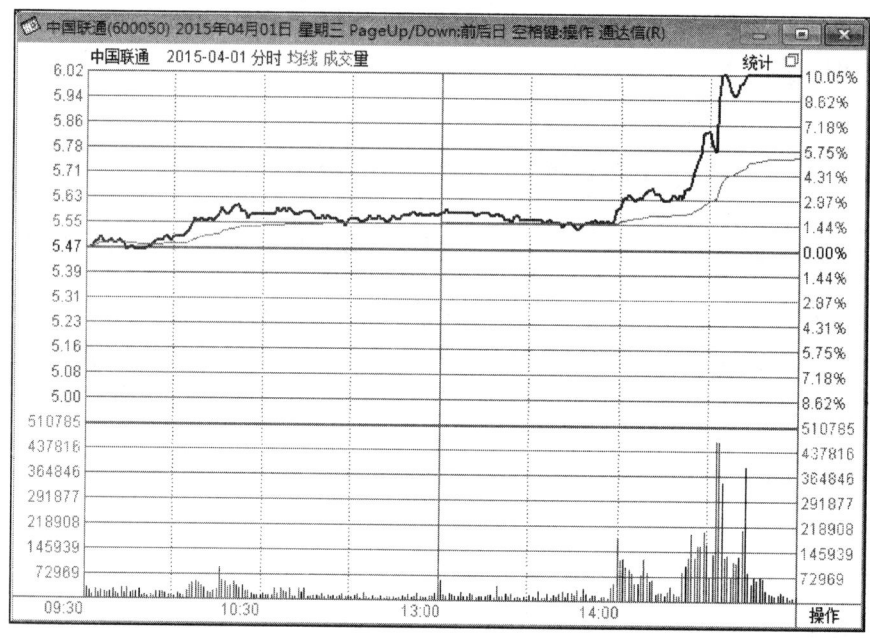

中国联通（600050）2015年4月1日涨停板分时图

从次日分时图看，小幅低开后快速拉起，但是量能不足，全天在红盘区的时间不足10分钟，涨停板次日遇到这种较弱的走势要以保本为主，切忌贪婪。

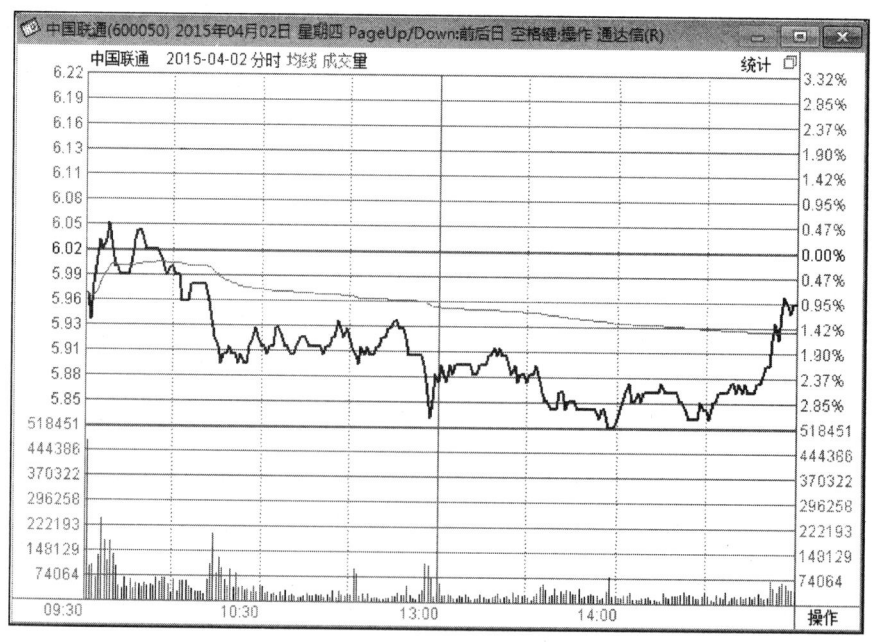

中国联通（600050）2015年4月2日（涨停次日）分时图

学员互动

2015年3月10日,成都的张女士拨打股市120的电话进行咨询:

张女士:

皖维高新(600063)在3月4日的涨停板满足平台突破的条件,但是如果涨停板追进去,次日阴的高浪线很难操作吧,岂不是要被套了?可是后面涨得又特别好,该怎么操作?

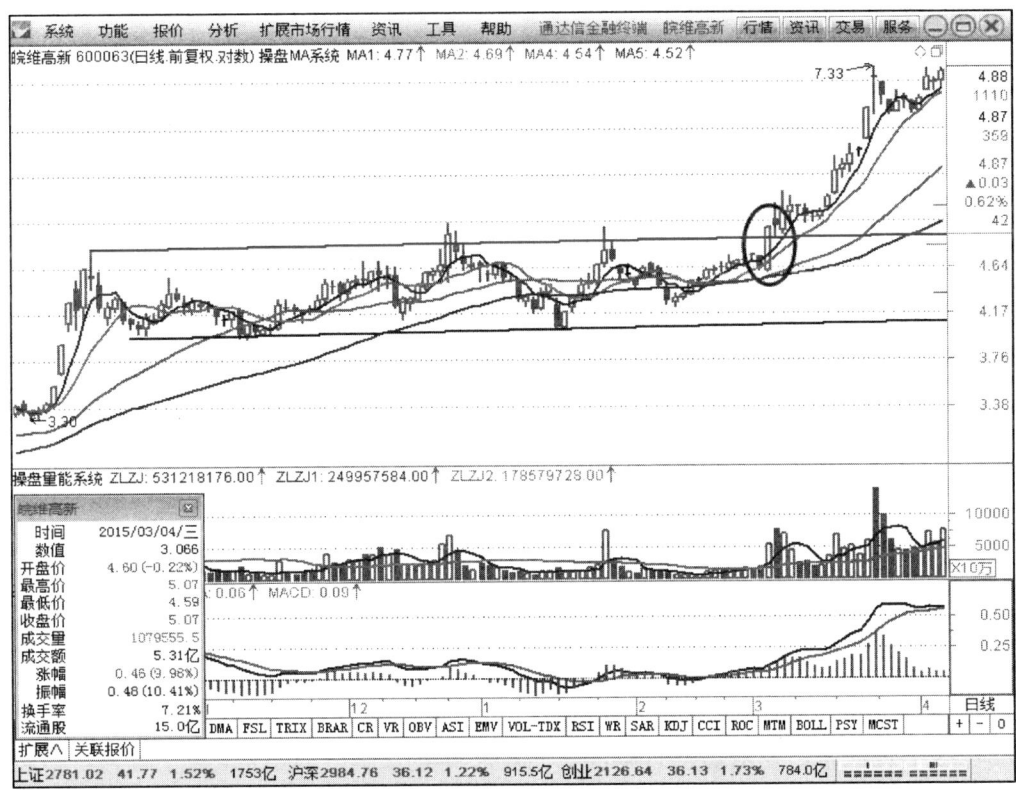

皖维高新(600063)2015年3月4日平台突破K线图

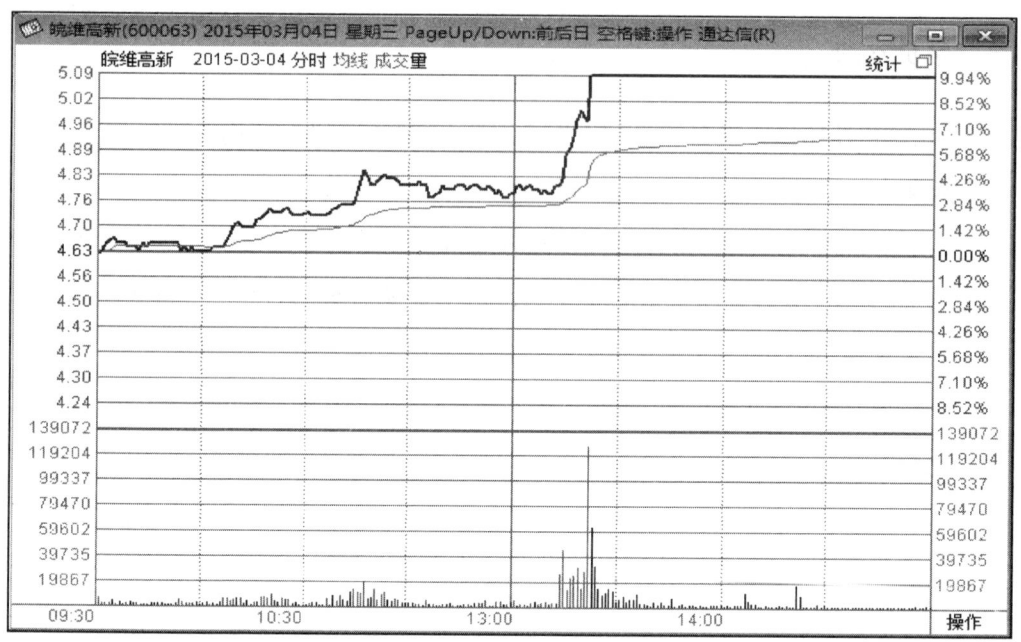

皖维高新（600063）2015年3月4日涨停板分时图

股市120：

很明显该涨停板属于平台突破型。在本书中多次介绍平台突破的涨停板案例，在实盘操作中也是非常容易遇到的，如果投资者能够充分把握好平台突破涨停板和早晨之星这两个交易模型，而且能够很清楚什么行情下用什么模型，那么一定会获得非常可观的收益。

皖维高新前期经过了长达5个月的横盘整理，走出了一个涨幅7%、振幅30%的标准平台形态，在横盘整理期间，价格不再创新低，4根均线从发散到走平后汇合。涨停板突破平台之前，已经有数天小阳线带动均线系统重新走好，虽然在涨停的前一天一根小阴线将股价向下打到了10日均线上，涨停的大阳线实体直接穿过了5、10日均线，突破了平台上轨，解放了前方的套牢盘。

从分时走势上看，庄家把股价控制得非常好，缩量小幅横盘后放量拉升，再构建一个平台后再拉升，每一次拉升时的动能都会逐渐加强，涨停封停的一波量能最大，而且是伴有攻击型量峰的攻击波。

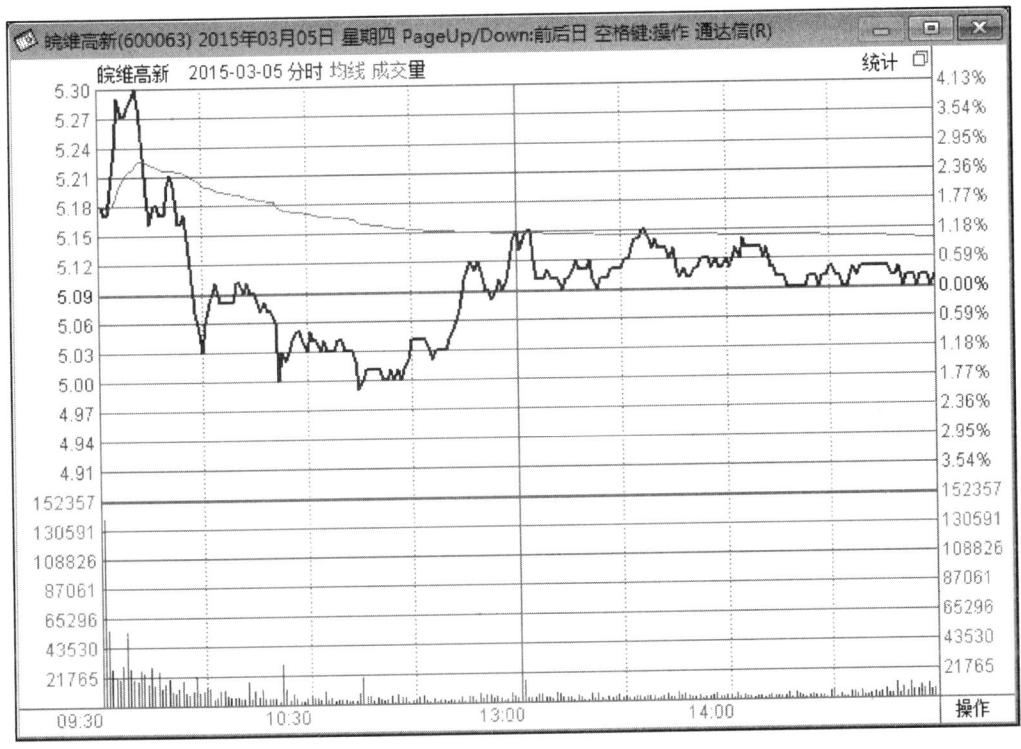

皖维高新（600063）2015年3月5日（涨停次日）分时图

? 思考题

1. 平台突破时对K线、量能、指标、盘口等要素的要求是什么？

2. 平台突破时，前5个交易日和后5个交易日的K线有什么共同特征？

3. 平台突破时，小分时（如60分钟、5分钟走势等）K线的形态、均线、量能、指标都处于什么状态？

4. 出现假突破时该如何操作？突破之后横盘整理该如何操作？

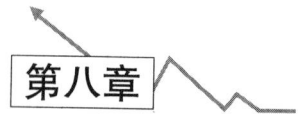

第八章

上涨趋势中的涨停

在整个主力运作股价的过程中,主升浪的拉升是最惊心动魄的,无论是对于主力还是跟风的散户,都是最快的可以产生利润空间的时段。上涨趋势中出现涨停板时,波段的利润空间至少在20%以上,如果从底部开始起算,有的股票甚至已经走出翻倍的行情。在趋势中健康的涨停要比其他位置出现的涨停更稳健,获得的利润更诱人,能够操作这种涨停板的才是真正的智者加勇者。

1. 主力行为分析

在主升浪中,走势的构成基本以大阳线为主,因为在主升浪中只有大阳线才能够将上涨的动能充分释放,才能够走出真正的大牛行情。上升趋势中的涨停板犹如一只快速奔跑的猛牛,是很难立即停下来的,所以次日高开甚至是高开后继续高走的概率都很大。

但是在上升趋势中操作涨停板依然面临洗盘的风险。在整个主升波段中,主力不会一口气将整个上涨空间全部拉出,而是采用拉升一个小波段后进行洗盘,提高前期跟进的散户手中筹码的成本,以减少后市拉升过程中的抛压。如果遇到长线大主力,有的时候遇到的不只是洗盘那么简单,而是调整,这样会提高追涨停板的难度,所以在操作时要严格遵守选股的条件。

2. 模型要素

K线要素

涨停板当天的大阳线要求下影线幅度小于1%，无下影线最好，跳空高开或者平开的最好。涨停板出现之前已经走出了一个上涨波段，波段的涨幅在30%~50%之间最好，涨停板之前走出过大阳线，前一个交易日或前两个交易日以弱势K线为主。

关于弱势K线的深度解析请参见本系列丛书之《买在起涨——K线组合利器》。

均线的要求

5、10、30、60日均线呈现有序的多头排列，涨停板之前或涨停板的开盘价打在某条均线上的最好。如果打在5、10日均线上，要求5、10日均线上涨角度变缓，但是没有拐头向下，30、60日均线继续朝上运行；如果打在了30日均线上，要求5、10日均线向下拐头但是没有死叉，30、60日均线继续朝上运行。

量能的构成要素

成交量温和放大，7、18、76均量线系统已经呈现多头排列，涨停板之前要求温和放量，涨停板当日不能放巨量，此时放大量反而要小心。

MACD的构成要素

涨停板之前，DIF、DEA均在0轴之上且处于金叉状态，DIF向上的角度变缓甚至拐头向下，但是没有和DEA死叉，MACD的柱体逐渐缩短，涨停板当日红色柱体快速变长。

大盘环境

大盘一定在上升趋势中，30、60日均线多头排列，且都拐头向上。

进场点

涨停板当日按照上文介绍的盘口的波形寻找进场点。

防守点

如果是保守型的投资者可将大阳线实体的二分之一处作为防守点，如果是激进型的投资者还想获取更大收益的就以大阳线的开盘价为防守点。如果大阳线的实体和5日均线有交叉，5日均线也是重要的防守点。获利的离场点详见第四章的卖出策略。

3. 实战综合分析

实战案例1

深振业A（000006）2015年5月25日

从5月18日开始连续5根小阳线将股价缓慢推升到平台之上，同时也伴随着均线系统的多头发散，多头趋势已经形成而且走出了主升浪启动的形态。5月25日的涨停板无疑是加速上涨的信号，是正式宣布主力要快速抬升股价，即将进入涨速最快、涨幅最大的主升行情。这样的涨停板追进去，次日大幅高开的概率特别大，甚至可能高开高走后继续封板。

上涨趋势中的盘口波形一定是最流畅的，此时主力已经高度控盘，形态已经走好，基本面的利好不断，市场跟风盘积极踊跃，盘中基本都是流畅的波形伴随着放量的攻击型量峰，将股价井井有条地推升到涨停。此时出现涨停板一定要积

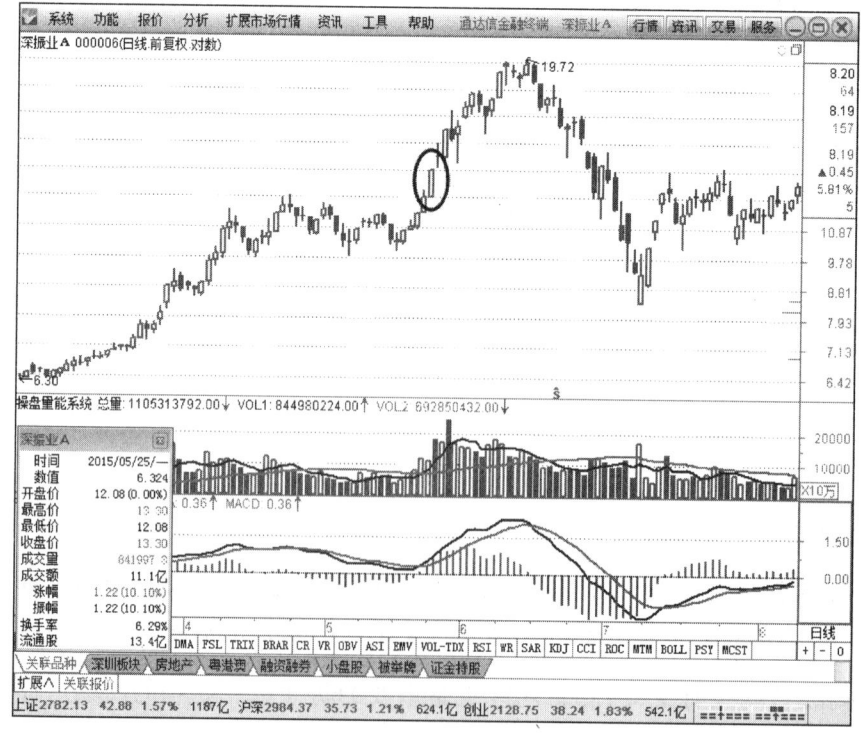

深振业A（000006）2015年5月25日上涨趋势中的K线图

极、快速地买进,因为风险小、利润空间大。

涨停次日高开5%之后快速向下打压了3%,然后又快速拉到涨停板,如上文提到的涨停次日继续冲击涨停,只要没封停就先出掉一半,如果继续向下打,打压的幅度超过3%就要无条件清仓离场。

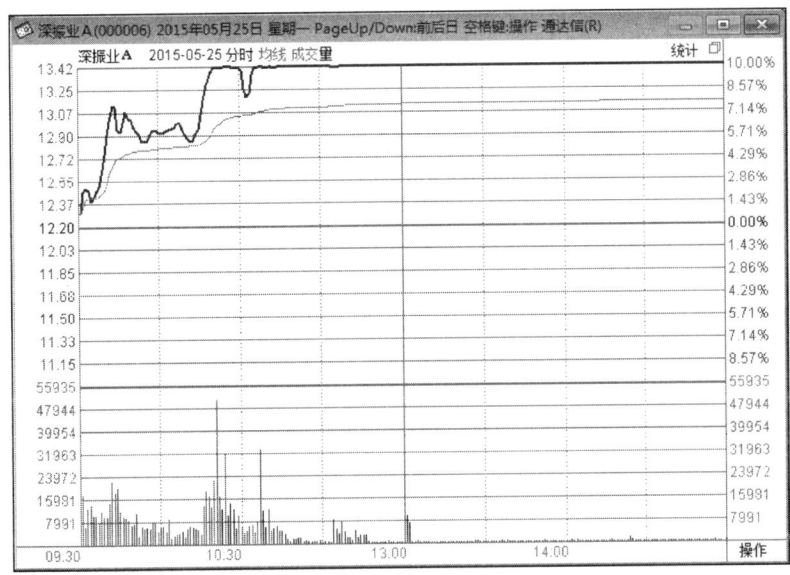

深振业A(000006)2015年5月25日涨停板分时图

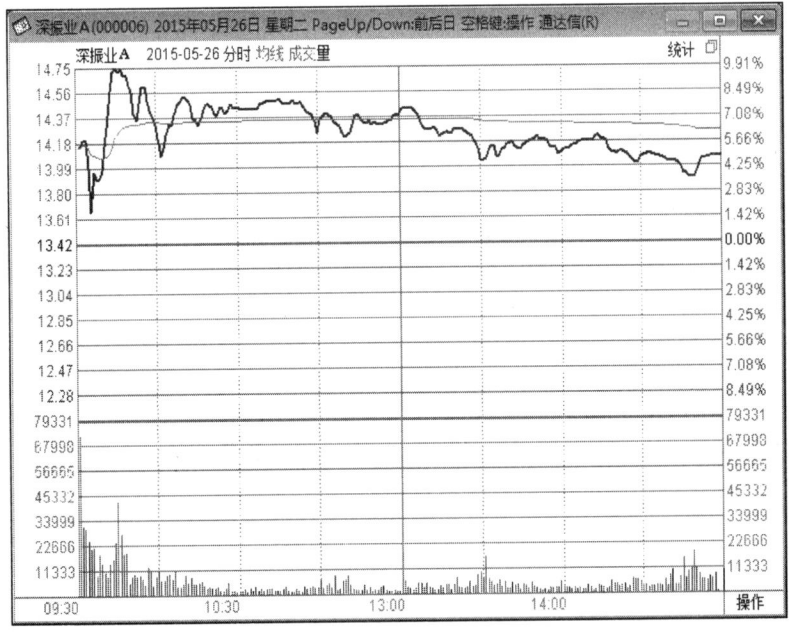

深振业A(000006)2015年5月26日(涨停次日)分时图

实战案例 2

机器人（300024）2015年5月20日

机器人从2015年3月份开始就走出了缓慢上升的趋势，在牛市背景下这种攀爬式的上升行情不免有些弱势。虽然均线系统呈现多头排列，但是上升的角度不大，也没有出现均线大幅发散的情况。牛市股价上升趋势中一定会有一波加速上涨的过程，一方面实现庄家的快速获利，另一方面符合指标系统周期性交替的原理。

5月19日的大阳线已经开始改变股价上升的角度，5月20日的涨停板无疑是上涨加速的又一次确认，此时的涨停板要积极参与。

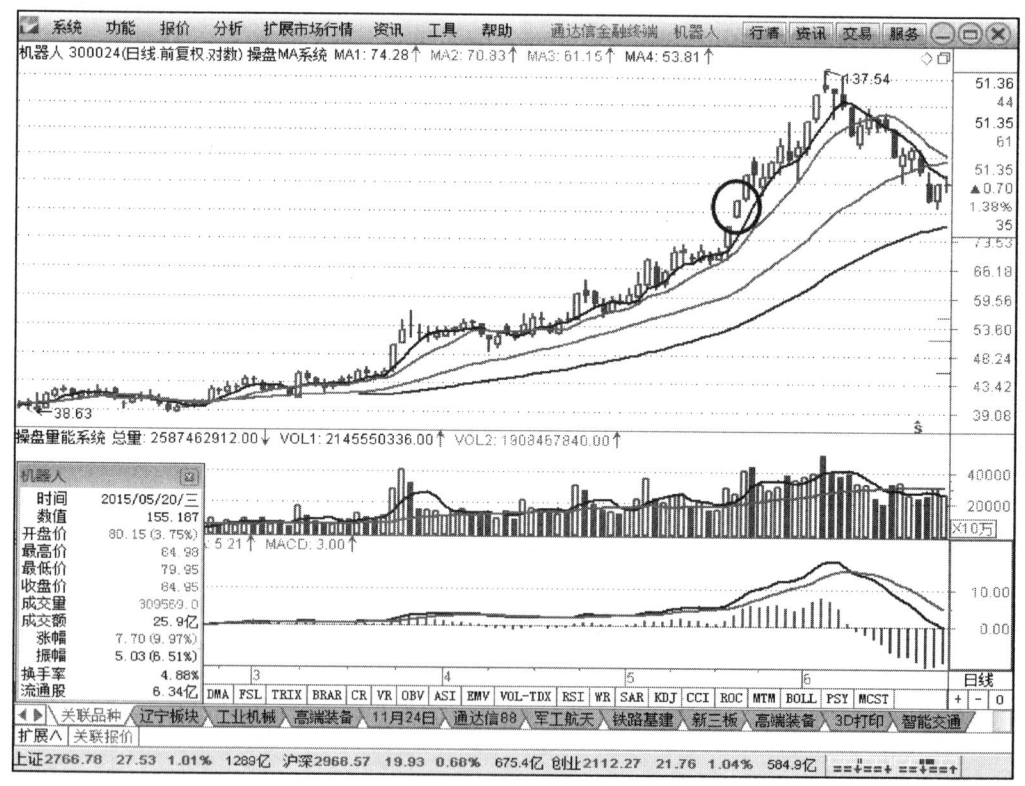

机器人（300024）2015年5月20日上涨趋势K线图

从分时走势看，早盘高开后快速一波拉起，回调不破均线，再次快速拉升封涨停，整个动作在早盘的30分钟内完成，干净利落，但是对于追涨停板的短线操作者来说还是有充足的时间追进去的。

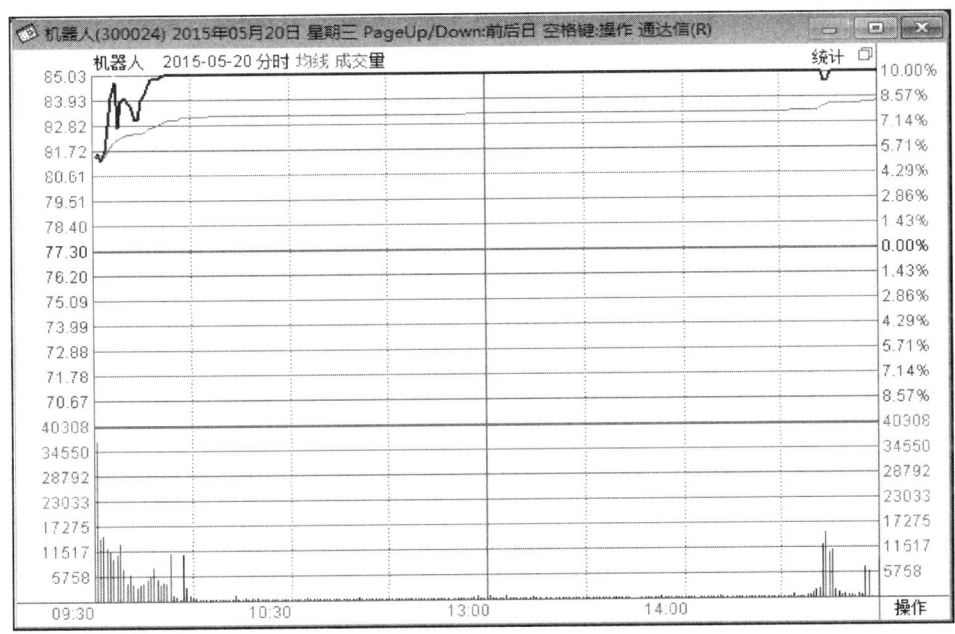

机器人（300024）2015年5月20日涨停板分时图

实战案例3

回天新材（300041）2015年5月22日

回天新材在完成3月份的一波上涨行情后，在4月份走出了一个调整平台，其中有清晰可见的W形双底形态，在突破阶段性上涨平台之后股价展开了45度角快速上涨的过程。涨停板出现之前，有6个交易日的较弱势K线缓慢上扬，突破了长达1个月的平台顶部，涨停板出现之日正式宣布股价进入了加速上涨阶段。

涨停当天上午以宽幅横盘震荡为主，上午休市前半个小时将股价快速拉升到涨停板，但没有封住涨停，而是反复震荡，直到14:00才封住涨停。拉升期间波形不够流畅，量能连续性、攻击性都比较差，次日盘中遭到打压的概率大，所以卖出时一定要小心。

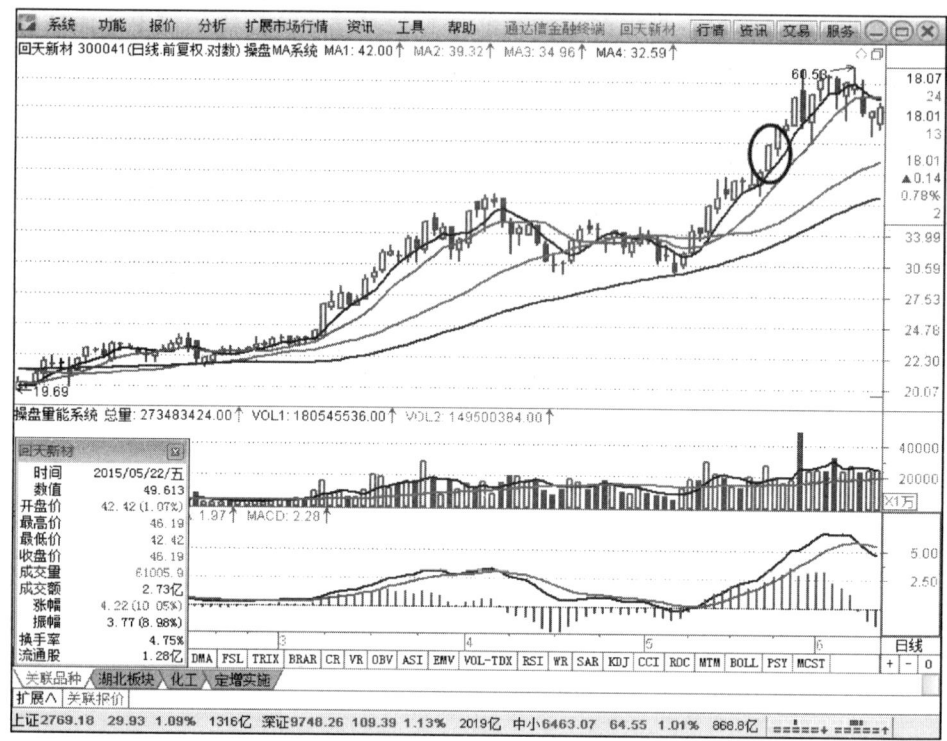

回天新材（300041）2015年5月22日上涨趋势K线图

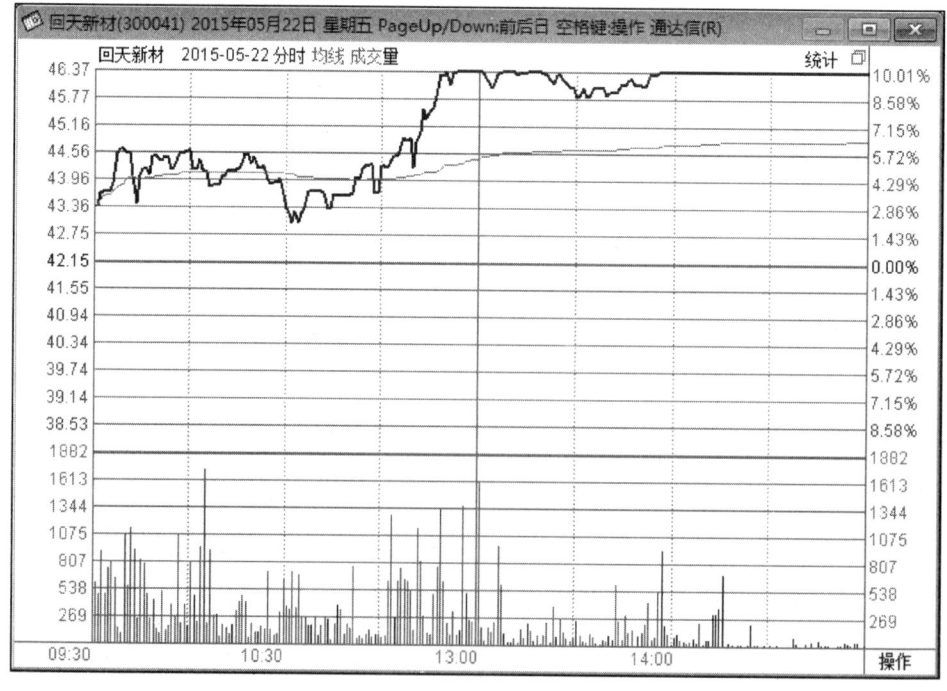

回天新材（300041）2015年5月22日涨停板分时图

学员互动

2015年1月12日,上海的张先生拨打股市120的电话进行咨询:

张先生:

我是在11月21日大阳线突破平台的时候买进新华保险(601336)的,买的时候不是涨停板,然后在11月26日这天卖出,上午最后一波向下打的时候卖的,卖出价大概在37元左右。听了涨停板的课程之后,感觉是不是11月26日这天卖错了,是不是反而该加仓?

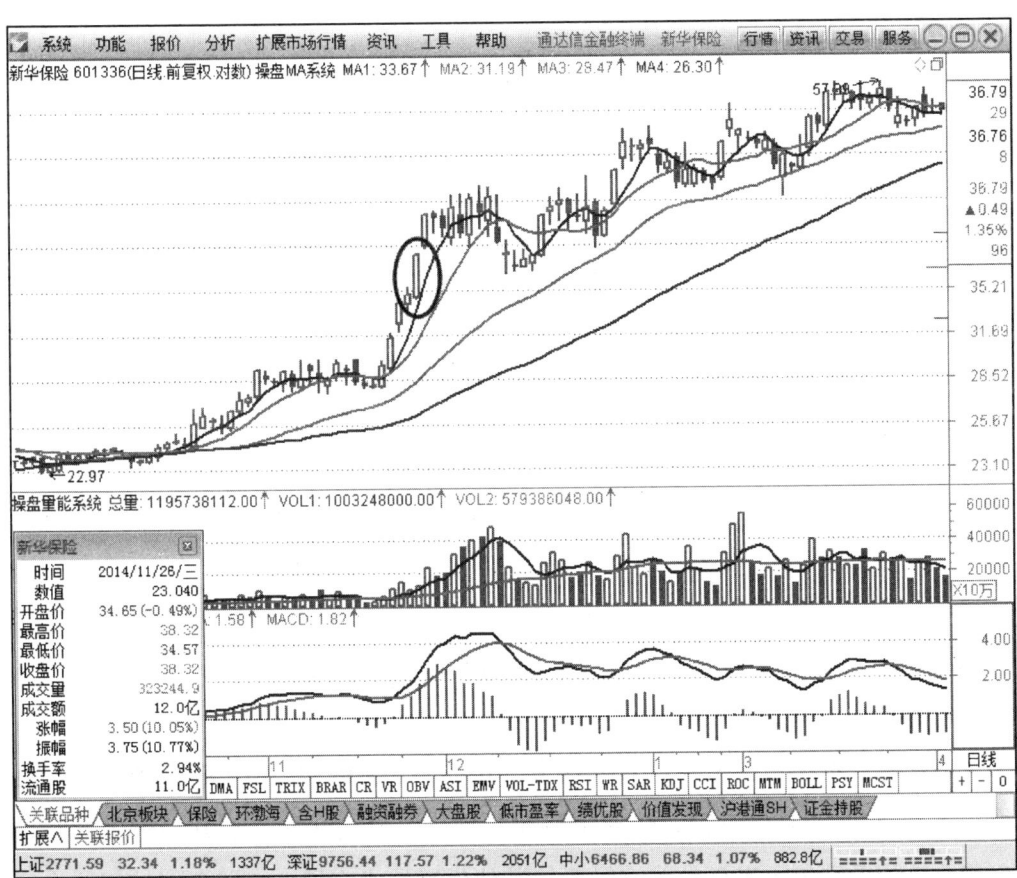

新华保险(601336)2014年11月26日涨停板K线图

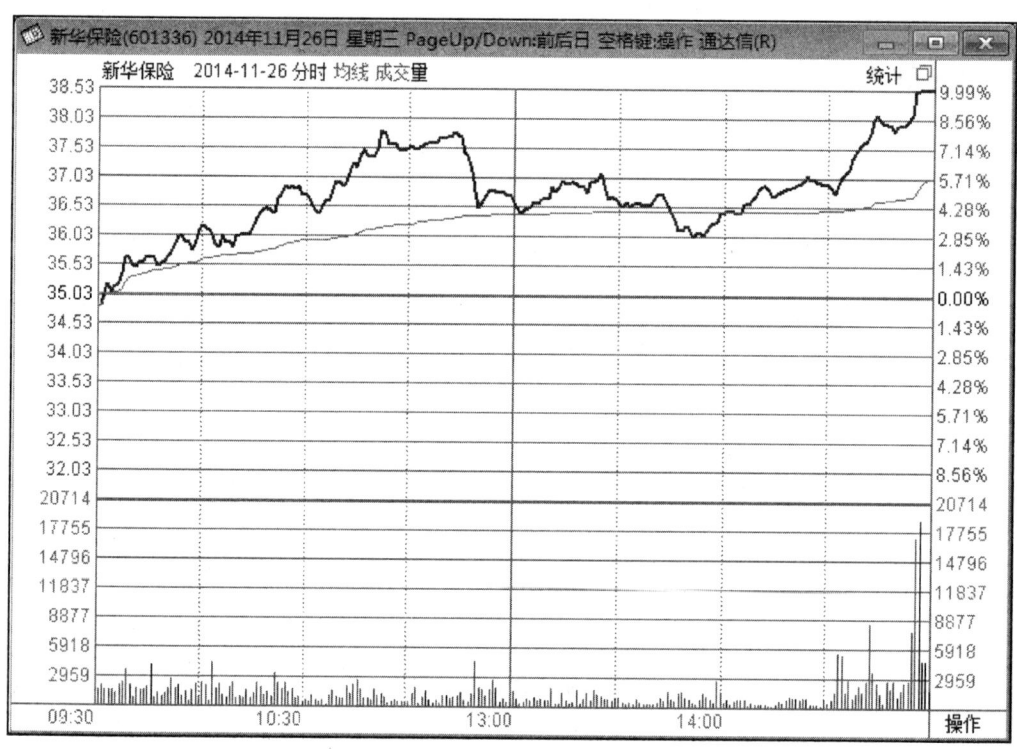

新华保险（601336）2014年11月26日涨停板分时图

股市120：

看您的交易模型，没有对错，启动阳线买进，获得一节波段利润后离场，这是很稳健的交易模型。单说这个位置的涨停板，是在非常完美的上升趋势中形成的，虽然前面的4根阳线已经走出了20%的利润空间，但是波段上涨动能没有减弱，更没有见到价格见顶的巨量，所以上升空间还是有的，11月26日的涨停板追进或者加仓都是可以的。

早盘将股价缓慢向上推，量能温和，但是11：00到14：00之间遭到打压，股价下跌3%左右，又是尾盘缓慢放量将股价最终拉升到涨停。上升趋势中的跟风盘较重，拉升涨停所需要的成交量要比其他位置的成交量少，尾盘能够用攻击型量峰涨停的，次日一定会高开冲高，所以此次操作胜算非常大。

思考题

1. 上涨趋势中的涨停板对K线、量能、指标、盘口等要素的要求是什么？

2. 上涨趋势中出现涨停板时，小分时（如60分钟、5分钟走势等）K线的形态、均线、量能、指标都处于什么状态？

3. 如何测算波段的上涨空间是否到位？

4. 如何确定主力将要洗盘？如何确定主力将要出货？

5. 上涨趋势中操作涨停板被套了，可以延长持仓时间吗？

第九章

风险系数极高的涨停板

前面三章是针对最适合操作涨停板的3个位置展开介绍的,股价处于这3个位置时,后市延续多头趋势的概率较大,也就是说次日高开的概率较大。对于上涨末期、下降初期和下跌中期3个位置的股票,上涨趋势持续的时间很短,很有可能涨停板的最高价就是波段的最高价,次日直接低开低走,所以投资者一定要谨慎操作这三个位置的股票。

1. 主力出货涨停板

在上涨趋势的末期出现的涨停板,很有可能是主力为了拉高出货,最明显的是涨停板不断打开,每次打开都伴随放量,或者没有打开却持续放量,当日日线上明显放大量甚至是巨量,次日低开低走的概率很大,涨停板的最高价就变成了波段的最高价。

在上涨波段的末期,主力有可能没有出货完毕,但受大盘环境等影响导致股价开始下跌,主力不得不在趋势已经发生反转后再次拉高股价掩饰自己的出货行为,此处出现的涨停板一旦主力出货完毕,次日走势将非常难看。

实战案例1

圣阳股份（002580）2015年6月17日

两根大阴线向下突破上升趋势线之后，出现了一根强势的涨停大阳线，但是涨停当日的波形和量能都不健康，很难延续原有上升趋势。原有上升趋势的时间和上升空间都已经达到了波段的限值，所以此处向下破位无疑是上涨趋势的终结，而此时的涨停板无非是上涨趋势末期做头阶段的一个反弹，甚至只是一个反抽，主力会利用这个机会尽快将手上的筹码抛出。

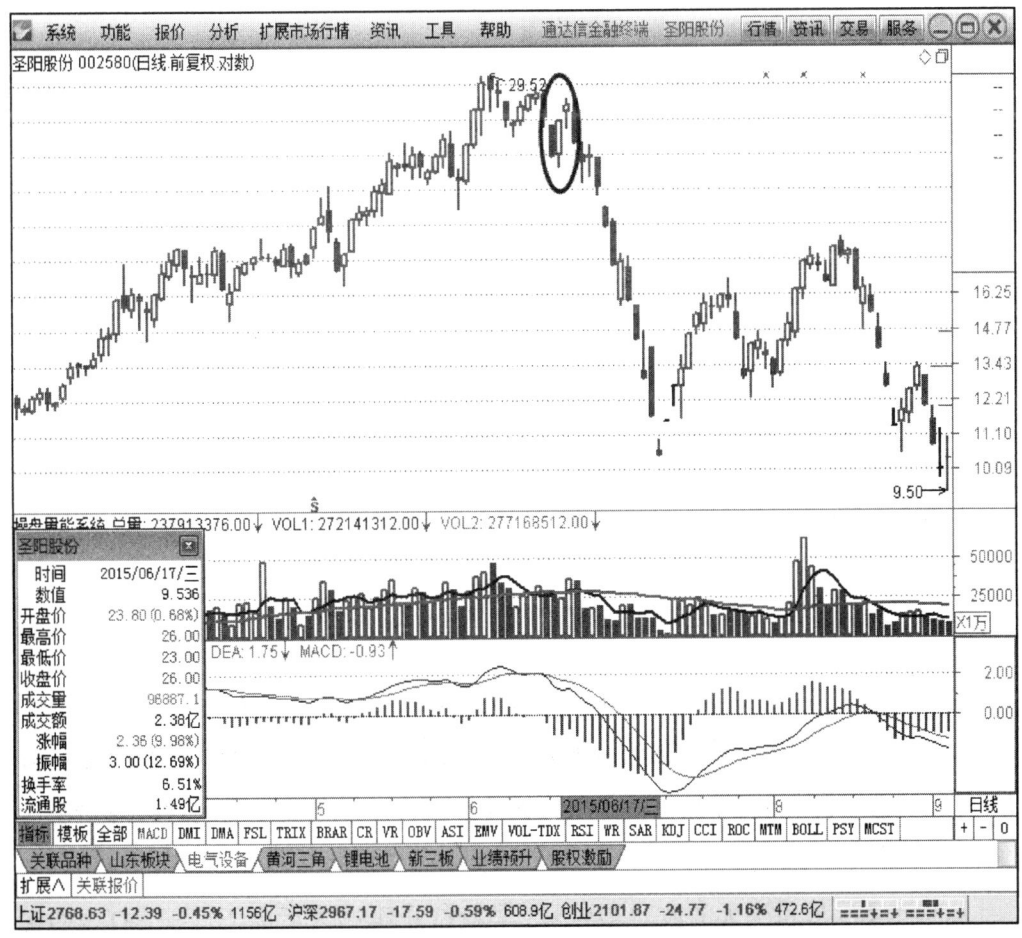

圣阳股份（002580）2015年6月17日涨停板K线图

涨停当日早盘在小幅上涨后受到杀跌波的向下打压，并且伴有放量，主力出货的行为昭然若揭，后市中以横盘震荡为主，直到14：30再次放量向上拉升到涨停板，但是攻击量能的连续性不强，后市并不看好。

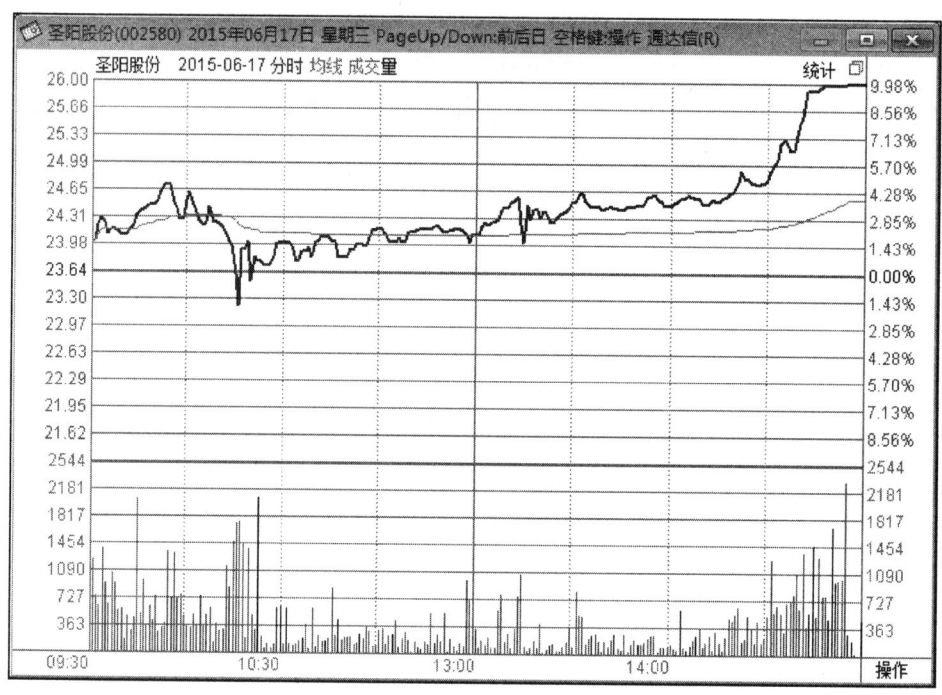

圣阳股份（002580）2015年6月17日涨停板分时图

实战案例2

东湖高新（600133）2015年8月19日

借着大盘的第二波反弹，东湖高新在此波段上涨幅度达到了60%，利润空间已经超过了一个反弹波段的限值，所以风险逐渐暴露，从K线的下影线上也可以看出当日的分时多空双方经历了激烈的搏斗，而在波段的高位出现这样的厮杀无疑是"空军"来袭的前兆。

盘口上看，股价当天的波动非常大，早盘拉升到5%之后向下打压，打压的深度超过了12%，跌幅到了7%，随后又将股价拉升了起来，在14：30以后封住涨停，后市拉升的动能已经衰竭，振幅较大，上涨做多的动能和意愿都不是十分强烈。

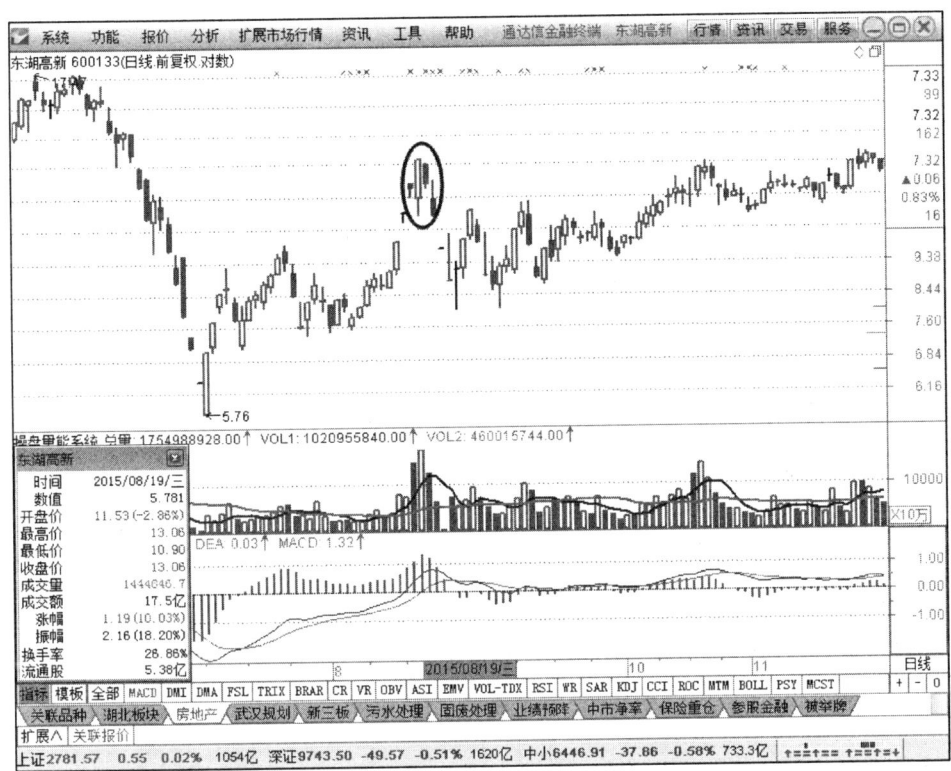

东湖高新（600133）2015年8月19日涨停板K线图

东湖高新（600133）2015年8月19日涨停板分时图

实战案例3

维科精华（600152）2015年11月30日

从K线图上看，维科精华在涨停当日还在完好的上升趋势中，而且涨停前两天是两根上影线较长的小阳线，说明前两日上涨动能已经遭到空方打压，11月30日的涨停板充分说明多头已经战胜了空方，即将继续向上攻击，要引起投资者注意的是涨停当日的下影线，说明盘中被空方打压过，多头胜出能够持续的时间还需对盘口进行深度分析。

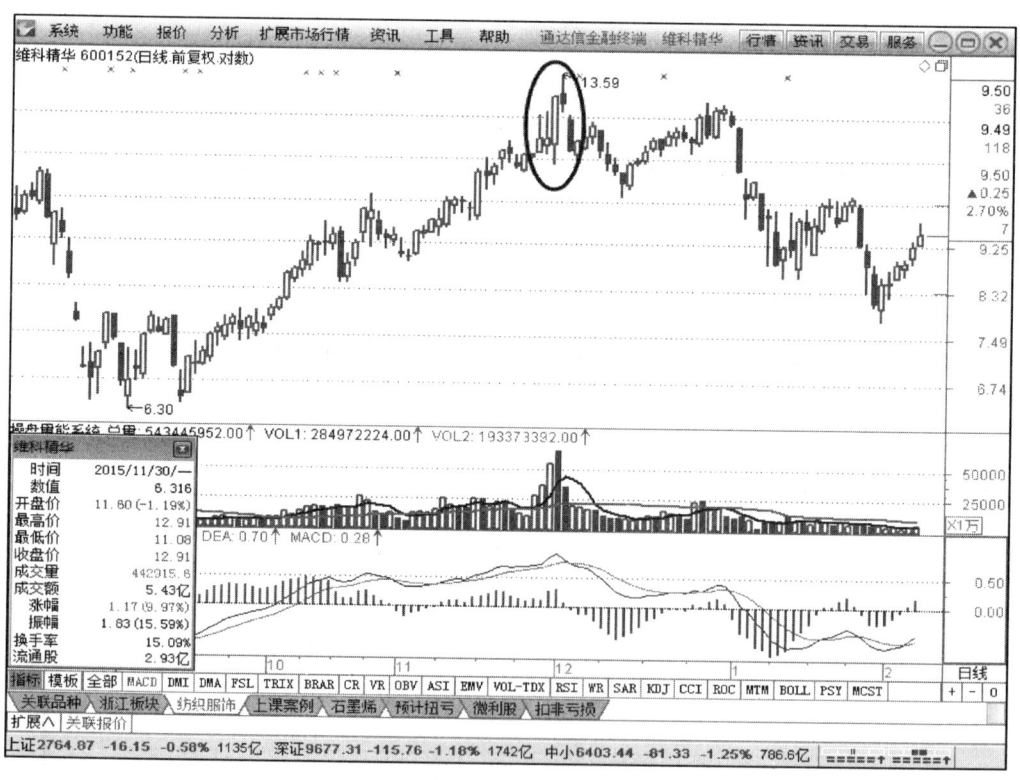

维科精华（600152）2015年11月30日涨停板K线图

从分时图上看,最大的问题是该涨停板属于尾盘涨停,而且量能不足,有放量,但不是持续性的攻击型量能,当天分时最高柱体对应的成交量在18000手左右,可是持续时间太短。盘中波形不流畅,低开和盘中被向下打压超过5%,说明空头的势力不可小觑。

维科精华(600152)2015年11月30日涨停板分时图

! 特别提示

对于普通投资者来说,主力出货的涨停板是最具有吸引力的,在前期不断上涨时的"等等看"的心理已经让其错失了巨大的利润,此时早已按捺不住了。而主力与普通投资者之间有一个心理上的博弈过程,当散户刚从错失机会的遗憾中走出来准备再度出手时,一定是主力最想出货的时候。所以操作的时候不只要看图表,更要能够洞悉图表背后的博弈。

2. 下跌途中反抽的涨停板

在下跌趋势中也会有涨停板，可能是自然交易形成的快速的反抽行情，也可能是主力操作的短庄行情，次日一旦大盘环境不好，股价会直接低开低走。

 实战案例4

佛慈制药（002644）2015年8月28日

在前一波的下跌趋势中，跌幅超过40%，中途只经历过两次1日的反抽行情，8月27日高开后向下巨幅打压后尾盘收红，在空头的阵地中出现的一根长下影线的小阳线，无疑给多头带来了一点喘息的机会。8月28日多头顺势向上拉升，再次给空头一击，以涨停板证明了在下跌趋势中的反抽行情。但是此时空头动能还比较强，后期还有下跌甚至是创新低的可能性。

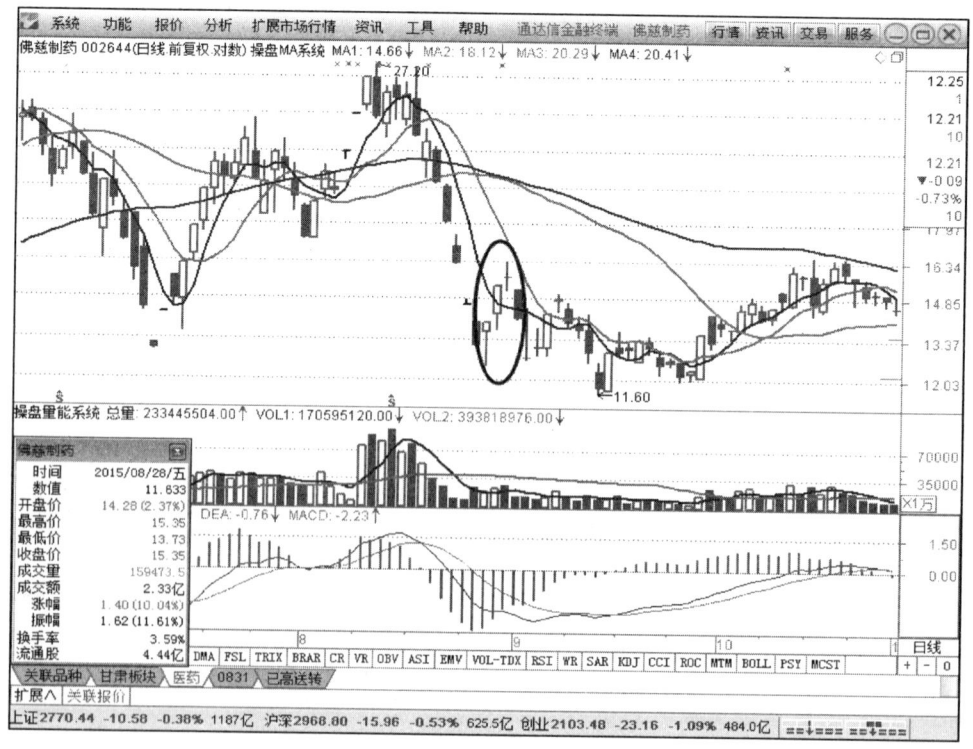

佛慈制药（002644）2015年8月28日反抽涨停板K线图

分时图上看，主力对价格控制得十分巧妙和到位，主要原因无疑是前期的超跌，导致市场上筹码深度套牢，市场的活跃度很差，对于控盘的要求很低，不需要太多筹码就能够很好地控制股价。分时图中，早盘小幅向下打压后横盘整理，11:00前的向上拉升虽然量能不是很充分，但是上升波形走得很流畅，随后在高位横盘震荡，最后以单根最大量柱封住涨停。

佛慈制药（002644）2015年8月28日涨停板分时图

实战案例5

双星新材（002585）2015年6月30日

随着大盘向下杀跌，很少有个股能够幸免，都开始了浩浩荡荡的下跌趋势，短短几日就将前期几周甚至几个月的涨幅给跌了回去。双星新材也不例外，在6月24日以涨停板的形态走了一个反抽，6月30日也是在盘中经历了空头强烈的攻击后被多头占了阵地，最后收在了涨停板。

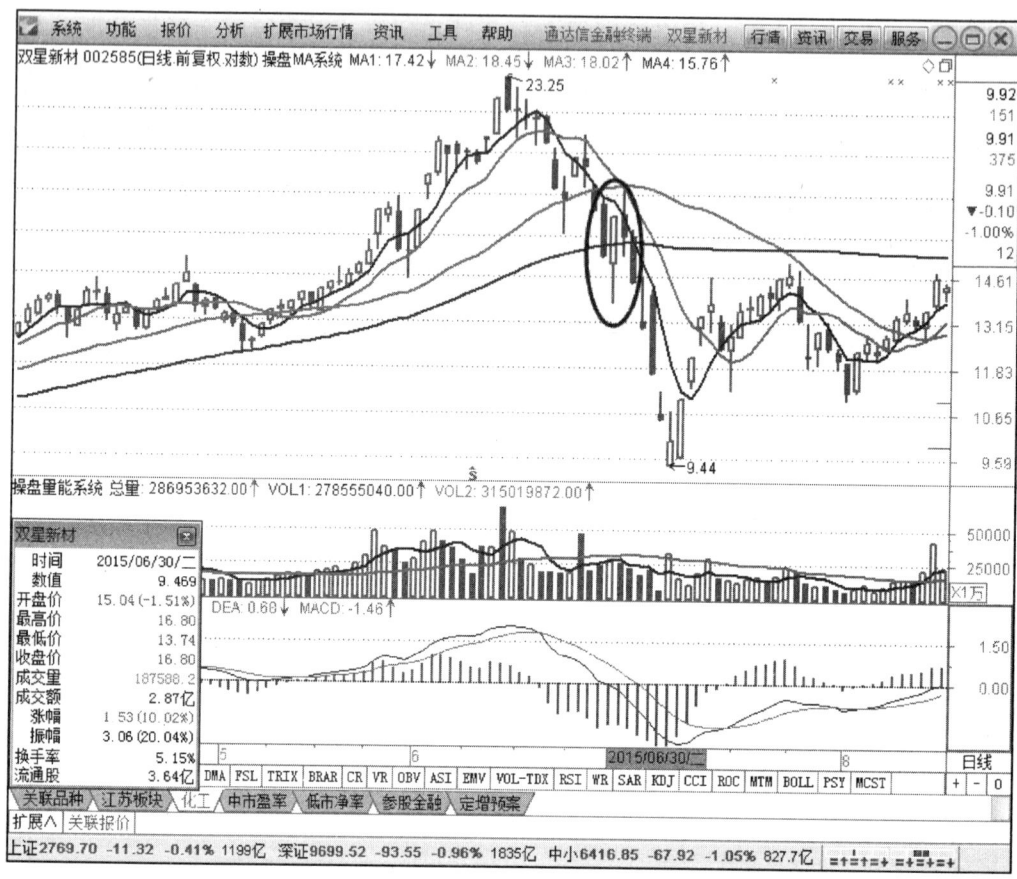

双星新材（002585）2015年6月30日反抽涨停板K线图

从分时图可以看出，股价当天完成了从跌停板到涨停板的逆袭。有人会问，如果当天跌停板买进岂不是当天就有了20%的利润吗？当然。但是普通投资者谁敢在跌停板买票？谁敢确认当天的跌停板会打开？谁敢确认明天不会低开？其实又回到了前面重复过无数次的话题，一定要有自己的交易模型，如果你对当日曾跌停的股票做了充分调查，已经找到了什么样的跌停板打开的概率大，并且建立了自己的交易模型，那么干吗不做呢？

双星新材（002585）2015年6月30日涨停板分时图

实战案例6

德赛电池（000049）2015年6月30日

处于超跌状态中的涨停板，虽然代表着多头暂时的胜利，但是鉴于空方阵地的广泛和深入，还需要更长时间的盘整来为多头的大趋势做铺垫，6月29日长长的下影线宣布了空头动能的暂时减弱，多头趁机反击，6月30日的涨停板出现得适时适势，但是没有走出新的行情，只是原下跌趋势中的反弹。

涨停当日上午围绕均线横盘震荡，午盘时开始放量上攻到涨停板，然后快速打开，多次涨停不封停，并且在开板期间有明显的放量现象，尾盘缩量涨停。当日涨停一波放量是十分必要的，如果全天多头的势头不强烈，还能够在尾盘缩量涨停，说明当天成交不活跃，勉强走出了多头趋势，次日风险较大。

德赛电池（000049）2015年6月30日反抽涨停板K线图

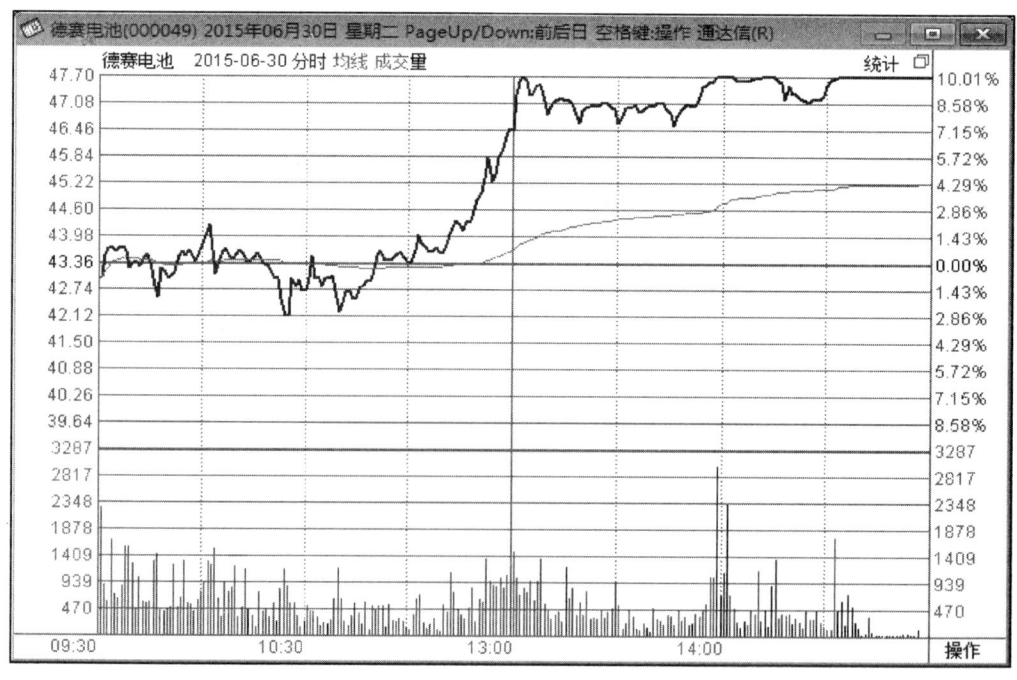

德赛电池（000049）2015年6月30日涨停板分时图

第九章　风险系数极高的涨停板

学员互动

2015年6月19日，南京的郭先生拨打股市120的电话进行咨询：

郭先生：

我是6月10日以10.5元买进的美都能源（600175），现在还在持有，大盘虽然跌得比较厉害，但是这只票表现比较强势，大盘跌它都涨，大盘涨它一定会表现得更好，所以我打算长期持有，想听听老师意见。

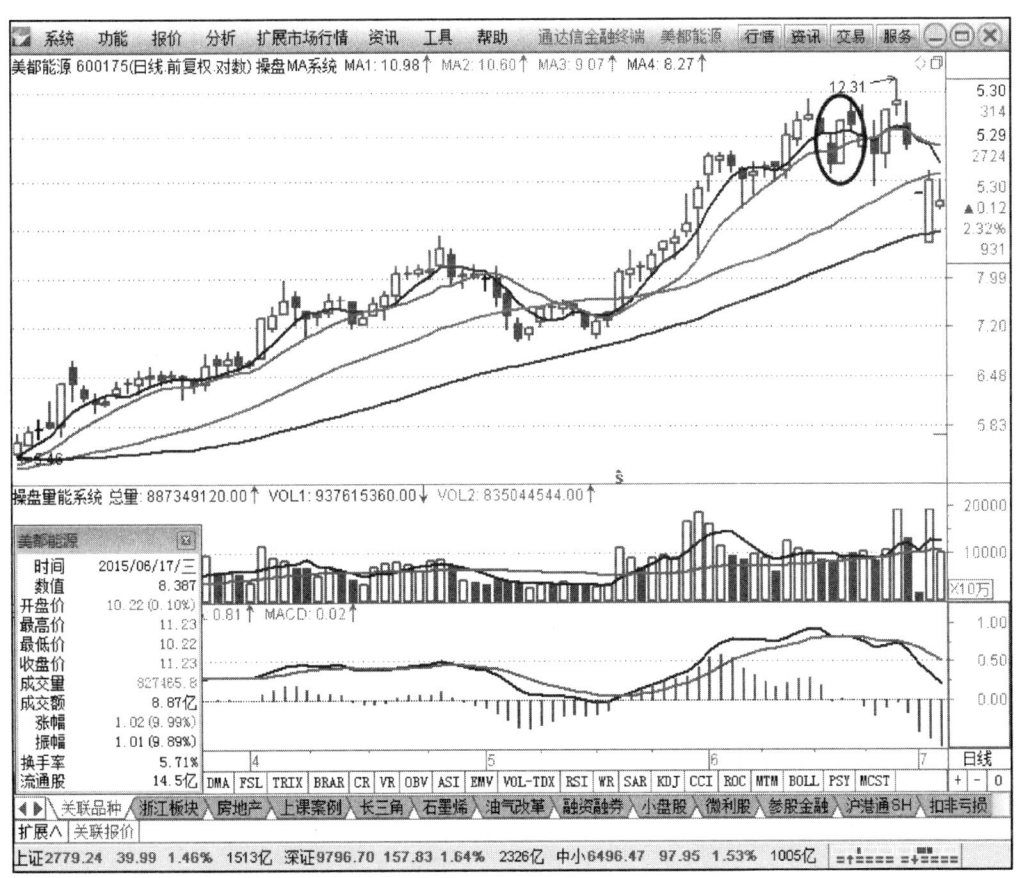

美都能源（600175）2015年6月17日涨停板K线图

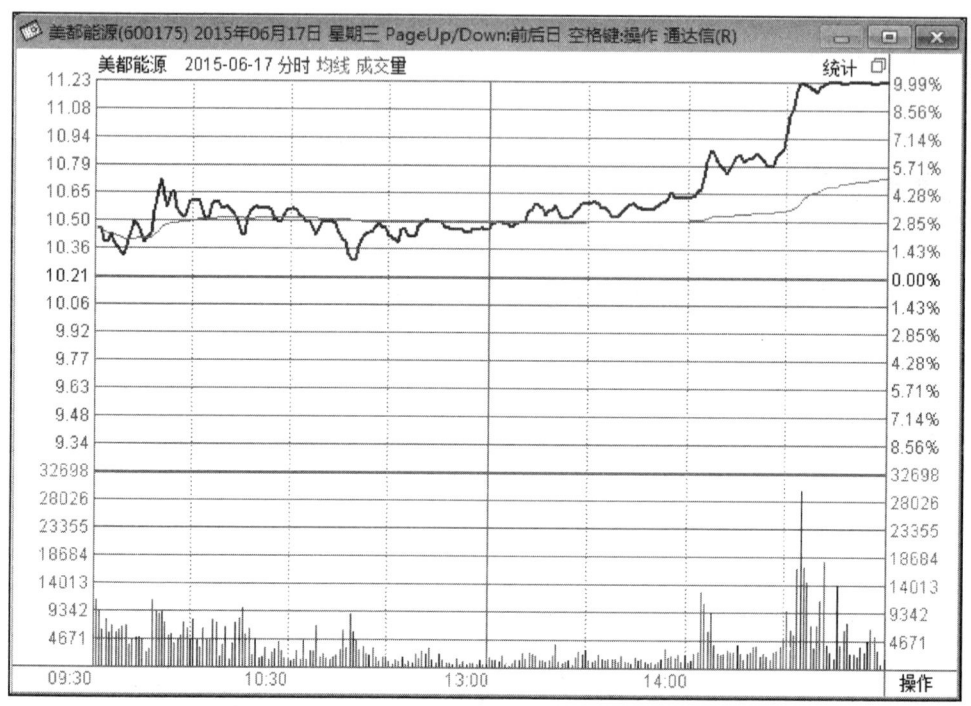

美都能源（600175）2015年6月17日涨停板分时图

股市120：

首先承认一点，就是大盘在直线下跌12%的市场环境下，美都能源一直维持横盘状态，表象上确实是比较强的，但是要从更深程度上分析表现较强的原因。最后一个上涨波段，完成了4个月上涨100%的拉升，主力面临着做头出货，所以在一个漂亮的上涨波段末期，还需要一个漂亮的头部将手上的筹码抛出。

6月17日涨停板当天窄幅震动，说明主力控盘的能力很强，但是在横盘过程中有轻微放量。通常情况下横盘是因为市场上活跃性较差，成交量萎缩，6月17日的涨停板前横盘期间的放量远远超过了普通横盘期间的量能，所以需要引起高度重视。尾盘通过两波放量将股价拉升到涨停，两次拉升都伴有攻击波的放量，涨停板之后不断打开，且持续放量，表明主力出货意图较强。

以上的内容就是当天给郭先生做的分析，最后给他的建议也是如此，主力都出货了，您还留在里面做什么呢？

? 思考题

1. 风险系数极高的涨停板对K线、量能、指标、盘口等要素的要求是什么？

2. 风险系数极高的涨停板，小分时（如60分钟、5分钟走势等）的K线形态、均线、量能、指标都处于什么状态？

3. 风险系数极高的涨停板的波段利润空间如何测算？

4. 操作风险系数极高的涨停板时如果被套，可以通过加仓来摊平成本吗？

5. 大盘环境良好，是不是个股就不存在风险系数极高的涨停板了？

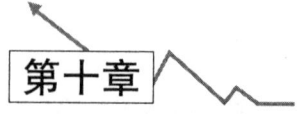

第十章
仓位安排和止盈止损策略

上文已经详细介绍了操作短线涨停板和波段涨停板的买卖策略,但是离可以进行实盘交易还有一段距离。一方面对于不同资产量级的客户应采取的交易方式是不同的,另一方面为了维持收益曲线的稳定增长,也会配合多只股票同时操作,且对同一只股票进行加仓、减仓等操作。

1. 仓位管理

操作短线涨停板,交易机会都是稍纵即逝的,一个交易机会出现时很难形成多个买入点,而且操作短线涨停板时,我们对持仓时间是有严格限制的,在规定的较短的持仓时间之内股价没有走出向上的走势就说明前期的买入决策是错误的,因为买入当天不能卖出,这时是绝对不能增加仓位的。对于卖点的把控比较灵活,买入次日一旦股价出现了不利的走势可以先行平掉一部分仓位,保留一部分仓位博取更大的利润或者等待确认上升无望时抛出。

对于波段涨停板来说,买入点至关重要,一般只会选择一个最好的买入点、2个卖出点。买入点通常是主升浪的启动点,一旦错过要么就会变成追高,要么就是启动点判断错误。在江氏操盘体系中,对买点的要求都是非常高的,因为我们的操作原则之一就是"追涨不追高"。

实战案例1

星美联合（000892）2015年4月14日和10月30日的涨停板

2015年4月14日的涨停板出现在明显的上升趋势中，发生时是对前期小角度上涨形态的一次修复和加速，从涨停板当天的分时走势可以看出，早盘采用的是长波快速拉涨停的方式。上文中介绍该长波的投机行为较重，如果发生在波段高位就是见顶的信号，短线涨停板就不宜操作；如果发生在波段起涨的位置，则接下来的几天会面临小的调整，依然是波段操作的最好的进场点，但短线参与的意义不大。

涨停之后有两个交易日该股呈现继续上涨的状态，但是两个交易日之后就开始停牌，停牌期间躲开了市场的两次大规模杀跌，但是星美联合却变成了ST星美。9月23日复牌时大盘环境已向好，但是受到严重"避风潮"的影响，以及ST的负面影响，ST星美连续下跌了3个交易日。之后股价开始面临调整，但是走出了重心不断抬高的ABC整理平台。

向前看星美联合更长远的走势不难发现，它在2014年~2015年6月的大牛市中没有大幅上涨，整个上涨趋势的形成都是依赖牛市之前大盘处于震荡期间的上涨。大盘震荡可以大幅上涨的个股一定是比较强势的大牛股，大盘上涨它又怎么会安于现状、无动于衷呢？

2015年10月30日以涨停板的形式向上突破了前期整理平台的全部高点，宣布加速行情即将启动，而当日的涨停板是赚取后一个上涨波段的最好的进场点。波段操作的第一买点和第二买点，在小周期上是两个独立的行情机会，所以和最好的买点的唯一性是不冲突的，最好的买点一定是面临最小的风险而有更大的上涨空间的点位，所以在每个波段交易的过程中最好的买点一定是唯一的，只有在错过的时候才会退而求其次。

对于资金量不同的账户操作的涨停板股票的数量也是有要求的，100万以下的资金建议操作1只股票，100万~300万的资金建议操作2只股票，300万~1000万的资金建议操作3只或4只股票。任何一个账户同时操作的股票的极限数量是3只，但是如果同一个账户中有一只做中长期波段的股票，可以将操作的数量放到4只。对于资金量超过1000万的账户，同时操作涨停板的股票数量也不能超过3

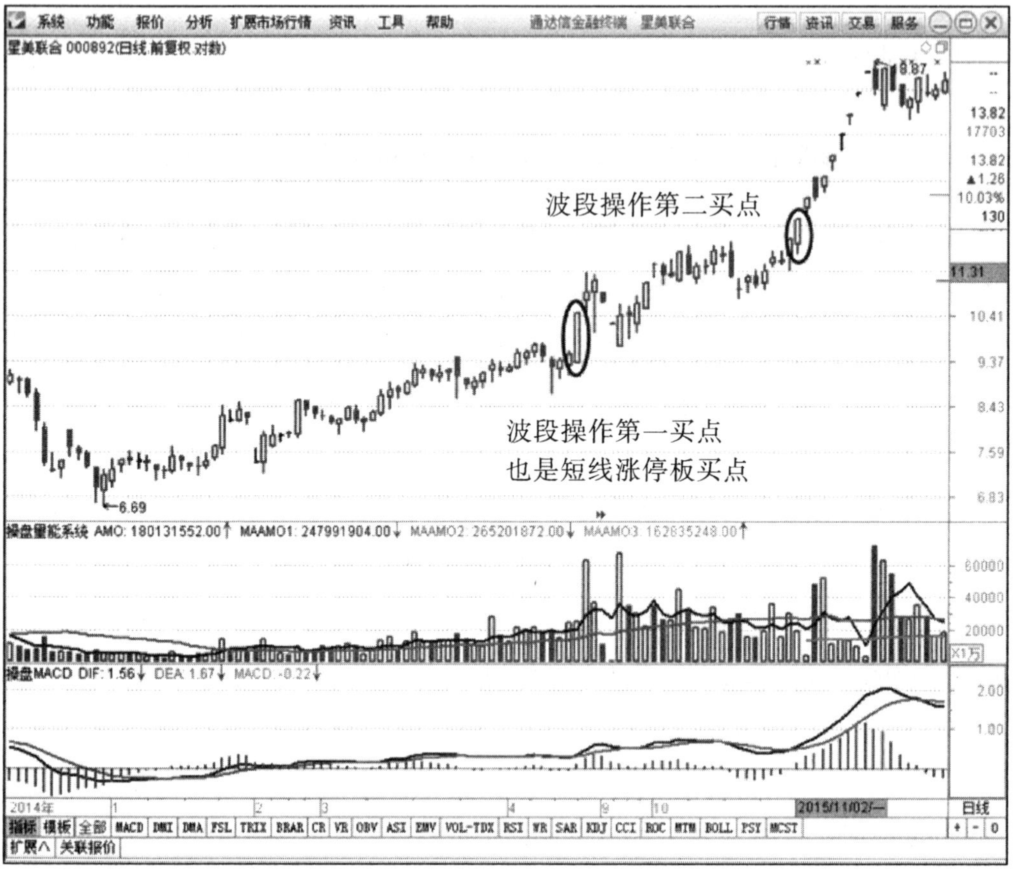

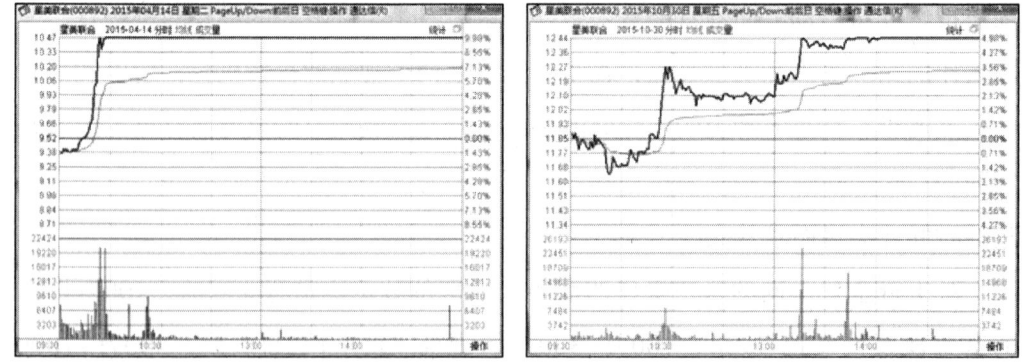

星美联合（000892）2014年12月~2015年11月K线走势图

星美联合（000892）2015年4月14日、10月30日涨停板分时图

只，还有一个更重要的要求就是一定要选择流通盘在1亿以上的股票，而且随着资金量的增多，所选股票的流通盘也最好相应地增加。

2. 静态风险控制策略

每次操作都需要有固定的止损位，就像我们给自己买的保险一样。但是由于不同的人对同一次操作的预期不同，所采取的止损策略也不会相同。有的时候会用下跌5%的固定止损，有的时候会采用下跌3%的固定止损，一方面和个人的投资偏好息息相关，另一方面是由此次交易的持仓周期决定的。如果操作的仓位较轻可以适当放大止损范围，如果操作的仓位较重就需要适当缩小止损范围。如果是短线交易就需要缩小对应的止损范围，如果是中长线交易就需要扩大对应的止损范围。

一般来说，股价一旦触碰到静态风险控制位的时候，一定要清仓，而不是减仓，因为破位说明本次操作的判断是错误的，不能存在任何侥幸心理，必须快速离场。

实战案例2

红星发展（600367）2015年5月27日涨停板

红星发展在突破了前期小的整理平台后，出现了上升趋势中的涨停大阳线，不过从分时中可以发现，该涨停板走得十分扭捏，和真正的拉升大阳线的条件不符，所以一定要谨慎操作，如果在涨停板追了进去，次日就得坚决执行止损策略。

5月27日涨停价买入的成本是19.49元，按照3%的静态止损，对应的止损价为18.91元。次日小幅跳空低开后，全天震荡下跌，没有任何卖出的机会，全天最深的跌幅达到了10%。当股价下跌到18.91元的时候一定要坚决快速清仓离场，绝对不能再抱有幻想，因为我们的买入决策错了。

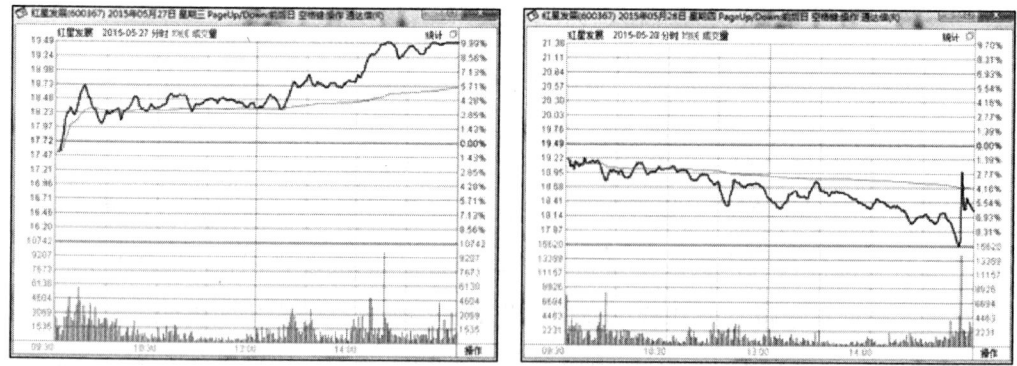

红星发展（600367）2015年4月~2015年6月K线走势图

红星发展（600367）2015年5月27、28日分时图

3. 动态风险控制策略

动态风险控制是指买入后通过后期走势的形态、趋势的变化来确定卖出的点位，而不是遵守买进时的固定的止损点位。在大的上升波段中，一个大周期上的上涨波段是由多个小周期上的上涨波段构成，每个小周期上的上涨波段结束后都会伴随小周期上的调整。动态风险控制对操作者的技术水平要求较高，一旦选择错了新的止盈止损位，很有可能被大周期的洗盘清理出局，错失后面上升波段的利润空间。

动态风险控制依据的是股价在小周期上完成了小波段的上涨后、根据小周期的上涨幅度计算出来的回调幅度，或者通过前一个上涨波段中标志性的K线来判断回调到什么位置之后会遇到支撑，如果破掉支撑位就很可能造成趋势的反转，后期会继续维持下跌状态，所以可以选择暂时锁定利润。

动态风险控制策略

（1）涨停后的卖出策略

第四章已经详细介绍了涨停次日如何进行卖出的策略，这是操作短线涨停板甚至是所有交易模型在盘口寻找卖出点位的最好的办法。

（2）固定空间向上平移

比如买入的时候依据某种形态要求确定了下跌3%之后进行止损，当股价上涨了5%之后，止损的点位也向上移动5%，此时就不再是止损了，而是在买入价的2%之上进行止盈。如果股价继续上涨，涨幅已经达到了10%，此时的止损空间继续上移5%，则对应的止盈点就变成了7%。后市如果股价继续向上运行就去博取更大的利润空间，但是如果股价向下运行也要尽量保住更大的利润。

此种方式可以结合减仓一起操作，比如当上涨幅度超过10%之后，一旦回撤到7%的时候卖出一半的仓位，回撤到5%的时候再卖出剩下的仓位。

实战案例3

澳洋顺昌（002245）2015年3月18日涨停板

澳洋顺昌在日线上还没有形成大的上升趋势，还处于宽幅震荡期间。3月1日~3月17日的横盘整理期间，股价的重心不断抬高，在30分钟走势上形成了扎实的底部，即将启动一波30分钟走势上的上涨行情。3月18日的涨停板宣布多头行情的启动。

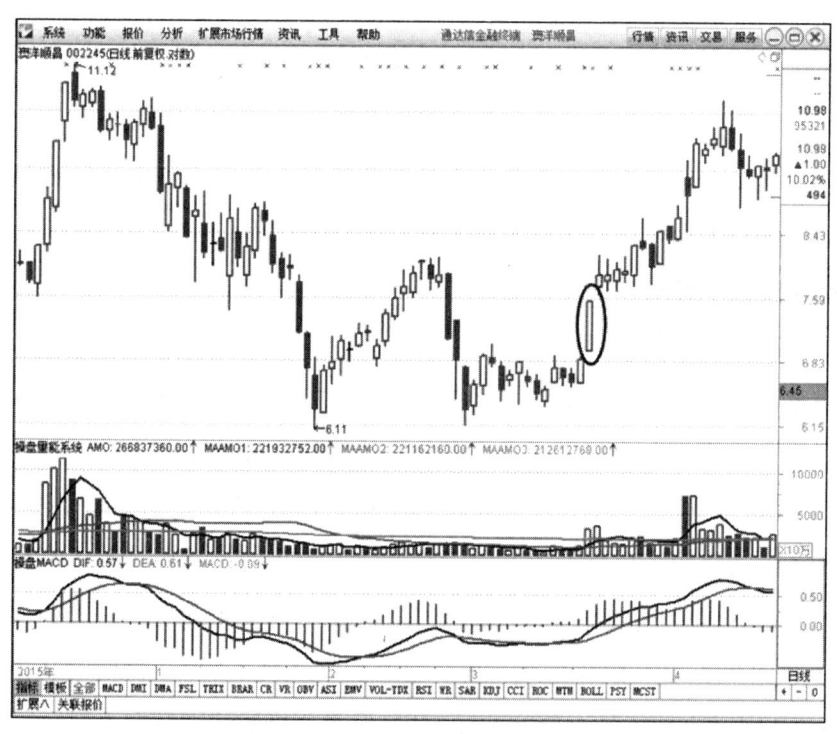

澳洋顺昌（002245）2015年12月~2016年4月K线走势图

如果在3月18日以涨停板的价格追进，买入的成本是7.55元（不考虑手续费），静态止损位为下跌3%。次日的最大涨幅是7.78%，有超过5%的涨幅，那么止损的点位也要上移7.78%，即买入价向上4.78%的位置对应的价格为7.94元。股价回落的最低点到了7.87元，所以要在7.94元的价位上清仓或者卖掉一半的仓位。如果只卖掉了一半的仓位，剩下仓位的止损位为原止损位向上移动5%，即买入价向上2%的幅度，对应的价格为7.70元，当天的股价没有触碰到该价格，所以当天可持仓。

第十章 仓位安排和止盈止损策略

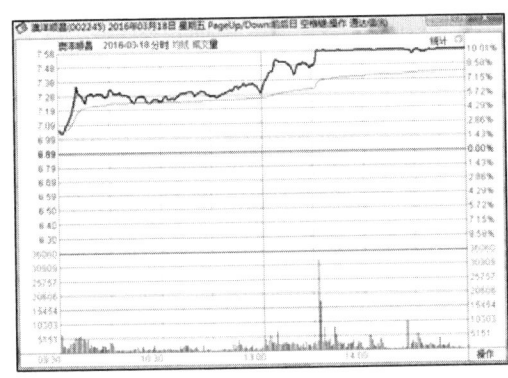 

澳洋顺昌（002245）2016年3月18、21日分时图

（3）创新高的大阳线的最低点

买入后参照的大阳线可以是主周期的，也可以是小周期的。对于操作短线涨停板的投资者来说，小周期一般都需要看到30分钟甚至是5分钟走势，买入股票之后，如果在30分钟走势上出现了一根上涨的大阳线，就会将原来的止损位向上调整到最近一根大阳线的最低点。有的时候30分钟走势上的一根大阳线的利润空间会非常大，如果等到跌破该大阳线的最低点时再离场，利润会严重缩水，所以一般出现大阳线后会根据后期的形态来确认执行什么样的止盈策略。

该种风控方式也会结合减仓的方式一起操作，以实现部分仓位落袋为赢，之后用剩下的仓位博取更大的利润。

📈 实战案例4

依顿电子（603328）2015年5月3日30分钟K线走势

以30分钟的走势为例，前期股价经过了标准的箱体整理，在整理后期股价重心上移，以小阳线突破了长期整理平台的上轨，此时是最好的突破型买点，对应的前一根小阳线的最低点就是此时操作的止损位。其实对于平台突破型的启动点，止损位也可以设在平台下轨处。

上升趋势启动后，股价表现非常强势，连续收阳线，走出了明显的小阳推大阳的走势。5月4日10点的大阳线走出来时，获利已经超过5%，可以考虑将止损位上移到该根大阳线的最低点。之后又走出了一根大阳线，将止损点位再次向上移动，此时的止损价位为25.58元。之后股价惯性上冲，最高上涨到27.30元，和此时的止损价25.58元之间的幅度是6.72%，也就是如果等到股价下跌到25.58元的时候再清仓，利润回吐就会达到6.72%，对于短线操作来说幅度较大，需要有更好的方式来识别股价已经见顶。

连续两根大阳线后，K线实体的幅度开始变小，阴线开始增多，就是明显的上涨无力的信号。下图中连续两根下跌的阴线之后出现了假阳线，所以是走出了3连阴的形态，波段顶部已经确认，需要立刻离场了。此时的价格是26.65元，卖出的价位远远高于25.58元的止损位。

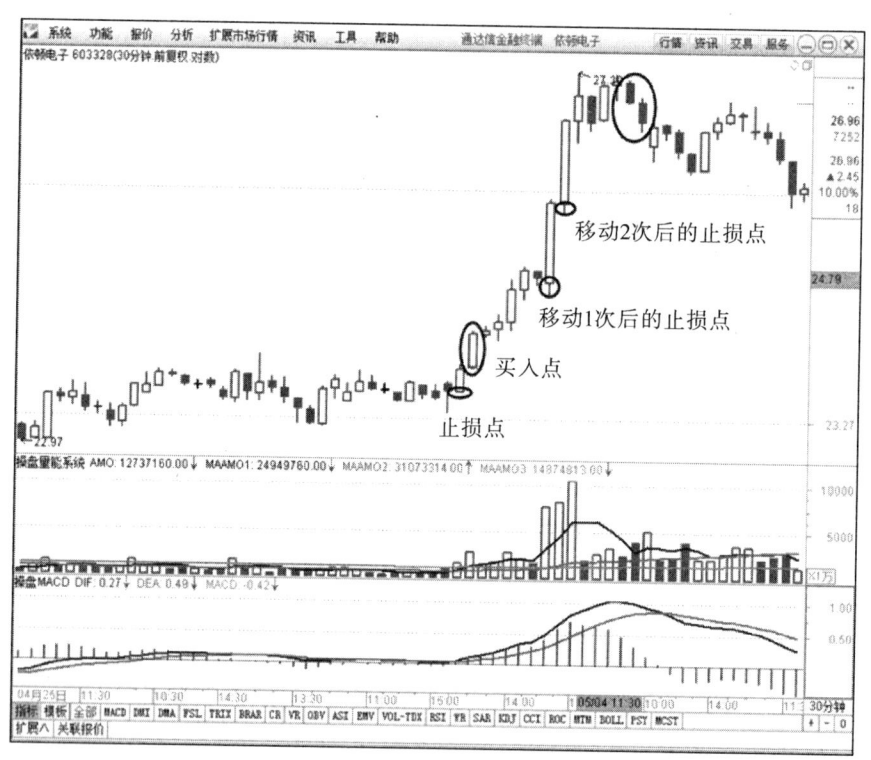

依顿电子（603328）2015年4月25日~2015年5月6日30分钟K线走势图

（4）小周期的趋势线

在股票操作的逻辑中，永远都是"看大做小"，即先看大周期的趋势，然后再到小周期上寻找买卖点。如果操作的行情在走的是30分钟上的大波段，它是由2个或2个以上5分钟走势上的完整波段构成的，如果买点是在5分钟走势的第一个波段上，那么在5分钟走势的第一个上涨波段结束后就要面临调整，5分钟走势的小趋势线被破坏了的时候就可以卖出以回避调整。此时可以清仓，然后等调整到位之后再狙击下一个5分钟走势的上涨波段，也可以先清掉一部分仓位，用剩余的仓位参与调整和后期的上涨波段。

实战案例5

恒信移动（300081）2015年9月8日涨停板

9月8日的涨停板发生时，股价前期经过了充分的下跌，还没有突破下跌趋势线，所以可以断定该次追涨停的操作一定是短线，不能够长线持有，第二天一定要离场。从涨停当天的分时图上可以看到，股价采用的是最弱的拉尾的方式走出涨停板，但是对散户的诱惑性却非常强。如果在这个时候进了场，一定要制定周密的交易计划。

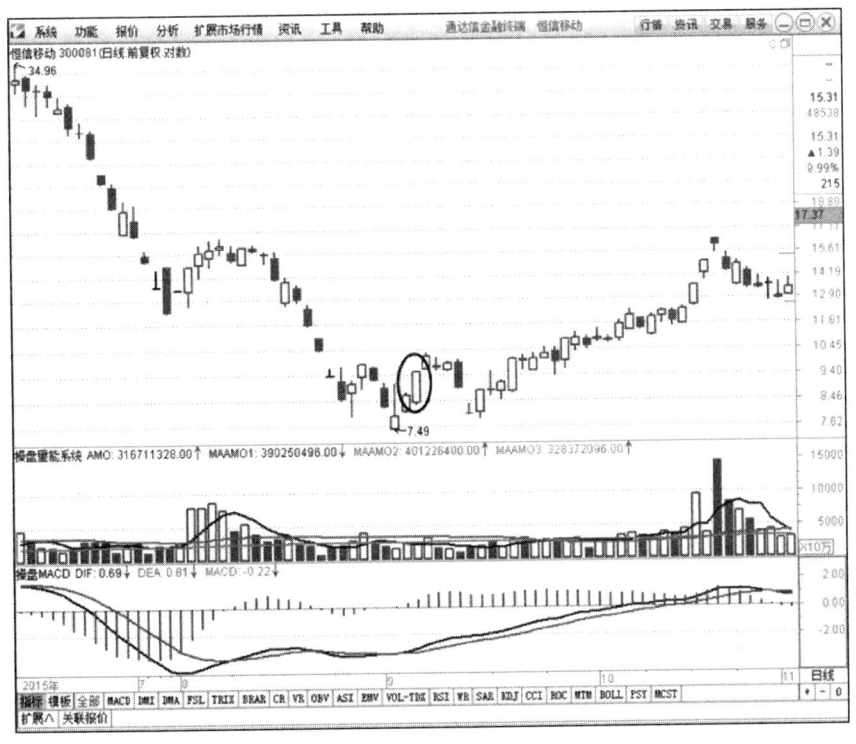

恒信移动（300081）2015年9月8日涨停板K线走势图

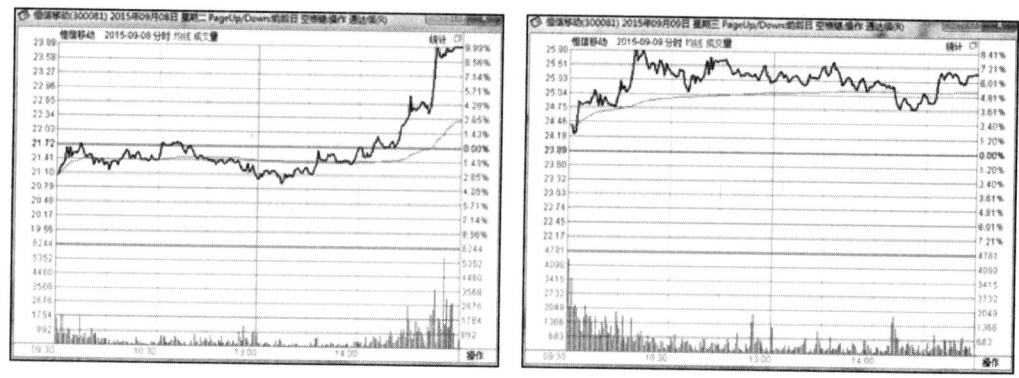

恒信移动（300081）2015年9月8、9日分时图

次日早盘小幅高开后，股价被向上拉高，最大的幅度达到了8.41%，但是之后便展开了横盘。从5分钟K线走势图上可以看到，股价在前期的一波快速拉升之后展开了横盘，且用横盘的方式破了上升趋势线，股价要展开整理，整理的时间、空间不定，会不会走出继续下跌的行情也不能确定，所以在股价跌破5分钟走势的时候一定要快速离场。

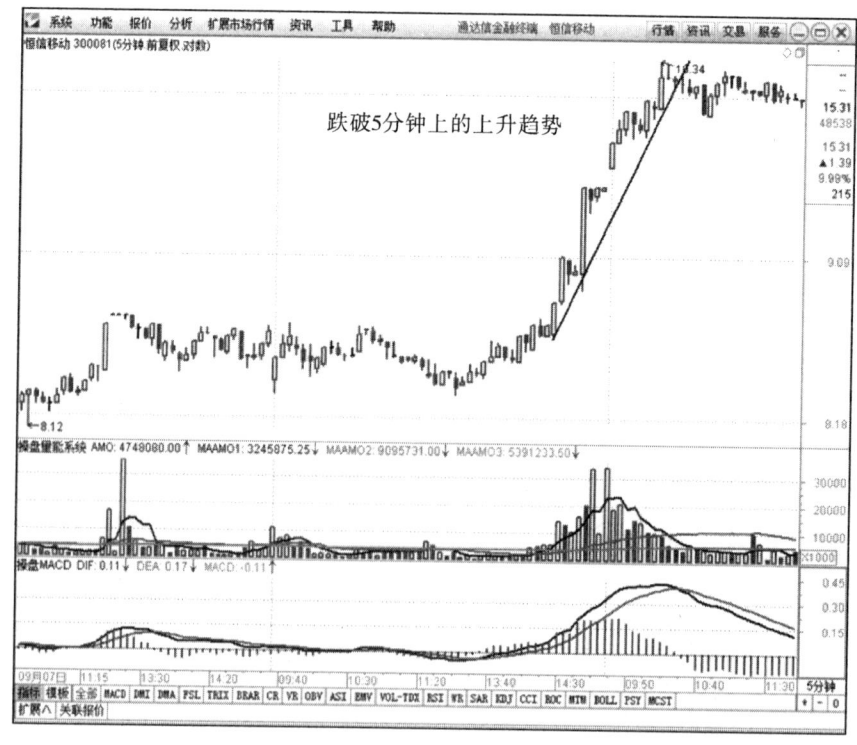

恒信移动（300081）2015年9月8日走势对应的5分钟K线走势图

第十章 仓位安排和止盈止损策略

学员互动

2015年7月3日,成都的邓先生拨打股市120的电话进行咨询:

邓先生:

我是2015年5月8日的涨停板的时候快速抢进了广东甘化(000576),全仓买的,最好的时候赚了50%,但是大盘开始杀跌之后它真的像跳楼一样快速下跌,现在利润都回去了,还亏了40%,想问下老师是不是要止损了?

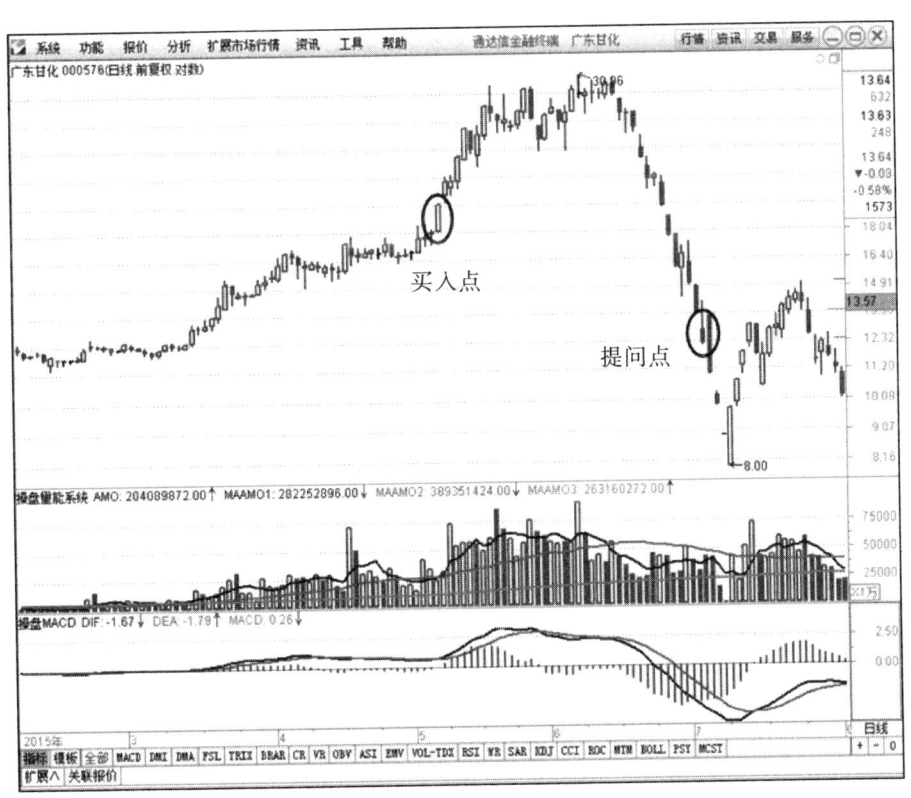

广东甘化(000576)2015年5月8日涨停板K线走势图

股市120:

5月8日的涨停板真的是一个非常好的买点,后期50%的收益是属于您的,您真的应该稳稳地赚到。这是上涨趋势末期,上涨最快的第五浪,会给参与者快速带来可观的利润,然而这也是牛市末期的征兆,出现见顶形态后不快速离场,后期被深深套住的概率会非常大。

从日线上可以清楚地看到顶部出现明显的滞涨现象，在做头部的过程中，小周期的上升趋势线一定已经跌破了，所以早就出现了止盈的位置。

此时股价处于明显的下跌趋势，而且是快速下跌，股价和均价线已经发生了背离，此时股价随时会出现反抽的行情，如果要止损很可能卖到最低点上。亏损40%算是处于深套的状态，这时一定不能在下跌的过程中买股票，因为一旦出现快速的反抽行情，减少10%的亏损是很容易的，但是也不排除继续下跌的可能。这就要求放在股市中的钱不能有时间限制，不能是用来救急的钱，因为一旦急于用钱在快速超跌的过程中砍仓，很可能卖在最低点。

通常情况下，遇到学员的这种问题，我都选择沉默，因为早就开始犯错啦，无论我说什么都是错上加错。从K线走势图中不难看出，7月3日当天如果让它卖了，第二天有个高开，他会觉得老师技术不行，没有让他卖在第二天高开的高点上；如果我不让他卖，后期还有20%的快速杀跌，又让他多亏钱了，所以无论我给什么建议都是错的。我当天是这么回复的：我们除了股票，还有诗和远方。不要让股票的涨涨跌跌影响到我们的生活质量。

思考题

1. 短线交易和中长线交易的止损风格有什么差异？
2. 你操作的资金是多少，对应的仓位管理是什么？
3. 你操作股票时有明确的止盈止损策略吗？
4. 你有按照自己的止盈止损策略进行操作吗？为什么？
5. 有多少种移动止盈策略？静态止盈止损和动态止盈止损怎么配合进行？

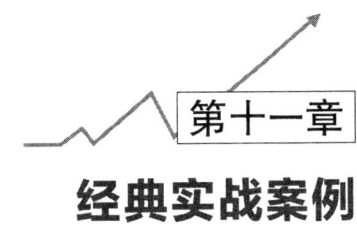

第十一章

经典实战案例

股票市场将"知易行难"这句话演绎得淋漓尽致。任何一位进入这个市场的投资者都花了很多精力来学习技术,然而又有多少人在实战中面对诱惑和恐惧时,还能够严格执行自己所制定的纪律?

1. 假突破速战速决——维科精华

石墨烯在工业、航空甚至是军工等多领域是有广泛应用前景的新材料,作为石墨烯概念龙头的维科精华一定是市场上持续热炒的焦点。在经过了3个月的调整期后,股价最后一次向下调整没有再创新低,做空动能减弱,之后没有再向下破2014年5月28日小阳线的低点,此时已经引起我们团队的高度重视,连续的极度弱势K线就是要有行情突变的征兆。

2014年6月17日,在大盘低开后继续走弱的环境下,维科精华开盘后快速拉升4.86%,后展开横盘,此时我们可以断定主力要有动作了。通常情况下,最健康的涨停板一定是在拉升一波之后经过充分的洗盘、震仓,再次拉升到涨停的,因为只有这样稳健的波形才能排除主力较强的投机行为,展现出主力积极的做多意愿和强大的资金实力。

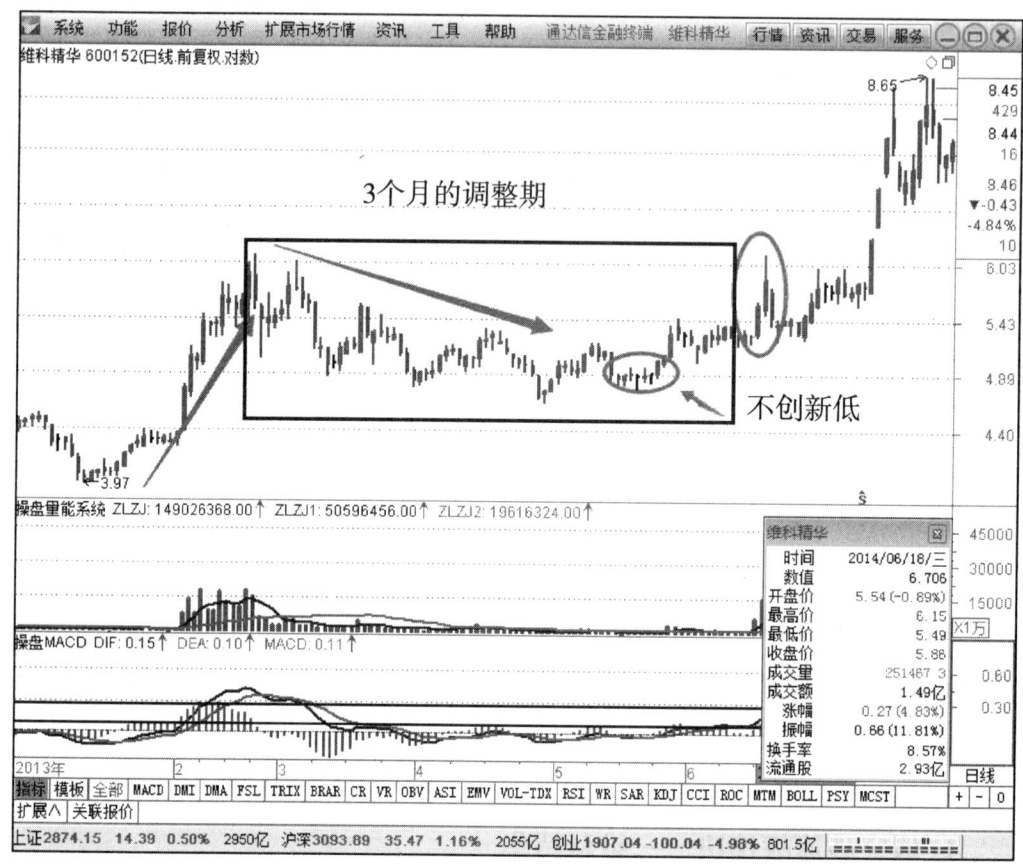

维科精华（600152）2014年2月～6月K线走势图

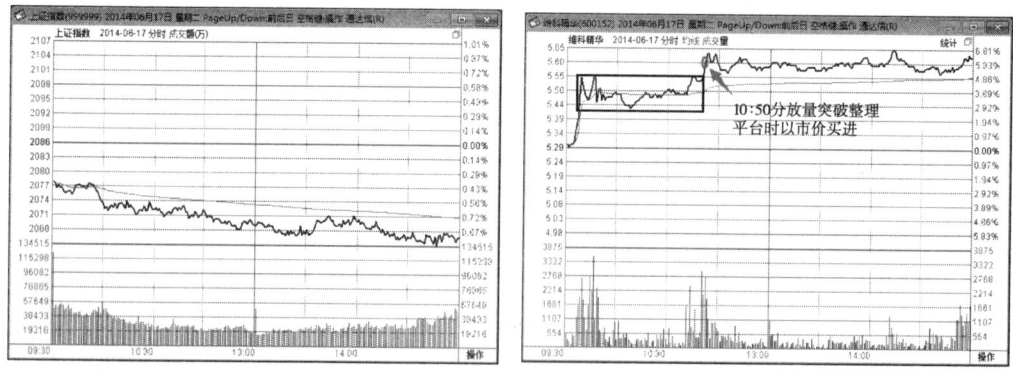

2014年6月17日上证指数和维科精华的分时走势图

在一个多小时的横盘之后，市场上的抛压减弱，股价再次爬升到均价线上方，回踩后不再跌破均价线，说明主力向下的洗盘已经结束，当股价再次向上攻击时就可以进场。果不其然，在大盘持续窄幅震荡下跌的环境下，股价选择了放

第十一章 经典实战案例

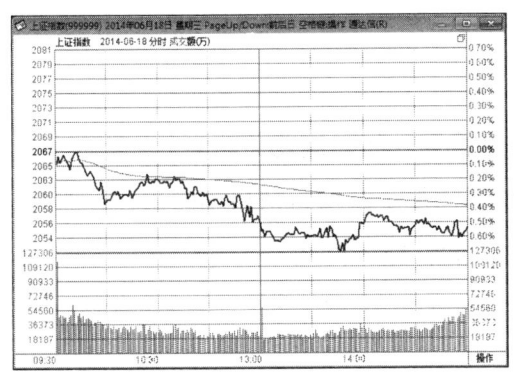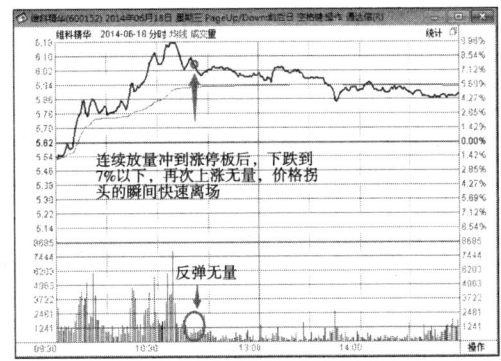

2014年6月18日上证指数和维科精华的分时走势图

量向上突破，我们采用了快速抢筹的方式跟进。受到大盘的影响，股价再次拔高后没有涨停，而是选择了在高位横盘震荡。

大家都知道，只有在大盘环境和板块环境良好的前提下，个股才会有漂亮的行情。上一日维科精华逆势上行，而6月18日大盘又不够给力，再次走出了前一日的窄幅震荡下跌的行情。即使在这种环境下，维科精华在6月8日小幅低开后，经过数波的放量向上拉升，攻击到了涨停。然而大环境不好，即使我们再看好这只票的波段行情，也必须速战速决，选择快速离场，所以在涨停但没有封板之后，在上冲无量时全部清仓。

操作标的	买入时间	买入均价	卖出时间	卖出均价	盈利比率
维科精华（600152）	2014年6月17日	5.61	2014年6月18日	6.07	8.20%

20140617	600152	维科精华	买入	5.600
20140617	600152	维科精华	买入	5.600
20140617	600152	维科精华	买入	5.600
20140617	600152	维科精华	买入	5.600
20140617	600152	维科精华	买入	5.600
20140617	600152	维科精华	买入	5.600
20140617	600152	维科精华	买入	5.600
20140617	600152	维科精华	买入	5.600

20140619	600152	维科精华	卖出	6.070
20140619	600152	维科精华	卖出	6.080
20140619	600152	维科精华	卖出	6.060

维科精华的实盘操作记录截图

2. 完美一跃——明泰铝业

2014年6月10日跳空高开向上突破横盘整理区间，这完美的向上一跃充分说明了强大的做多动能，指标、量能系统也都满足了波段行情启动的条件，所以6月10日是最好的进场点，通常涨停的概率也非常大。

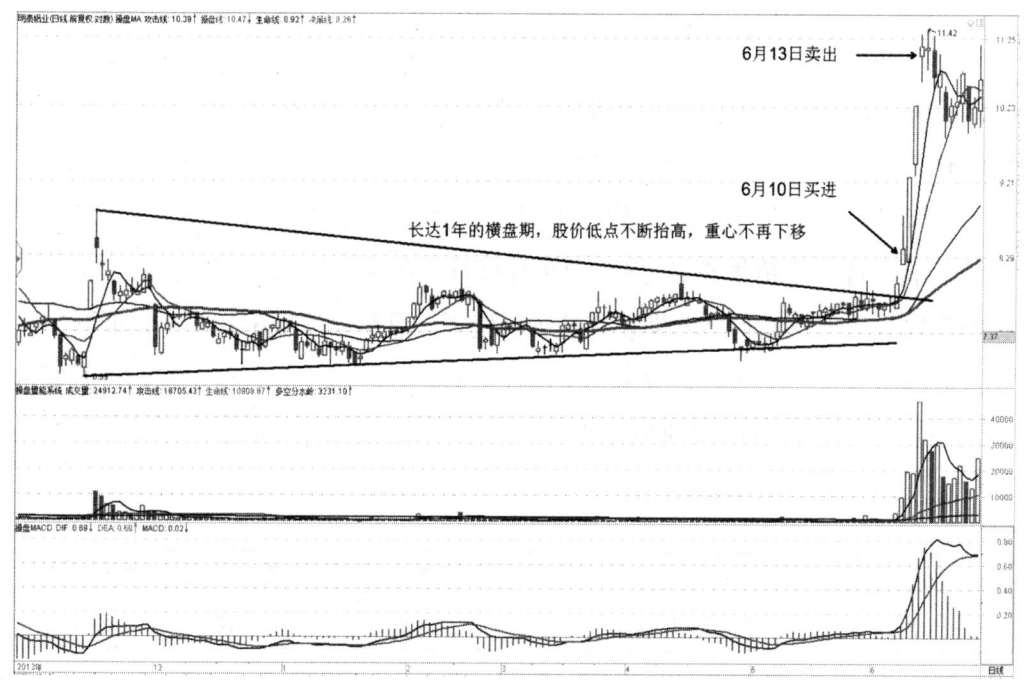

明泰铝业（601677）2013~2014年K线走势图

早盘向下小幅打压之后，以最流畅的波形快速向上拉升，当然我们以最快的速度抢入，成交均价在9.06元左右，该波直线拉升了4%，股价当时的最高涨幅达到了8.71%。记得当时是在团队的一片喝彩声中，股价选择了向下拐头，开始大家认为是正常的喘息，因为真正实力强的主力的拉升一定是一波之后停一下，让市场有个喘息，然后再进行下一波的拉升。可是明泰铝业当天不是暂时的喘息，收盘时我们被套了3%。

收盘后团队进行了紧急讨论,当天大盘从上涨0.5%在20分钟内直接向下拉到绿盘,之后呈现震荡上升的走势,当日大盘呈现温和放量的状态,已经具备了走3到5天的小波段行情的机会,大环境是坚持看多的。所以我们断定,明泰铝业的主力在早盘拉升后被大盘的杀跌吓到了,在没有确定市场的走势之前没有妄动。既然万事已经具备,只要大盘次日短期多头的格局继续,主力就一定会有动作,所以当天我们的结论是:坚决持股!

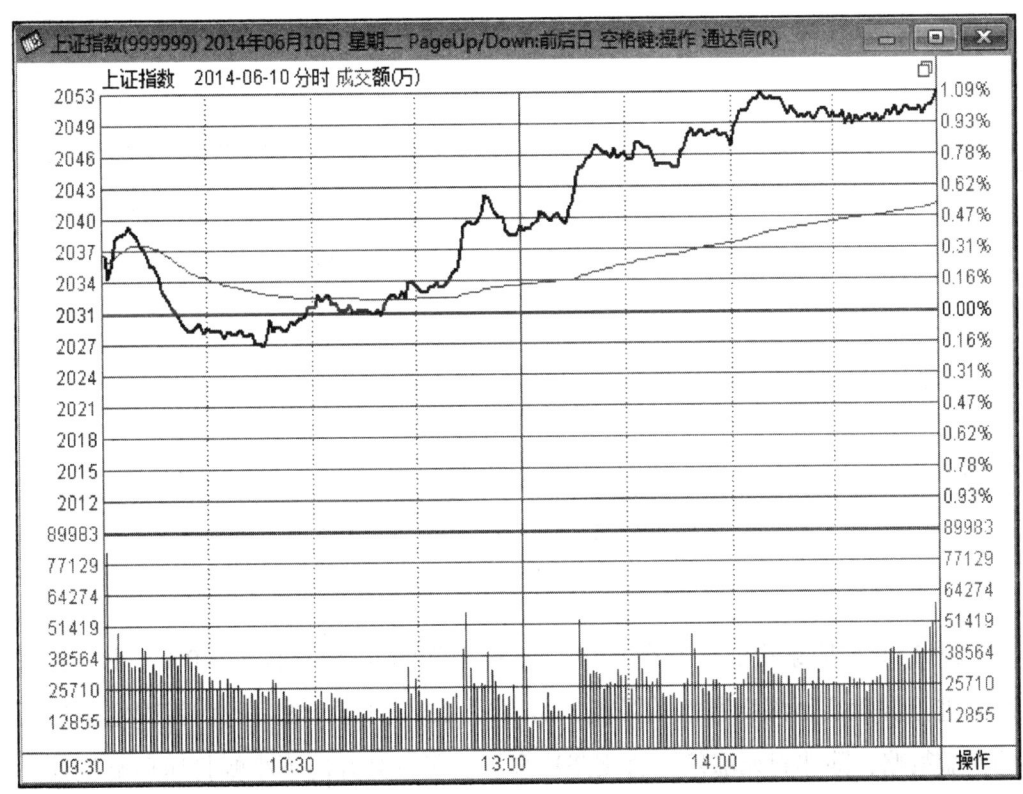

上证指数（999999）2014年6月10日分时走势图

明泰铝业6月10日的K线上留下了长长的上影线,从上文的分析中可以得知,这是主力当天谨慎操盘的痕迹,同时也是对前期获利盘的一次洗盘,这会让后市的拉升更加稳健。6月11日开盘后,20分钟内用健康的中波将股价从平开拉升到涨停,并且在经过了充分的震仓和洗盘之后,在13:15稳稳地封住了涨停直至收盘。

6月12日,股价小幅高开,然后用同前一日几乎相同的拉升方式将股价拉升到涨停,不同的是当日不再进行震仓和洗盘,之后全天大单封住涨停。

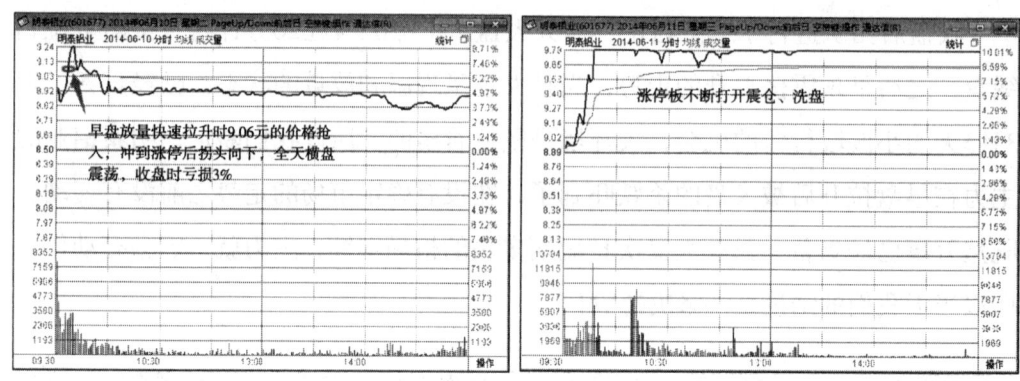

明泰铝业2014年6月10、11日分时走势图

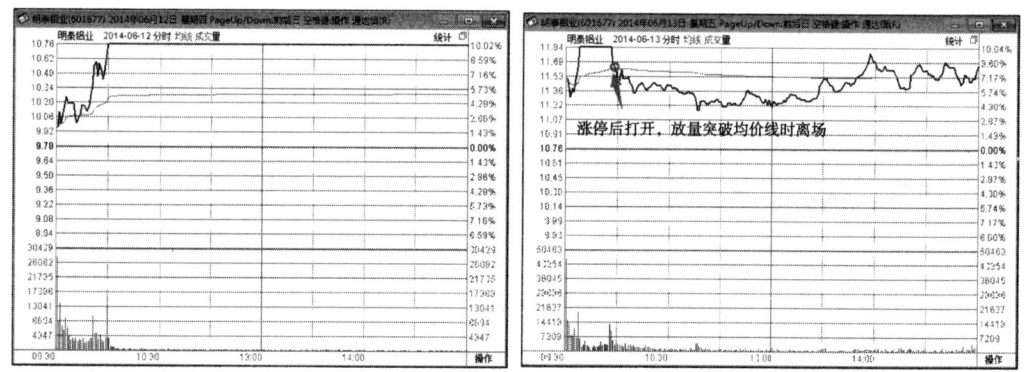

明泰铝业2014年6月12、13日分时走势图

6月13日，明泰铝业跳空高开7%，波段上涨幅度已经超过了40%，主力随时都有进行洗盘甚至深度调整的可能，所以6月13日的高开之后我们就确定了当天的操盘策略：除非封死涨停，否则坚决离场。早盘高开向下小幅打压后顺畅地、快速地拉升到涨停，且封住涨停，鉴于前方获利盘的纷纷出逃，涨停期间不断有筹码抛出，但是主升期间的人气较活跃，只要涨停板不打开，次日冲高的概率仍然很大，所以坚持我们的操作策略：除非封死涨停，否则坚决离场。9：55涨停板打开，股价迅速向下打压，我们毫不犹豫地将手上的筹码全部抛出。当看到涨停打开后的单波下跌幅度如此之深，我们团队的成员都倍感欣慰，因为市场又一次证明了这套交易体系的准确性。

操作标的	买入时间	买入均价	卖出时间	卖出均价	盈利比率
明泰铝业（601677）	2014年6月10日	9.06	2014年6月13日	11.67	28.81%

2362	2014-06-10	601677	明泰铝业	买入	8.920
2363	2014-06-10	601677	明泰铝业	买入	9.030
2364	2014-06-10	601677	明泰铝业	买入	9.090
2365	2014-06-10	601677	明泰铝业	买入	8.950

2377	2014-06-13	601677	明泰铝业	卖出	11.660
2378	2014-06-13	601677	明泰铝业	卖出	11.660
2379	2014-06-13	601677	明泰铝业	卖出	11.740
2380	2014-06-13	601677	明泰铝业	卖出	11.770

明泰铝业的实盘操作记录截图

3. 两板也无惧——航天科技

航天科技从2012年12月的7.21元的低点拉升两波之后，在后一波的高位展开了剧烈的横盘，2013年12月创了15.27元的新高之后，表现疲软，量能快速缩小，从此展开了长达7个月的横盘。直到2014年6月19日最后一次小阴线向下洗盘之

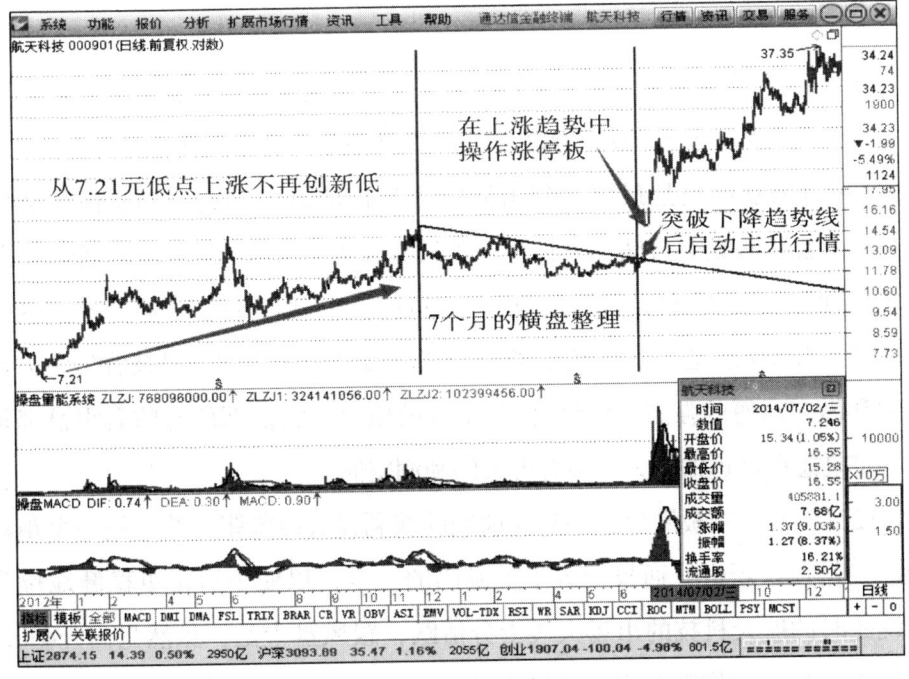

航天科技（000901）2012~2014年K线走势图

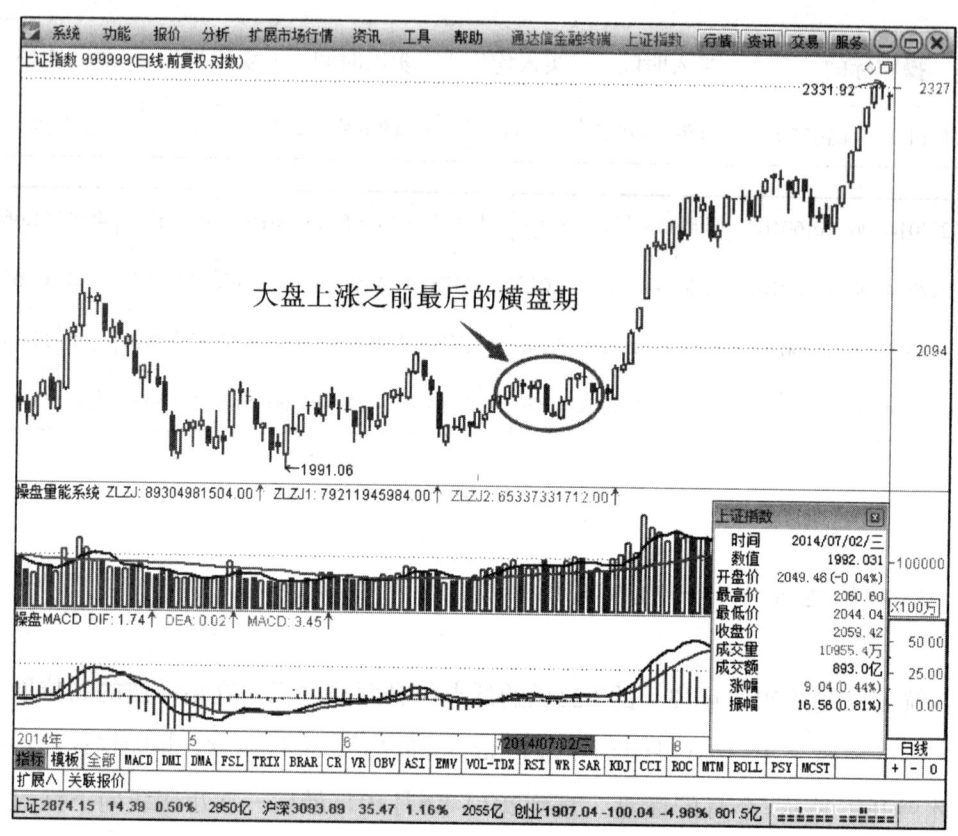

上证指数（999999）2014年K线走势图

后，连续6根小阳线缓慢放量，逐渐突破7个月的横盘整理区间的形态线上轨。6月30日跳空高开后，瞬间拉高的涨停板正式宣布主升行情的启动。

6月30日的涨停板是最好的狙击波段主升行情的进场点，然而由于涨停太快，虽然在涨停板处有排队，可惜全天都没有买到。次日直接一字板涨停，就没有挂单，而是去寻找更合适的操作机会。7月2日早盘高开4%之后开始横盘，当时团队的人都特别兴奋，因为前面的两个涨停板已经表明航天科技背后主力资金的强大和做多意愿的强烈，能够忍住7个月的横盘，将前期所有的套牢盘都解套的，一定是志存高远的主力，会有更大的利润空间。

7月2日没有一字板涨停，一是让前期的获利盘有所紧张，给它们一个跑路的机会，二是提高新进普通投资者手上筹码的成本，以便于后市更稳健地拉升。可以说此时的航天科技的市场人气十分活跃，跟风盘十足，虽然只高开4%，只要主力资金稍有动作就会引来市场上的跟风资金，将股价快速推升到涨停。已经错失了两个涨停板，今天的机会一定要抓牢，9：42主动买盘的资金开始迅速增加，股价快速上涨，当股价快要突破早盘的高点时快速打高几个点的价差抢入。果然没让我们失望，直接拉升到涨停后，只是做了一个几分钟的震仓就死死封住涨停板。

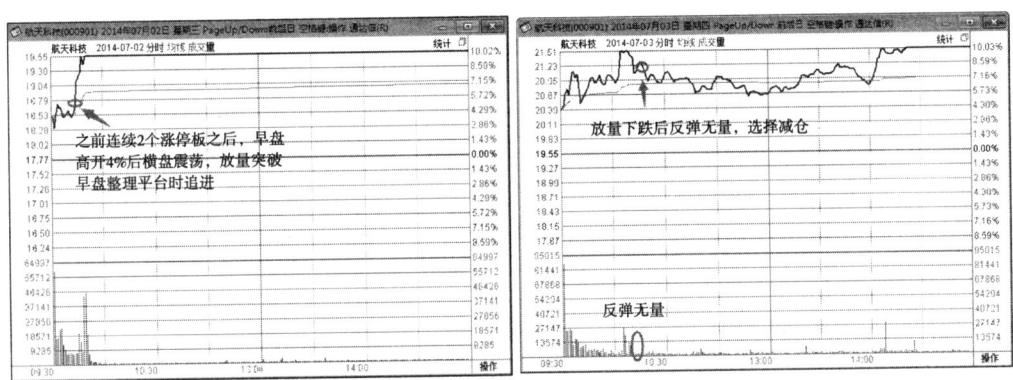

航天科技2014年7月2、3日分时走势图

7月3日如期高开后震荡上升到涨停板，但是量能已经不足，呈现缩量上涨的不健康形态，涨停板没有封住，我们在股价向下打压后再次上攻无力时选择部分离场。因为我们团队对这只股票跟踪有1个多月的时间，对公司的基本面做了十分深入的调研，航空、军工题材的热点不断，航天科技作为航天航空和军工航空板块中标的优良的个股有着非常高的投资价值。还有一个更重要的原因就是，股票投资通常遵循"横有多长、竖有多高"的规则，长达7个月的横盘，主力不会满足于40%的利润，后期还有很大的上升空间。所以我们选择留了一半的仓位。

7月4日低开后全天低位震荡，盘中连翻红的机会都没有，给市场传递了一个上涨无力即将下跌的信号，我们已经在7月3日的高点将一半仓位平掉，降低了手上筹码的成本，也就意味着我们手上筹码可接受的风控区间更大，所以选择持仓。

随后的两个交易日没有辜负我们的期望，两个涨停板让我们这次操作的结果非常圆满。7月9日再次选择了低开，此时该波段在12个交易日已经上涨了70%，而大盘还是处于不温不火的横盘整理期，低开的洗盘行为非常正常，但是当天高涨的市场人气再次将航天科技推向了涨停。可是走势已经出现了严重的危险信号，涨停板是我们出场的最好时机，但是此时我们对大盘的研判是次日会走一个比较强势的上升小波段，所以相信大盘环境不好时逆势涨停的航天科技在大盘走好的情况下，一定会表现更加出色，所以选择了继续持股。

7月10日的大盘小幅低开，但是航天科技却低开了2%，充分说明其已经走弱，该波段的上涨已经结束，即将面临横盘调整，所以在低开后第一波拉高的过程中就选择了快速离场。

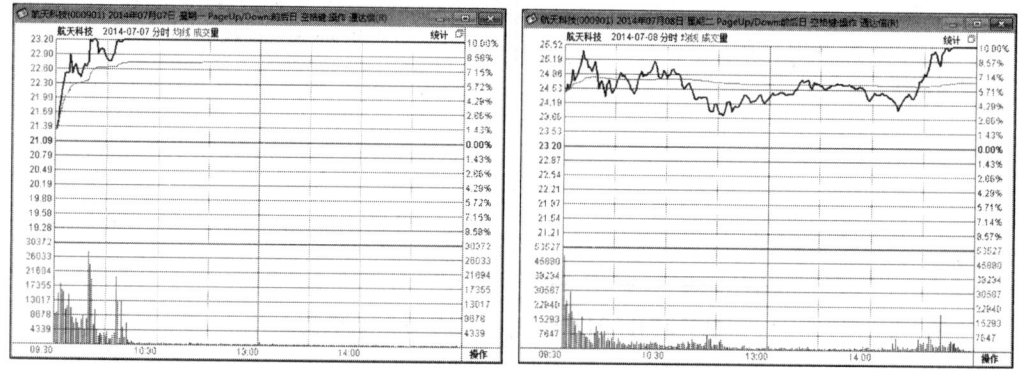

航天科技2014年7月7、8日分时走势图

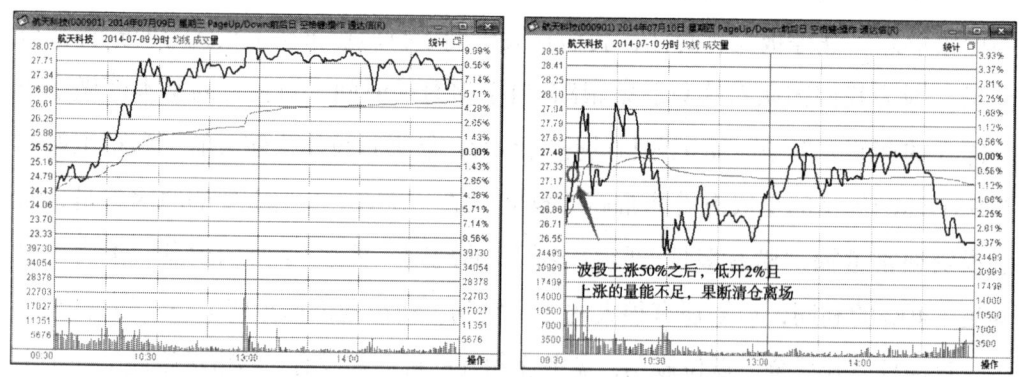

航天科技2014年7月9、10日分时走势图

特别提示

无论哪种涨停板，赚取的都是上涨最顺畅一段的利润，可以参与洗盘，但是坚决不参与调整，所以航天科技后市无论是调整还是缓慢上涨都不属于我们的操作模型了，机会成本会让我们寻找到更优秀的操作标的。

操作标的	买入时间	买入均价	卖出时间	卖出均价	盈利比率
航天科技（000901）	2014年7月2日	18.78	2014年7月3日	21.20	12.89%
航天科技（000901）	2014年7月2日	18.78	2014年7月10日	27.28	45.26%

20140710	000901	航天科技	卖出	27.220
20140710	000901	航天科技	卖出	27.250
20140710	000901	航天科技	卖出	27.250
20140710	000901	航天科技	卖出	27.250
20140710	000901	航天科技	卖出	27.260
20140710	000901	航天科技	卖出	27.270
20140710	000901	航天科技	卖出	27.310
20140710	000901	航天科技	卖出	27.350
20140710	000901	航天科技	卖出	27.380
20140710	000901	航天科技	卖出	27.400
20140702	000901	航天科技	买入	18.660	20140710	000901	航天科技	卖出	27.450
20140702	000901	航天科技	买入	18.590	20140710	000901	航天科技	卖出	27.480

航天科技的实盘操作记录截图

4. 享得起成功受得起失败——滨海能源

其实滨海能源前期的形态并不十分满足我们的操作模型，虽然这只票涨幅比较大，而且还在健康的上涨趋势中，但是这只股票的历史走势中很少有典型的蓄势后爆发性的上涨行情，最多两个涨停板就会遇到大的调整，很明显是老庄长期操作的股票。主力通过高抛低吸的形式赚取差价，或者可以说是在大的上涨趋势中会通过一次次做短庄的形式赚取价差，降低自己手中筹码的成本。在此也给投资者一个建议，如果遇到老庄操作的票，能避就避，因为通过长期的滚动操盘，主力的成本非常低，好端端的上涨趋势中突然间出现30%的下跌都是正常的，主力自己很容易拿到更低的筹码，可是我们就有可能变成"站在高高山岗上"的人。

2014年7月16日，滨海能源走出了一根实体超过4%的黑太阳，而且伴有放量，是出货还是洗盘很难判断。但是7月17日的一个非常健康的涨停板将前一天的黑太阳完全吞没，无疑确定7月16日看似恐怖的大阴线是主力的洗盘行为，而7月17日的大阳线则说明主力志存高远，后市利润空间可期，所以这是这只老庄股深深吸引我们的地方，或者说是诱惑我们的地方，这根漂亮的阳线也让我们对前期两个涨停后必有大阴线的规律也熟视无睹了。

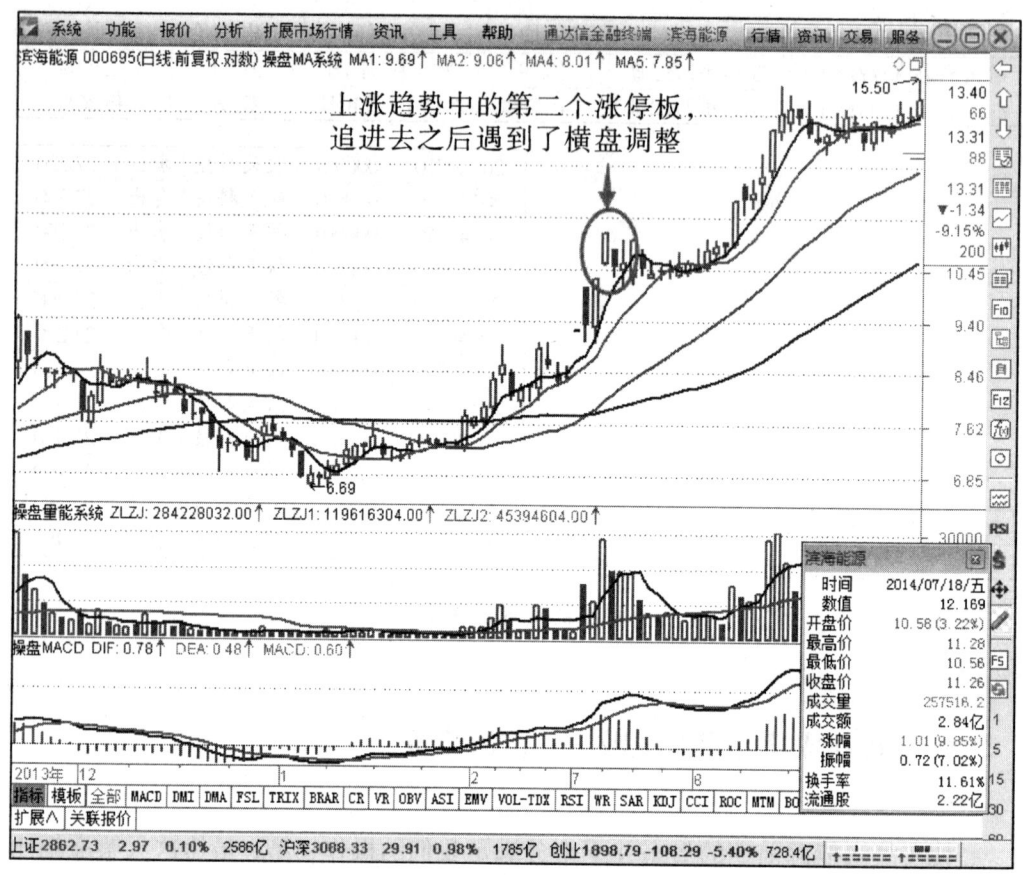

滨海能源（000695）2014年1月～8月K线走势图

7月18日跳空高开4.3%，让我们更加坚定当日一定要杀进这只股票的决心。一波快速拉升后出现了向下回调，这是我们最希望看到的，因为只有回调后的再次拉升才是健康的。回调跌破均价线后快速拉起，真的堪称完美，所以我们丝毫没有犹豫地以涨停板的价格快速下达了买入指令，最后的平均买入成本在10.99元。股价触碰涨停板后快速向下，这还在我的意料之中，但是向下回调的第二波破了均价线，且最深时从涨停板下来的跌幅达到了5%，这不是一只强势股票该有的表现。接下来的一天在漫长的横盘中度过，即使尾盘拉回了涨停，也不能给我们丝毫的安慰，因为我们犯了个非常低级的错误：没有按照交易模型进行操作！

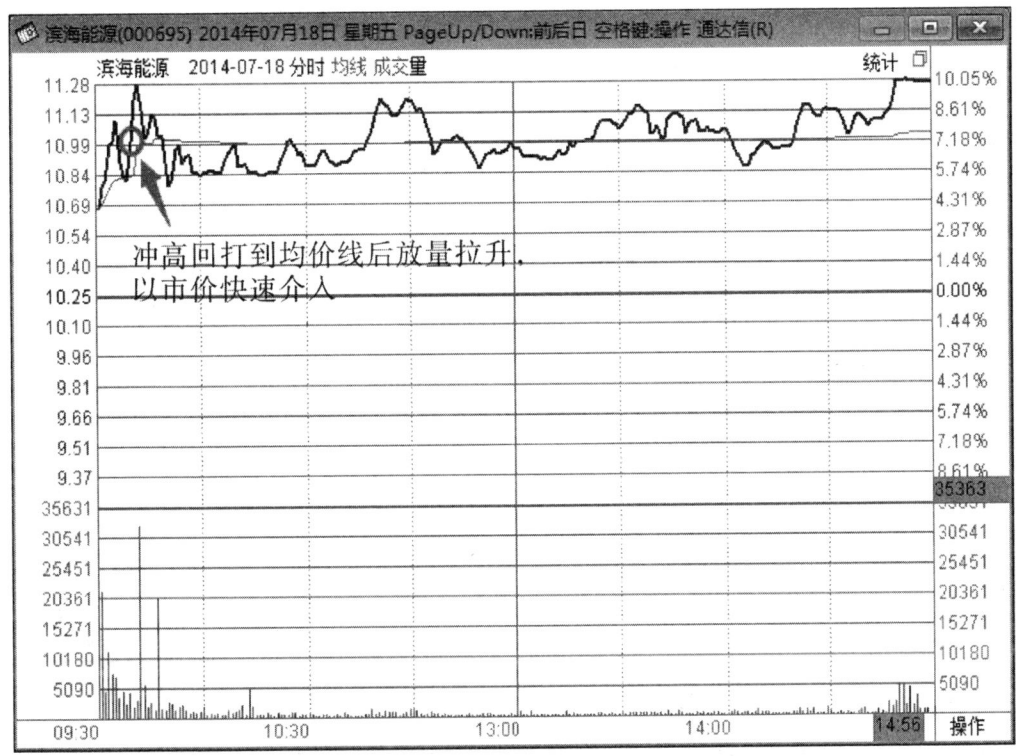

滨海能源（000695）2014年7月18日分时走势图

7月21日低开超过了3%，这次操作盈利的希望几乎没有了，我们要做的就是尽量减少此次操作的损失。开盘之后股价上涨无力，量能完全跟不上，在10.7元到10.86元是最好的卖出时段，但是我们又犯了一个错误，在犹豫和等待的那个瞬间股价快速跳水，最深的跌幅已经超过了7%，这是操作短线涨停板非常大的失误！在犯了两次错误之后，我们快速地理清自己的思路，反弹无量必须走人，哪怕尾盘是涨停板。

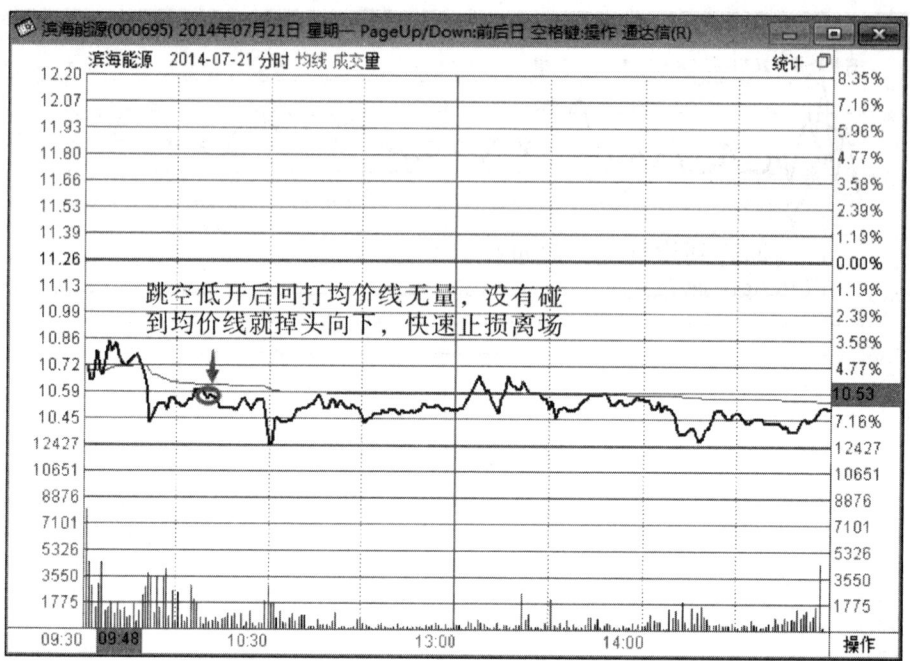

滨海能源（000695）2014年7月21日分时走势图

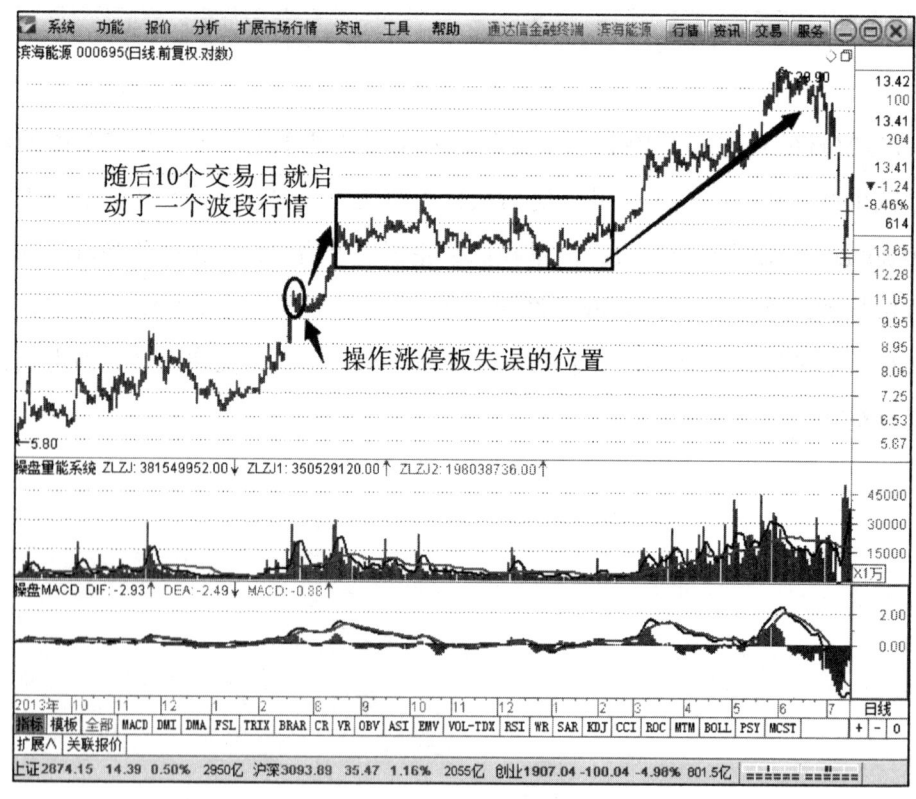

滨海能源2014年7月的涨停板之后的走势

从滨海能源2014年7月的涨停板之后的走势看，在此次操作失误后经过了10个交易日的横盘，就走出了一个涨幅超过30%的波段行情，然后又经过了半年多的横盘整理才走出了快速上涨的行情。由此可见，这是一只强势股，在这个判断上是没有问题的，也就是解决了"选得好"的问题，可是选择了一个很差的买点，没有解决"买得好"的问题。

追涨停，追在主力启动行情的初期是稳赢的，但是一旦追到了主力洗盘或是调整时期就很容易被套。虽然我们会通过各种条件来提高胜率，但是考虑得再充分，由于人性中固有的弱点，有的时候也很难完全抵挡住"追涨杀跌"的诱惑。这是心态上的问题，需要从各方面进行修炼。

操作标的	买入时间	买入均价	卖出时间	卖出均价	盈利比率
滨海能源（000695）	2014年7月18日	10.99	2014年7月21日	10.42	-5.19%

20140718	0000695	滨海能源	买入	10.830
20140718	0000695	滨海能源	买入	10.870
20140718	0000695	滨海能源	买入	11.150
20140718	0000695	滨海能源	买入	11.180
20140718	0000695	滨海能源	买入	11.123
20140718	0000695	滨海能源	买入	11.050
20140718	0000695	滨海能源	买入	11.100

20140721	000695	滨海能源	卖出	10.500
20140721	000695	滨海能源	卖出	10.380
20140721	000695	滨海能源	卖出	10.320

滨海能源的实盘操作记录截图

5. 最后的晚餐——漳州发展

对漳州发展的前期走势的分析见下图，横盘整理期间量能逐渐萎缩，K线实体均匀，涨跌错落有致，市场交易清淡，说明主力控盘程度较高。在横盘末期，一根大阴线向下突破了横盘整理的下轨做出了股价将要下行的假象，次日就以一根大阳线修复了多头的失地，而前一交易日的大阴线无疑是最后的向下打压洗盘。和一般的平台突破不一样，漳州发展采用的是小阳推大阳的方式走出的上涨行情。在启动初期，市场上筹码的稳定性较差，通过小阳缓慢拉升的方式，在清洗场内浮筹的同时主力还可以继续吸筹，待市场大环境走好时就可以快速启动加速上涨行情。

7月22日上证指数以上涨1%的中阳线向上突破多根均线后，正式宣布长达11个月的大牛市启动。在前期准备都到位的前提下，漳州发展在7月22日借足大盘的东风，快速启动涨停板的加速上涨模式。

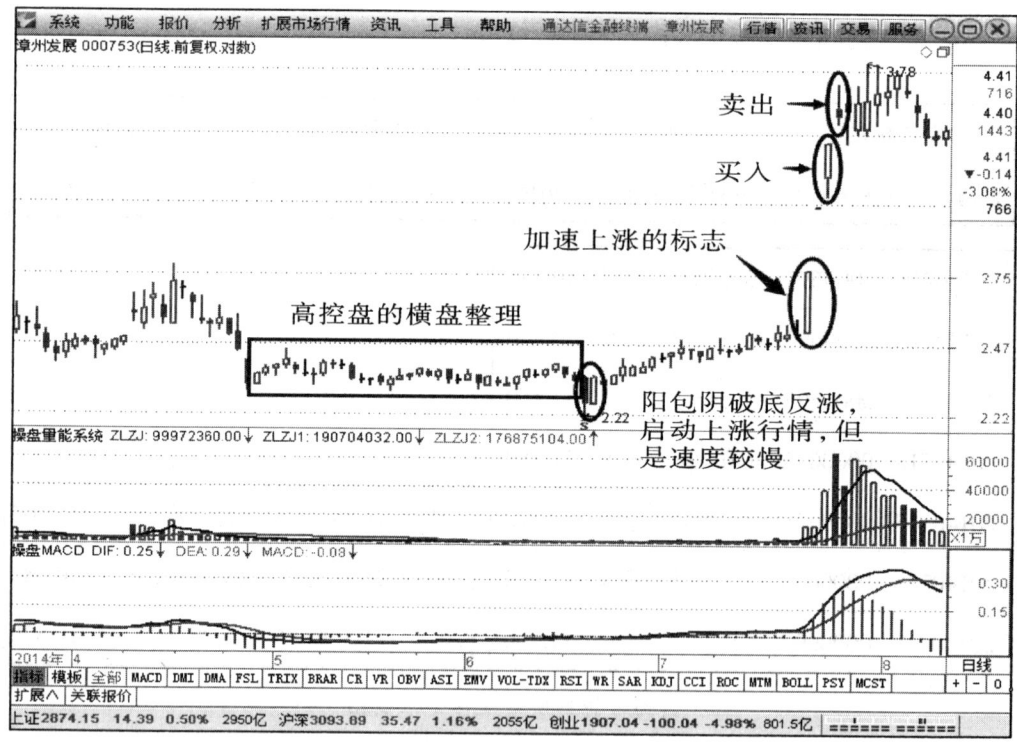

漳州发展（000753）2014年4月～7月K线走势图

7月23日的一字板充分说明了主力做多的决心，而7月24日高开5%是留给我们普通投资者最好的进场的机会。早盘快速拉起回调到均价线处，再次放量拉起就是进场的最好时机。

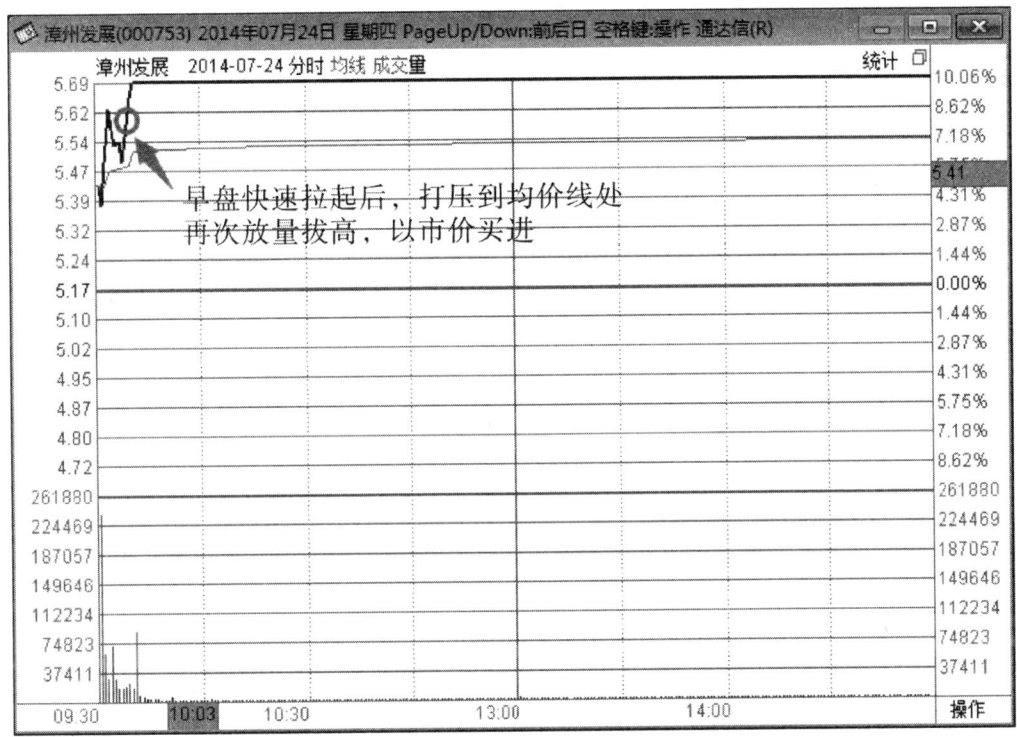

漳州发展（000753）2014年7月24日分时走势图

7月25日高开6%后，冲高无力，高位盘整的时候均可离场。7月25日的分时走势发生在高位，是比较明显的滞涨信号，而不是洗盘，如果是洗盘会加大全天走势震荡的幅度，造成恐慌的氛围才会达到洗盘的目的，而漳州发展在7月25日全天呈现的迹象是上涨无力，后期一定会面临调整。

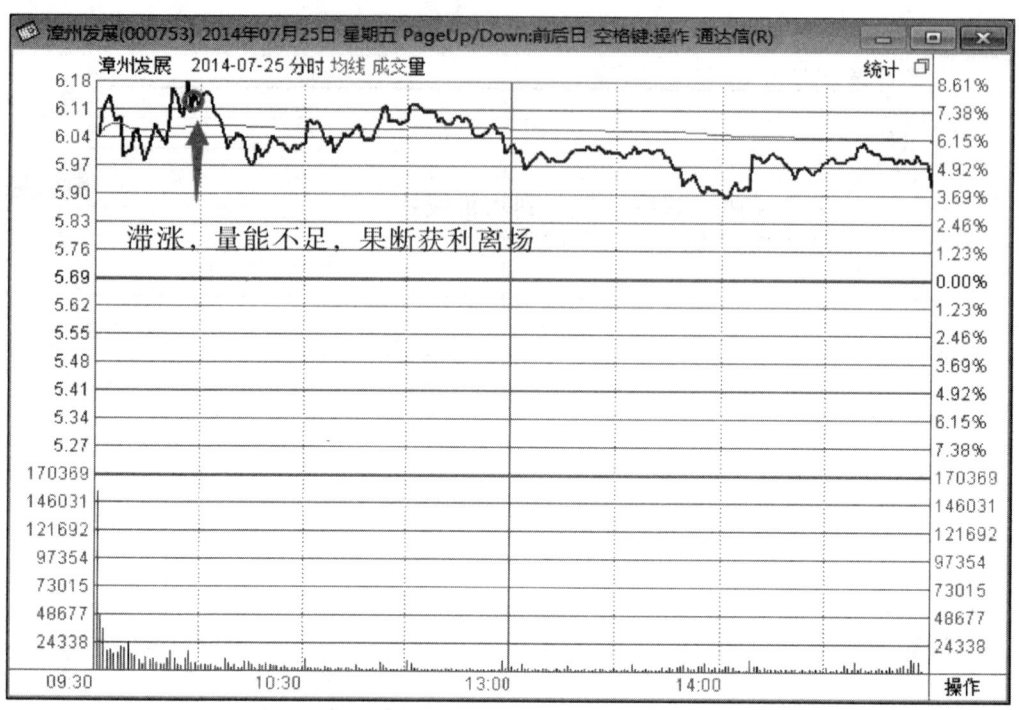

漳州发展（000753）2014年7月25日分时走势图

操作标的	买入时间	买入均价	卖出时间	卖出均价	盈利比率
漳州发展（600152）	2014年7月24日	5.60	2014年7月25日	6.12	9.29%

20140724	000753	漳州发展	买入	5.400		20140725	000753	漳州发展	卖出	6.110
20140724	000753	漳州发展	买入	5.430		20140725	000753	漳州发展	卖出	6.120
20140724	000753	漳州发展	买入	5.600		20140725	000753	漳州发展	卖出	6.120
20140724	000753	漳州发展	买入	5.600		20140725	000753	漳州发展	卖出	6.120
20140724	000753	漳州发展	买入	5.600		20140725	000753	漳州发展	卖出	6.120
20140724	000753	漳州发展	买入	5.610		20140725	000753	漳州发展	卖出	6.120
20140724	000753	漳州发展	买入	5.650		20140725	000753	漳州发展	卖出	6.160

漳州发展的实盘操作记录截图

6. 诱惑难耐——富春环保

在经过了漫长的下跌并在6.83元的价位探底之后，富春环保展开了横盘调整，低点不断在抬高，形成了一个整理时间有31个交易日的小平台。然而虽然在横盘过程中突破了下跌趋势线，但是均线系统还没有走好，调整时间还不够启动大级别上升行情的机会，在这里只能按下跌末期的反弹行情进行操作，必须快进快出。

2014年6月16日，富春环保高开近2%之后，以放量的短波将股价缓慢地向上推升，随着量能的一波波升降，股价攀升得并不流畅。10∶40后选择了高位窄幅横盘震荡，直到14∶00选择了快速放量向上突破。无论是K线还是分时盘口，窄幅横盘后的放量突破都是我们最钟爱的操作模型，因为这个走势就像在对投资者说：我要涨啦！

富春环保（002479）2013~2014年K线走势图

在突破的瞬间，我们脑海中除了窄幅横盘放量突破会有大的行情外，已经容不下任何信息，所以果断地全仓进入。果然不负所望，突破之后快速拉升到涨停，然而让人心惊的是封停的时间都没有5分钟就选择了向下调整。此时已经是14：03，离收盘不足1个小时，大凡拖到最后一个小时拉升涨停板的主力在实力上本来就是偏弱的，拉升后还没有封住涨停，则说明今日做多意愿不强，封板概率不大，那么第二天冲高的可能性就会大打折扣，甚至会低开。

此时我们头脑已经清醒，才开始正视图表中传递出来的各种不利于涨停的因素：位置不好、波形不流畅、日K线横盘的位置不够高、涨停的时间太晚……本次操作严重失误，第二天出现亏损的概率很大，当盘中出现任何不利的信号时，必须快速清仓。

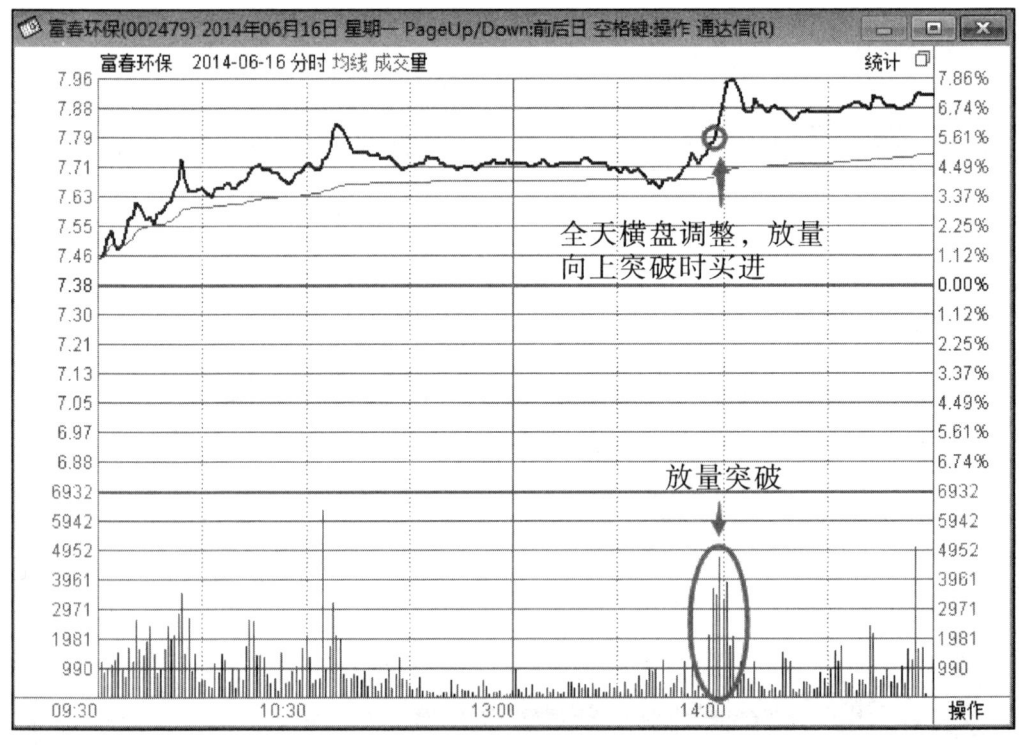

富春环保（002479）2014年6月16日分时走势图

6月17日跳空低开1.5%，随后向上反弹无力，在均价线的阻力作用明显时，股价拐头的瞬间快速全部清仓。从下图的走势中可以发现，卖出之后横盘，但是下午将股价拉起，最后收在红盘之上。可能您会有疑问：如果晚点卖出岂不是可以减小损失吗？操作一定要有自己的交易模式，并且严格按照模式进行交易，严格执行可能会让您失误一次，但是能保证长期下来大概率上是准确的。如果没有交易模型、没有自己的交易规则，随着市场的千变万化自己也千变万化，绝对不会成为一名成熟的投资者。

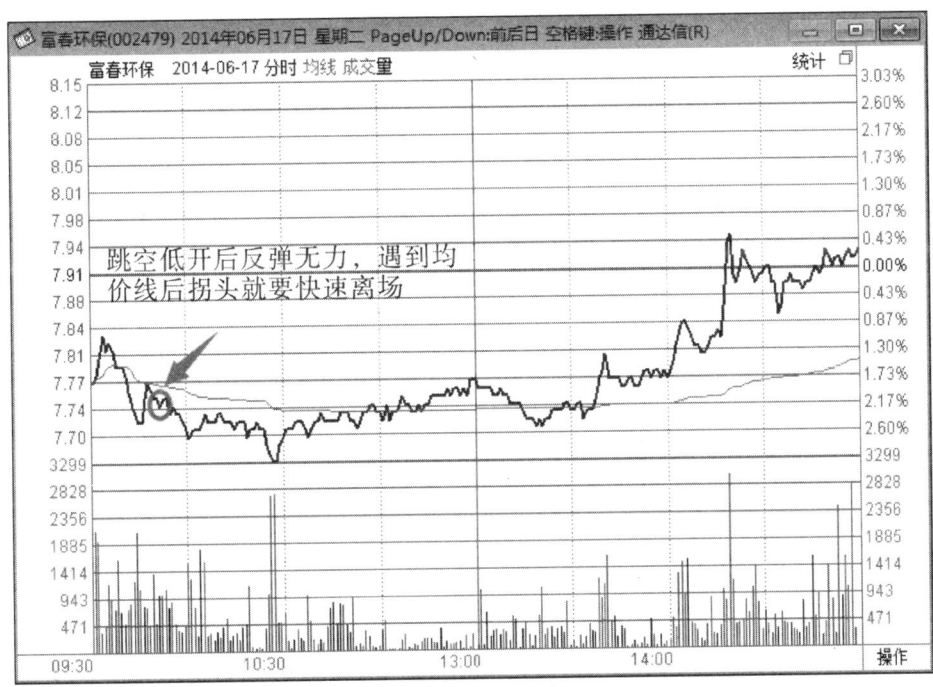

富春环保（002479）2014年6月17日分时走势图

操作标的	买入时间	买入均价	卖出时间	卖出均价	盈利比率
富春环保（002479）	2014年6月16日	7.77	2014年6月17日	7.71	-0.77%

20140616	13:56:53	002479	富春环保	买入	部成	7.770
20140616	13:57:20	002479	富春环保	买入	已成	7.780

20140617	13:18:44	002479	富春环保	卖出	已成	7.720
20140617	13:18:57	002479	富春环保	卖出	已成	7.710
20140617	13:19:07	002479	富春环保	卖出	已成	7.710

富春环保的实盘操作记录截图

7. 短线就是这么玩的——江苏国泰

从日线的走势上来看，江苏国泰和富春环保特别相似，都是在突破了下跌趋势线后经过了短暂的调整启动的第一波反弹行情。江苏国泰在底部清晰地做了一个W底，然后通过涨停板的形式快速突破W底部的颈线，启动波段行情。

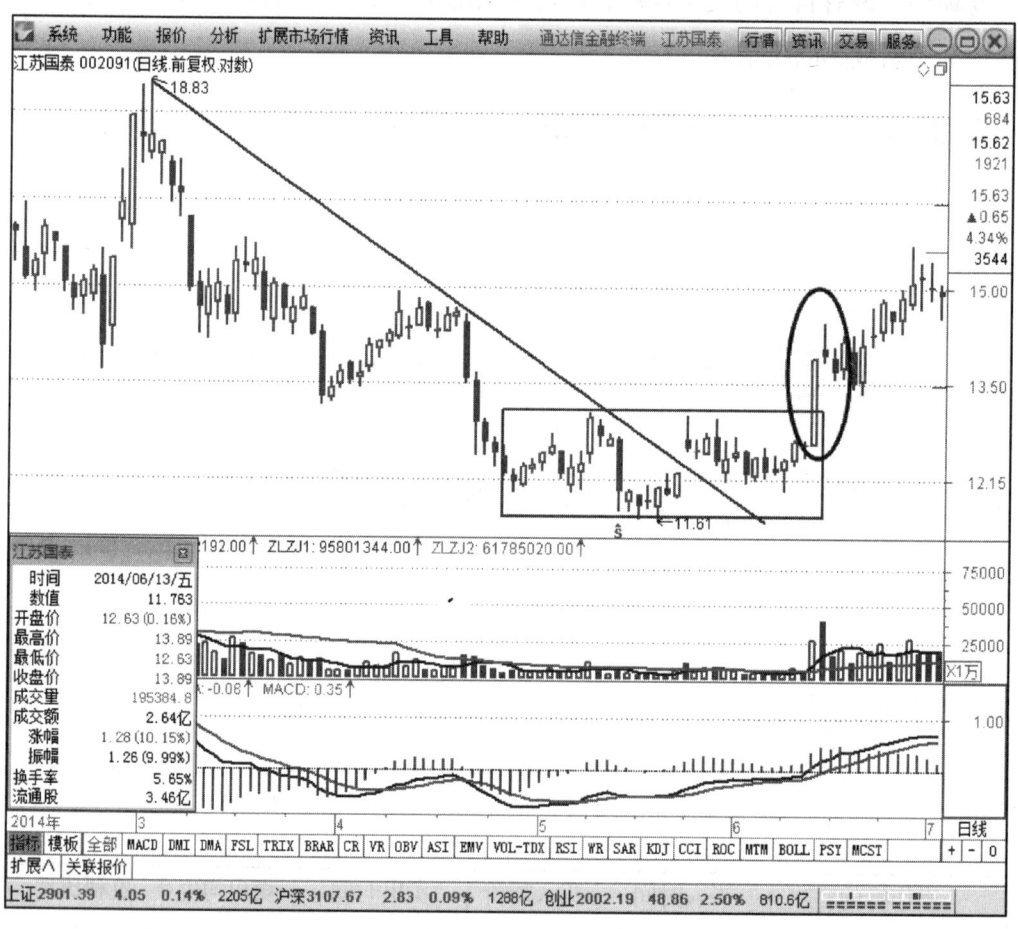

江苏国泰（002091）2014年3月～6月K线走势图

2014年6月13日早盘小幅高开后缓慢上升，然后窄幅震荡形成平台，再通过放量突破平台上轨的形式向上拉出空间后再次形成高位平台。股价全天走势稳健，量能在重要突破点时攻击性强，注定了当天持续性冲高的走势。从K线图上可以看到前期横盘的上轨，也就是W底的颈线位的价格是13.06元，分时走势图在持续性缓慢上涨突破13.06元之后在其之上形成了节奏性非常强的横盘，说明股价再回到13.06元的下方的概率不大，所以后市可期。当股价在平台区选择向上拐头的瞬间决定买入。

6月16日小幅高开，向上冲击的幅度也不高，然而向下打压的深度却较大，庆幸的是打压到前收盘的位置时受到了强烈的支撑，在前收盘上方横盘1个小时之后再次向上拉起。虽然该波上涨的量能健康，甚至放出了前日封涨停时的量能，可是上涨的幅度只有3%，可见当天的抛压之重。前日的涨停板让之前的获利盘和套牢盘纷纷出局，所以当天的高点就是波段高点的概率特别大。高点向下拐头时就选择了全部清仓。

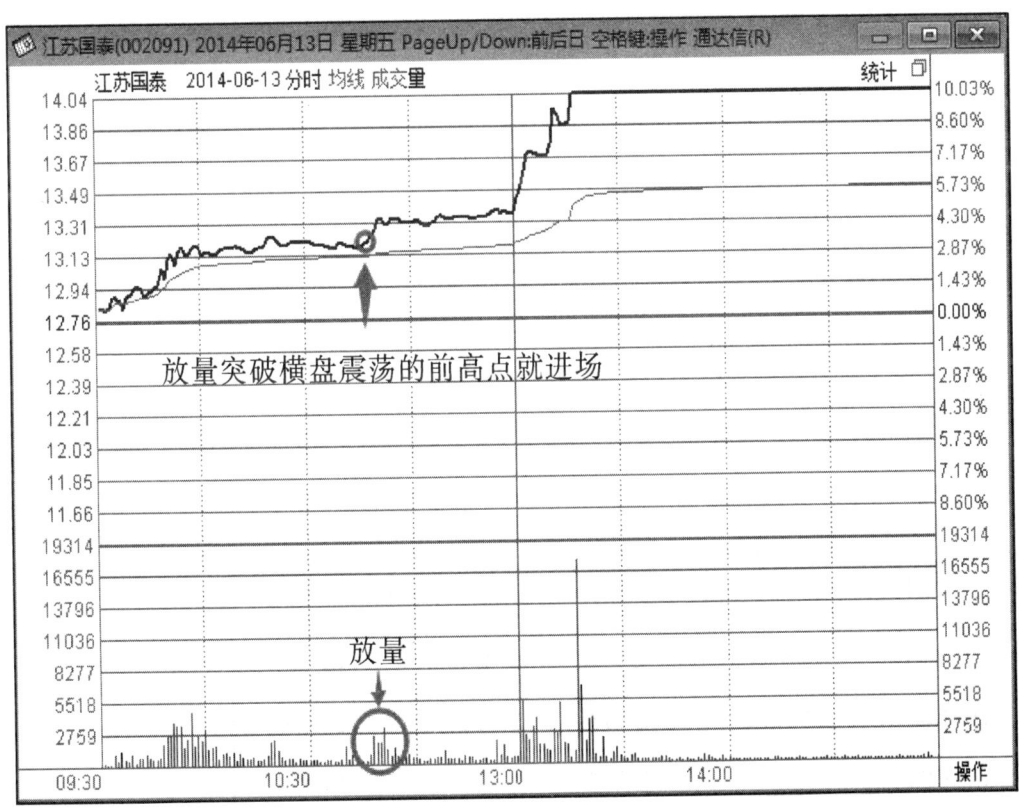

江苏国泰（002091）2014年6月13日分时走势图

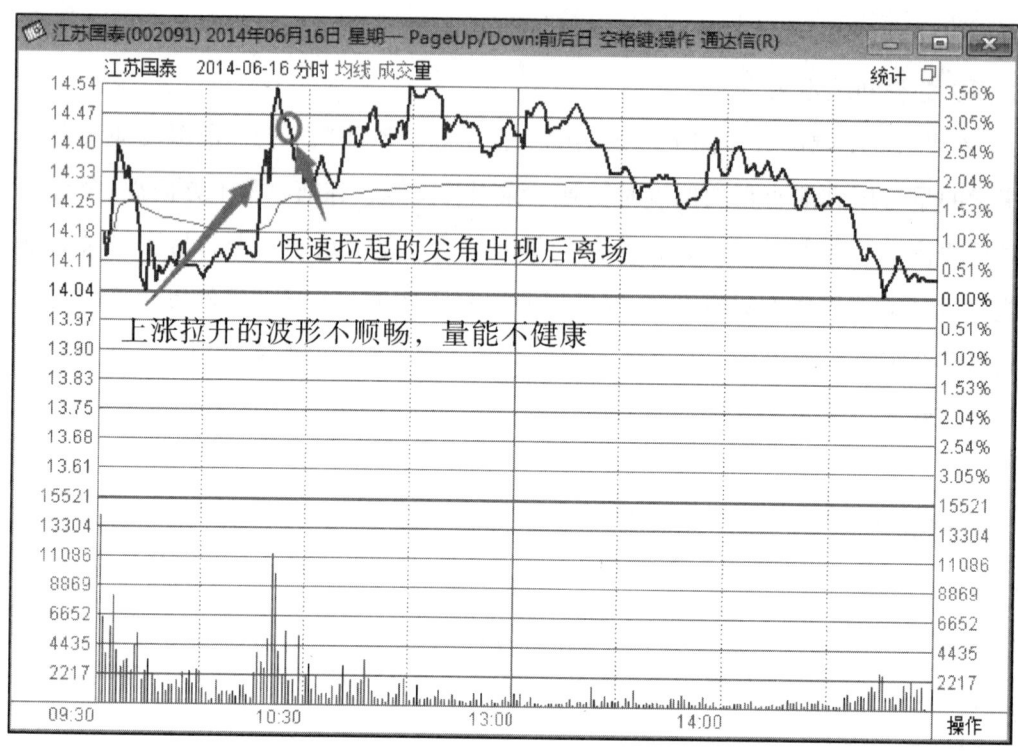

江苏国泰（002091）2014年6月16日分时走势图

操作标的	买入时间	买入均价	卖出时间	卖出均价	盈利比率
江苏国泰（002091）	2014年6月13日	13.19	2014年6月16日	14.45	9.55%

20140613	002091	江苏国泰	买入	13.190
20140616	002091	江苏国泰	卖出	14.440
20140616	002091	江苏国泰	卖出	14.450
20140616	002091	江苏国泰	卖出	14.450
20140616	002091	江苏国泰	卖出	14.450
20140616	002091	江苏国泰	卖出	14.450
20140616	002091	江苏国泰	卖出	14.460
20140616	002091	江苏国泰	卖出	14.460

江苏国泰的实盘操作记录截图

> **特别提示**

比较富春环保和江苏国泰的区别和共性,都是下跌趋势结束后的第一波反弹,涨停板当天的分时走势都不是极强的,这在第三章中有详细介绍,所以对于涨停次日的走势都不能有过高的期待,一定要见好就收。读者最关心的不同点一定是一个亏钱了,一个赚钱了。这是正常的现象,很少会有完全一致的走势,即使买进之前的走势相同,买进之后的走势也不会相同。有了确定的交易模型之后,严格执行,大概率上能够盈利就是王道。

8. 吃定平台——珠江控股

平台突破是笔者众多操作模型中最偏爱的一种,不仅容易识别,更会有较大的利润空间,但缺点就是在突破之前不能预测到还要横盘多久,所以一定要有守候的耐心和抉择时的果断。珠江控股日K线上的走势在经过了连续的3个小幅上涨波段之后已经将各周期的指标全部修复好,走出了强势的大多头的趋势行情。2014年5月23日到6月13日共15个交易日间,在5月21日的涨停板的上方形成了一个上涨中继的横盘整理,其间的振幅没有超过10%,低点没有降低,更没有向下转势的迹象,可谓非常强势。

6月13日的早盘将股价从平开一波拉升8%,然后快速向下回落,之后全天横盘震荡,不再上攻,做出了一种上涨无力的表象,但是仔细观察可以发现盘口的低点不断抬高,重心的上移无疑预示了后市多头的趋势,也充分说明了6月13日的单波巨幅上涨是为了让获利盘快点出局。

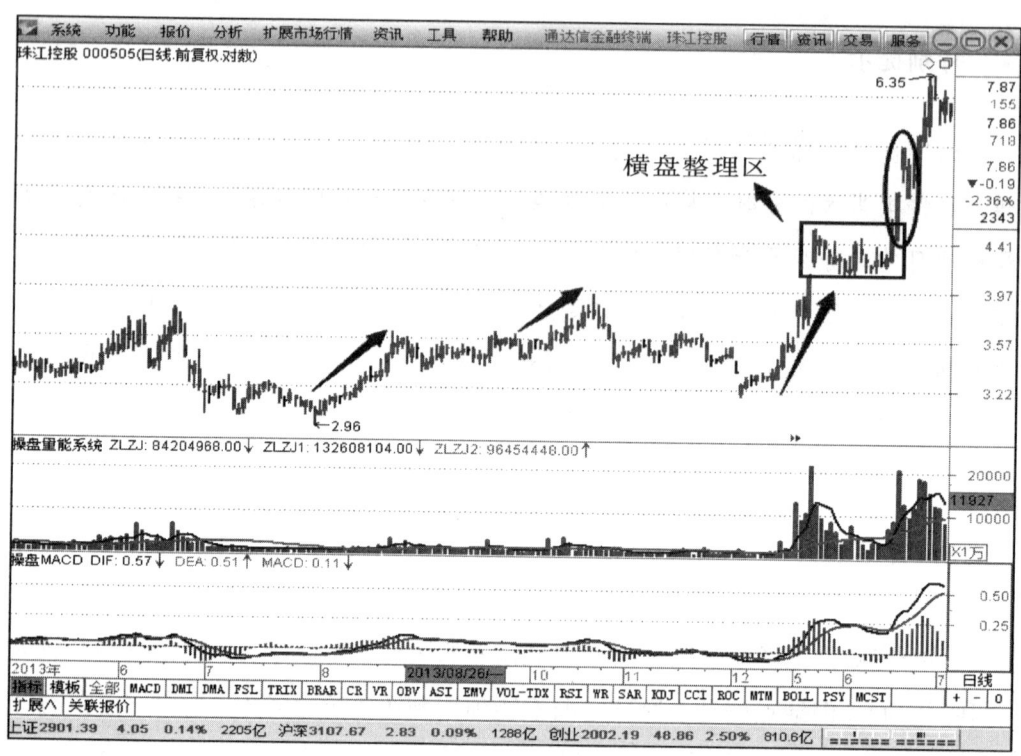

珠江控股（000505）2013~2014年K线走势图

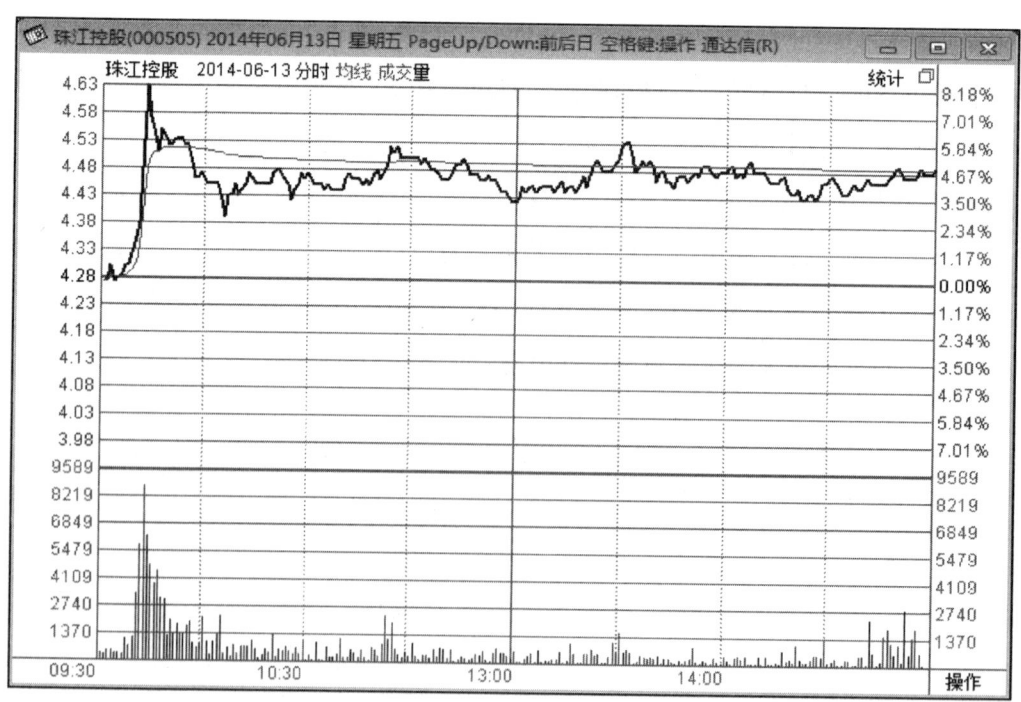

珠江控股（000505）2014年6月13日分时走势图

6月16日高开后健康、稳健的小波将股价逐步推高，因为不是快速的攻击型量能，所以推测股价会在高位横盘，或者出现向下调整，最好的进场点是该波上涨结束后经过一段时间的横盘再次向上突破的时候。股价在拉到了7%左右，开始横盘，一个小时之后，在10：15准时启动向上拉升，我们就在向上拐头的瞬间快速抢入。

6月17日高开后股价十分强势，回调不破均价线后快速拉升到涨停。如果全天能够封住涨停则一定是继续持股，如果涨停打开，则当日再次封涨停和次日高开的概率就很小了，所以短线操作一定要保住收益，复利的不断累加才是短线交易获得可观收益的关键。

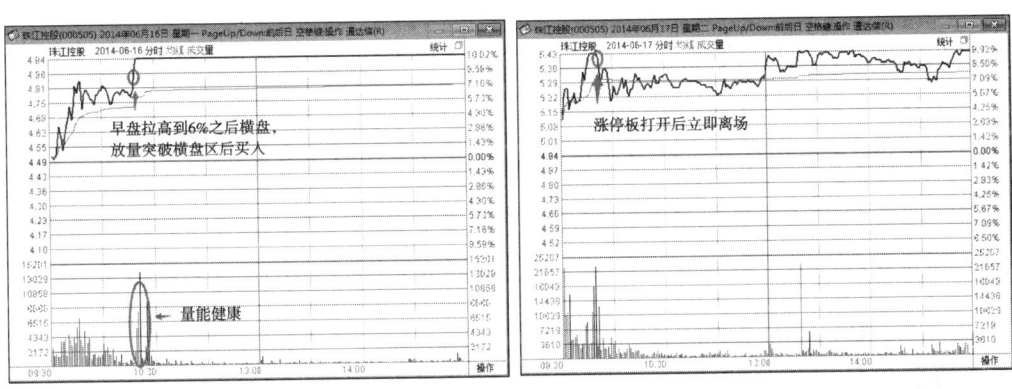

珠江控股（000505）2014年6月16、17日分时走势图

操作标的	买入时间	买入均价	卖出时间	卖出均价	盈利比率
珠江控股（000505）	2014年6月16日	4.87	2014年6月17日	5.41	11.09%

20140616	000505	珠江控股	买入	4.820
20140616	000505	珠江控股	买入	4.870
20140616	000505	珠江控股	买入	4.870

20140617	000505	珠江控股	卖出	5.400
20140617	000505	珠江控股	卖出	5.410
20140617	000505	珠江控股	卖出	5.400
20140617	000505	珠江控股	卖出	5.410

珠江控股的实盘操作记录截图

特别提示

本章选取的案例集中在2014年的6、7月份,这是大盘处于最后的横盘时期我们操作的案例。2014年7月之后,我们很少使用这套技术操作短线了,而是抓取像航天科技一样的主升段,不再是次日一定卖出的策略,而是要坚持赚足波段。证券市场只有一条铁律是不变的:市场时刻在变。所以建立自己的操作模型,更要能够随着市场的变化而进行不断调整,才是在这个市场上长久生存之道。

学员互动

2015年8月24日,成都的才女士拨打股市120的电话进行咨询:

才女士:

我已经有7年的股龄了,最近两年对涨停板关注得比较多,但是好不容易发现了一些涨停板的规律,却发现买入是一个很严重的问题。买早了,可能根本不会涨停甚至会下跌,但是等涨停了又排不到,所以对于散户来说涨停板更多的是理论上说一说,不具有操作意义的!

股市120:

才女士提的问题非常好,因为这也是我们很多学员甚至包括笔者在内,操作短线涨停板的时候会遇到的问题。

您提到的问题可以分拆为两个,或者说是属于两个不同操作模式的问题。第一种模式,是单纯的追涨停,赚取的是涨停次日惯性上冲带来的收益,要求的就是在涨停前的最后几分钟甚至是几秒钟快速杀入,这对操盘者的技术水平要求很高,只有技术能力足够,对行情判断得足够准确,且自己有足够的自信,在封停瞬间的短短几秒钟内才能够果断做出决定并指导自己的手指在键盘上提交下单指令。笔者对封停瞬间做过统计,从形态上确认涨停,或者说从卖盘只剩千位级别的挂单到最后封死涨停最快也会有5秒钟的时间,而对于一个标准的操作短线涨停板的操盘手来说,执行下单指令的时间不能超过5秒钟。所以才女士所说的时间不够是要看具体是指什么时间不够。

第二种模式，以第十一章中经典实战案例为主，是在涨停之前就买进，当天涨停，当天就有利润产生的策略，此种模式次日操作不会太被动。这种是每位投资者都想做到的，因为进场就有利润，不用承受被套的煎熬，可是这种操作模式一定是在对K线、量能、盘口、主力多空博弈等多个层面上的技术有了充分的了解，自己做了深入的研究，并且经过多次的实战总结之后，才能够做到的。

很明显，第二种模式要比第一种更难，要求投资者花的时间和精力都非常多。但是笔者可以从自己十几年的经验中给抱有无限幻想的人一句劝告：如果你选择股市的原因是因为它可以让你轻松赚钱、一夜暴富，那您就大错特错了！请不要只看到成功者成功时刻的光鲜，更要看到他为了成功所付出的努力。

思考题

1. 你是否有自己的交易模型？每位投资者都应该有多个交易模型来适应不同的行情。
2. 你操作涨停板的选股标准是什么？
3. 你有把自己的交易明细找出来进行深度分析过吗？
4. 你有针对一个交易模型连续操作10只股票以上吗？
5. 你有把连续10周每周盈利5%作为自己的投资目标吗？

思考题的答案

本书在每章的最后都留下了5个问题，读者翻看此页的目的一定是迫不及待地寻找答案来了。我只能非常遗憾地告诉您，这一页给不了您想要的答案，哪怕是我们见面也无法给您明确的答案。或者您可以选择向一些在这个市场上已经有很深造诣的前辈来提问，但是我敢保证他们也无法给您一个标准的答案，因为对于这些问题每个人都会有不同的答案。

无数的投资者在这个市场中前仆后继，甚至在这里摸爬滚打了几十年，但是依然不知道每次交易为什么赚钱，为什么亏钱。时间只是增加股龄，却没有改变自己在这个市场中追涨杀跌的散户思维，更没有站在一个主力运作这只股票的高度，去斟酌每次交易决策是否顺时顺势。

那么怎么样才能找到属于我们自己的答案？最好的答案即是通过学习并对这个市场有了充分的研究和洞察之后，建立起自己的交易体系和交易模型。而且还要解决思维层面上的问题，股市犹如战场，想在这个市场上成为赢家，一定要养成强者的思维——主力思维。

江氏操盘体系是在市场中经过了无数次实战印证的，愿意同笔者一起将这套体系进行拓展的同仁越来越多，大家都认为我们应该帮助更多想在这个市场中破风斩棘的有缘人，所以我们会将江氏操盘体系全部的内容通过书籍、培训等多种方式发扬光大。阅览本系列丛书不一定帮您在这个市场上有所作为，但是一定会让执着于这个市场的人少走弯路。

这是一个需要有前辈指引方向的战场，但是更需要自己潜心研究、做好充足的战前规划和部署的战场，愿本系列丛书能够帮您在股票投资这条道路上有所斩获。

后 记

写作后记之时，刚好遇到了A股市场熔断的风波，虽然我们的基金毫发无损，但是看到又一批基金公司在这次风波中伤痕累累，无数普通投资者的账户拦腰斩断，我真的是百感交集。从技术分析的角度来看，12月25日反弹波段完整，上涨无力，K线逐渐变弱，都是趋势即将反转的信号，避险是迫在眉睫，我们基金团队清仓离场。我及我的团队都非常重视技术分析，但是更重视技术分析背后的多空博弈，因为价格包含了市场全部信息，是对所有人预期的真实反应。

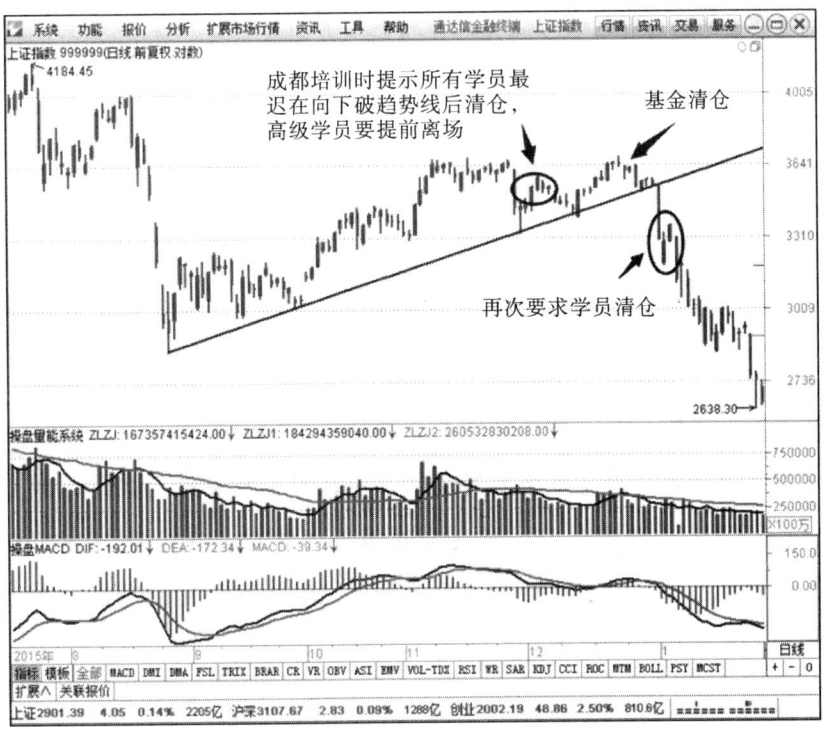

12月初,我们在成都青城山的学员培训时就明确给出离场的位置:一旦上证指数向下跌破短期的上升趋势线必须无条件离场。10月份开始的上涨只是大盘从5178点下跌以来的一个反弹行情,市场继续向下运行是必然的,突破短期上升趋势线是迟早的事情。对于我们的高级学员有多种方式判断大盘见顶,保证逃在高位,对此感兴趣的读者可以参阅本系列丛书之《买在起涨——K线组合利器》和《趋势为王——波段操作利器》,也可以通过本书封面前勒口的联系方式与我们沟通。让我倍感欣慰的是,在我没有提示离场的前提下,基金团队的成员和部分高级学员在12月的高位就离场了,大部分学员在1月5日和6日反抽的时候离场了。

下图是2015年6月9日大盘在5178见顶前给所有的学员发出的离场提示。再次提及我和我的学员们对两次大跌的精准研判,不是想展示我们体系是如何的完美,而是想告诉广大的读者,您在付出足够的努力之后也一定能够达到这样的水平。

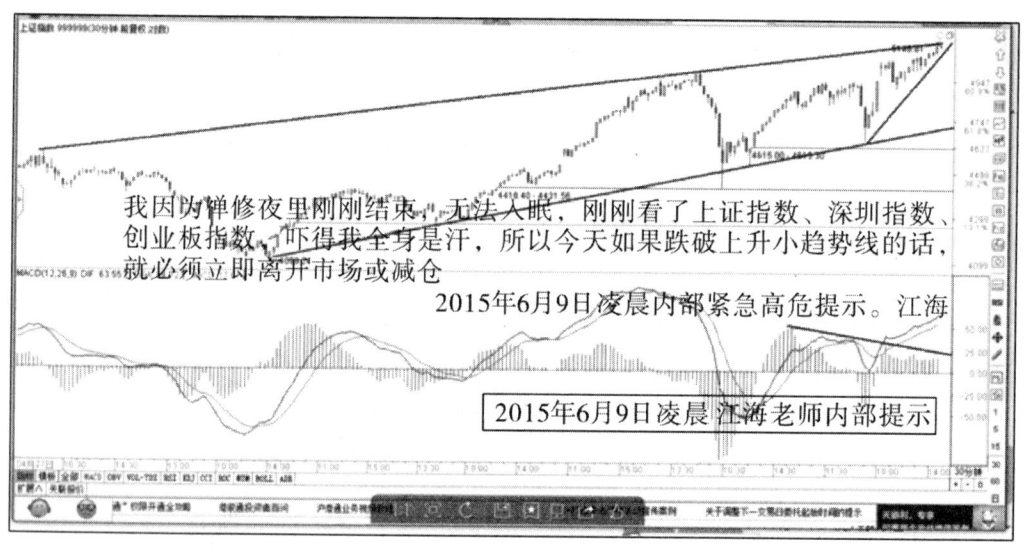

本书曾多次提到,决定一次操作是否成功的关键,技术只是一部分,还有更重要的一部分是心魔。每次市场要发生转折时,我们都会进行提示,或者说大部分学员自己已经有了这种能力,可是面对市场的诱惑,在人性的贪婪和恐惧面前,很多人看到了明确的出场信号时依然抱着"等等看"的心态,结果让盈利变成了亏损,让浅套变成了深套。

后　记

　　股市是最好的修心场所。你可以找到交给你技术的老师、买到讲解技术的书籍，但是却无法代替你在实战过程中战胜自己的心魔。在这个市场中能够笑到最后的，绝对不是战胜这个市场的人，因为市场是不可战胜的，而是能够战胜自己的人。

　　最后，感谢北京大学中国金融研究中心证券研究所吕所长在百忙之中抽出时间为本书作序，感谢我的助手曲君洁对我们培训的材料进行整理和归纳，并从市场中收集了最新的案例，才能促使本书的顺利出版。同时，也要感谢我的父母和我的爱人贾红秀、女儿孙艺玮对我从事这个行业的支持；感谢基金团队的姚龙、黄友金、陈悦、杨玲丽、尹一茜、熊艳平、吴彩虹、盖永林、李国华等对实盘案例的提供；感谢余芳芳、李文捷对本书的宝贵建议；感谢四川人民出版社人文出版中心主任王定宇编审的精心策划，副主任何佳佳编辑优秀的文案撰写，副编审何秀兰老师细致的文字加工。更要感谢阅读完本书的您，如果您对本书有任何意见或者建议欢迎同我们联系，我及我的团队的所有成员欢迎您的指正。

我们的使命

帮助亿万投资者树立正确的投资理念，远离投资失败的痛苦，实现财富稳健增长！

我们的愿景

提高中国人的财商，为每一个中国家庭培养一名合格的财富管理经理。

我们的宗旨

为客户提供实战、实效、实用的投资教育培训，为客户创造价值是我们永远的追求。

江氏操盘课程体系

江氏精品课

1. 趋势天机3天2晚
2. 短线操盘真经3天1夜
3. 牛股起涨十大模型3天1夜
4. 牛股操盘八大秘笈3天1夜
5. 股市立论与财富革命3天2晚
6. 操盘学3天
7. 短庄套利模型3天2晚
8. 黄金大阳线2天1晚
9. 黄金分割2天
10. 涨停套利模型3天
11. MACD趋势之道1天
12. 趋势天机精品班3天2晚

江氏弟子班

1. 黄金K线3天2晚
2. 形态天机3天
3. 波浪理论3天2晚
4. 黄金解套3天
5. 波段与量能天机3天2晚

6. 盘口定乾坤3天

7. 波段结构天机3天

8. 五维六法3天

9. 交易心理与神修7天

嫡传弟子班
（包含所有江氏弟子班课程和6次密训交流会）

1. 道氏理论10天6晚

2. 高级均线与操盘训练5天

3. 作量法则3天

4. 高级盘口3天

5. 操盘智慧3天

6. 基本面分析与调研5天

2019.5.24~5.26好人好股孙清（江海）老师《股市立论与财富革命》

20181103-1105中和应泰好人好股江海老师《黄金K线》大合影

江氏操盘　海纳百川　携手江氏　势不可挡

"江氏操盘"是创始人江海老师历经20年、数位江氏团队核心成员历经数年打磨而成的一套A股完整的、成熟的、具有实盘交易价值的操盘体系。如今,江氏人遍布全球各地,有数以万计的学员、逾400名弟子。然而,我们坚信,这只是开始!

对于技术,"江氏操盘"是海纳百川的,它以趋势理论为立足点,诠释了股价运行的核心逻辑,融汇了国内外一系列经典的投资工具。对于A股,更是专注于它的特征——政策市和主力市,形成了独特的主力资金追踪系统,足以应对牛熊的轮回。

对于人,"江氏操盘"是海纳百川的,它博大精深的内涵不仅能够解决任何一位交易者在操作上的问题,还帮投资者找回了藏在心底的正知、正念、正行。它的焦点在于投资方法,它的胸襟可以包容众人。它接受每一位善用体系、立志从无知走向卓越的投资人和交易者。好的教育不仅是给予知识,且能使人为人!

"江氏操盘"弟子是江氏操盘体系的中坚力量。每一位江氏人都是体系的构筑者,是大家的齐心协力让体系日益完善,是大家的坚定不移才让更多的投资者在证券市场中披荆斩棘。每一位江氏人都是体系的捍卫者,我们把系统作为我们的信仰,把系统的发扬和传承作为我们的使命!

虽然我们每个人都是一个微不足道的个体,但是我们愿意将我们所有的能量汇聚在"江氏操盘"这套系统上:一群人、一套系统、一个信念、一辈子!